Amy Olsen ist das Alter Ego zweier befreundeter Autorinnen, die gewöhnlich allein und in anderen Genres unterwegs sind und hier gemeinsam ihre Liebe zu spritziger Contemporary Romance ausleben.

Amy konzentriert sich in ihren Geschichten bislang auf die Settings College, Coffeeshop und Footballfeld und damit auf die Welt von jungen Erwachsenen in den USA. Das heißt aber nicht, dass es sie nicht in Zukunft noch in andere Gegenden und an andere Schauplätze verschlägt.

Perfect TACKLE

Eine Enemies to Lovers Football Sports Romance

AMY OLSEN

Erstausgabe Dezember 2024

Copyright © 2024 dp Verlag, ein Imprint der
dp DIGITAL PUBLISHERS GmbH
Made in Stuttgart with ♥
Alle Rechte vorbehalten

Perfect Tackle

ISBN 978-3-98998-677-0
E-Book-ISBN 978-3-98998-596-4

Covergestaltung: Jasmin Kreilmann
Umschlaggestaltung: ARTC.ore Design
Unter Verwendung von Abbildungen von
depositphotos.com: © efks, © Gladkov, © vishstudio,
© 10comeback, © Interpas
Shutterstock.com: © BaLL LunLa

Lektorat: Mareike Westphal
Korrektorat: Katharina Pomorski
Satz: dp DIGITAL PUBLISHERS GmbH
Druck und Bindung: Books on Demand GmbH, Norderstedt

1

Lindsey

»Und es ist wirklich okay für deinen Bruder, wenn du hier einziehst?« Das kann ich mir kaum vorstellen, aber Cassandra López nickt begeistert und sieht sich mit leuchtenden Augen in meinem Wohnzimmer nebst Küchenzeile um, in dem wir stehen.

»Es ist billiger als ein zweites Wohnheimzimmer, und unsere gemeinsame Wohnung wurde uns gerade gekündigt. Deshalb hat er ja gesagt, dass ich mir eine WG suchen soll.«

»Ich meinte, ob er was dagegen hat, dass du *hier* einziehst. Bei mir.«

Cassies Bruder Jay, einer der Offensive Tackles der Sacramento Ravens, ist nicht gerade ein Fan von mir.

Cassie zieht die Nase kraus. »Warum sollte er?«

Na, da wüsste ich so an die zehn Gründe. Einer davon ist, dass ich seinem besten Kumpel Tim angeblich das Herz gebrochen habe. Ich hab mir nie die Mühe gemacht, das richtigzustellen. Ist der Ruf erst ruiniert und so weiter.

Plötzlich reißt sie die Augen auf und schlägt sich die Hand auf den Mund. »Ach, du meinst, weil dich die Leute für eine … na ja …«

»Ja, genau.«

Sie muss das Wort nicht aussprechen. Wir beide wissen, was sie meint. Lindsey Severin, das männermordende Biest. Das ist es, was alle in mir sehen, und, wie gesagt, ich stelle solche Gerüchte nicht mehr richtig. Und ein Biest war ich wirklich oft genug.

Wie aufs Stichwort klingelt es.

»Das muss Abby sein.« Ich sprinte zur Tür, öffne sie einen Spalt und drücke auf den Summer für unten.

»Oh … Hast du noch mehr Besichtigungen angesetzt?« Cassie schaut unglücklich drein, als ich aus dem Flur zurück ins Wohnzimmer komme. »Ich möchte wirklich gern hier wohnen«, fügt sie eifrig hinzu. »Mir ist egal, was über dich geredet wird. Wenn du denkst, es sei ein Problem, dann sage ich Jay einfach nicht, zu wem ich ziehe. Die Wohnung liegt toll, das Zimmer ist riesig im Gegensatz zu meinem alten, und du bist nicht mit mir verwandt und wirst mir nicht auf die Nerven fallen.« Sie verdreht die Augen. »Außerdem bist du volljährig und kannst Wohnungs- und sonstige Angelegenheiten selbstständig erledigen.« Ihre Miene verfinstert sich. »Bei mir dauert das ja noch.«

»Ich dachte, du studierst! Wie alt bist du denn?«

Die Röte, die sich auf ihrem Gesicht ausbreitet, ist trotz des dunkleren Teints deutlich zu erkennen. »Ich werde an Neujahr siebzehn. Bitte sag nicht, dass das ein Problem ist!«

Eine sechzehnjährige Archäologiestudentin? Sie muss ein verdammtes Wunderkind sein! Sind die nicht immer etwas merkwürdig? Ob ich mir damit einen Gefallen tue?

Dann muss ich an ihren Bruder denken. Jay wirkt auf mich nicht besonders helle. Vielleicht hat die Kleine alles abbekommen, was an guten Genen vorhanden war, nachdem bei ihm gespart wurde. Ich grinse in mich hinein.

Cassie sieht mich mit gerunzelter Stirn an, und ich will mir gerade eine Ausrede für meine unpassende Mimik einfallen lassen, da kommt Abby herein.

»Hey, Lindsey«, sagt sie und lächelt, aber es sieht ein wenig unsicher aus. Sie vertraut mir immer noch nicht ganz. Kein Wunder, da wir viele Jahre verfeindet waren. Die jüngsten Ereignisse haben mich aber verändert. Mein Leben hat sich verändert. Mein Bruder Pete hat sich abgesetzt, nachdem er den Ravens-Quarterback Cooper kurz vor dem Spiel um den Conference-Sieg mit Alkohol – oder Schlimmerem – außer Gefecht gesetzt hat, in der Hoffnung, dass er auf dessen Position eingesetzt wird und sich als Retter des Teams aufspielen kann. Ich habe dazu beigetragen, dass alles aufflog und er aus der Mannschaft geworfen wurde. Das Team gerettet hat dann Ethan, Abbys Freund. Ein heißer Typ, aber ich hab ihn mir abgeschminkt. Er wollte eine süße, liebe Freundin. Tja, damit kann ich nicht dienen. Auch wenn ich mir geschworen habe, die Krallen in Zukunft häufiger eingefahren zu lassen.

»Hi!«, entgegne ich überschwänglich und strahle Abby an. »Schön, dass du da bist. Ich hab gerade noch eine Besichtigung für Petes Ex-Zimmer. Du kennst Cassandra López?«

»Nur vom Sehen.« Abby lächelt Cassie herzlich an, diese erwidert das Lächeln zögerlich.

»Abby will hier nicht einziehen, keine Sorge«, versichere ich ihr rasch. »Du bist meine einzige Besichtigung, und wenn du möchtest, hast du das Zimmer.« Irgendwie gefällt mir der Gedanke, Jays Schwester hier wohnen zu haben. Das dürfte ihn ordentlich ärgern, wenn er es herausfindet. Natürlich sollte das besser nicht allzu bald passieren, denn Cassie hat erzählt, dass Jay das Zimmer bezahlen wird.

Cassie strahlt mich an. »Das ist super, danke! Wann kann ich einziehen?«

Ich hebe die Schultern. »So schnell du möchtest. Das Zimmer steht ja leer. Petes restliche Sachen schaffe ich schon noch irgendwie beiseite.« Ich sehe mich in meiner Wohnküche-Schrägstrich-Atelier um und seufze verzweifelt. Ehrlich gesagt habe ich keine Ahnung, wo ich den Krempel meines Bruders lassen soll, und ein wenig peinlich ist mir mein Chaos nun auch. Gewöhnlich sehe ich es gar nicht mehr, aber jetzt ... Ich bin versucht, wenigstens einige meiner überall verteilten Schuhe und Taschen unauffällig mit dem Fuß unters Sofa zu schieben, aber dafür ist es nun wohl zu spät.

»Kein Problem!«, ruft Cassie enthusiastisch. »Darum kann ich mich kümmern.« Gleich darauf errötet sie. »Natürlich nur, wenn nichts allzu Persönliches darunter ist.«

Ich schnaube. »Nee, seinen persönlichen Kram hat er mitgenommen. Da sind nur noch Klamotten und einige seiner alten Bücher. Aber wohin willst du denn damit?«

»Ich bin gut im Aufräumen und Wegorganisieren«, behauptet Cassie. »Das klappt schon. Jahrelanges Training als einziges Mädchen in einer Familie, in der hauptsächlich die Männer zählen.« Erneut verdreht sie die Augen. »Sosehr ich meine Eltern liebe: Dass ich meinem Bruder und meinen Cousins jahrelang die Ärsch... äh, hinterherputzen musste, nehme ich ihnen immer noch übel.«

Ha, genau so hatte ich mir Jay López vorgestellt. Ein Macho vor dem Herrn. Die arme Kleine.

»In einer Frauen-WG macht es mir aber gar nichts aus«, beteuert sie. »Wenn du als Künstlerin nicht den Kopf dafür hast, übernehme ich gern ein paar zusätzliche Aufgaben.«

Mein Blick huscht zu Abby, die nur die Augenbraue hochzieht, glücklicherweise aber schweigt. Ihre Mundwinkel zucken. Schnell richte ich meine Aufmerksamkeit wieder auf Cassie. »Ich möchte nicht, dass du dich ausgenutzt fühlst. Ich lasse dich auch hier wohnen, wenn du mir nicht hinterherräumst.« Obwohl es zugegebenermaßen höchst praktisch wäre. Was für ein Glücksfall!

Gleich schäme ich mich für den Gedanken, doch Cassie winkt ab. »Das weiß ich doch. Du hast mir schließlich schon zugesagt, bevor du davon gewusst hast.« Noch einmal lächelt sie strahlend. »Dann kann ich Jay sagen, dass ich ein Zimmer gefunden habe und er monatliche Schecks ausstellen soll?« Sie kichert. »Natürlich nicht auf deinen Namen, sondern blanko. Nicht, dass er doch noch Ärger macht.« Sie schultert ihre Tasche und geht zur Tür. »Danke, Lindsey. Und bye, ihr beiden.«

Dann ist sie verschwunden.

»Die Künstlerin und ihr kreatives Chaos, ja?« Abby grinst breit.

»Willst du behaupten, du wärst nicht unordentlich?«

»Nicht so sehr wie du.«

Ich muss lachen. »Das ist wohl auch schwer. Aber hey, als ich letztens im Coffee&Dreams ausgeholfen habe, hatte ichs voll drauf, oder etwa nicht?«

Abby nickt. »Ich muss zugeben, du hast einen ausgezeichneten Job gemacht. Schade, dass du nicht dauerhaft bei uns arbeiten willst. Shona fällt laufend aus, das ist kein Zustand.«

Bei ihren Worten wird mir seltsam warm ums Herz. »Danke, Abby.« Ich hätte nie gedacht, dass ich mich mal über ein Lob von Abigail Giroud freuen würde. Nicht nach der Sache mit Tim …

Sie streicht sich eine blonde Locke aus der Stirn und legt den Kopf schief. »Sag mal …« Sie zögert, wirkt gehemmt, dann atmet sie tief durch. »Ich will hier nichts kaputtmachen, und ich möchte wirklich gern mit dir an meiner Mappe arbeiten, aber … ich habe das Gefühl, dass immer noch irgendetwas zwischen uns steht, sosehr ich deine Bemühungen schätze.« Nun zieht sie sogar leicht den Kopf zwischen die Schultern, als erwarte sie eine bissige Entgegnung.

Ich seufze. »Möchtest du was trinken? Ich hab Cola da.«

Abby nickt, legt ihren Skizzenblock auf meinem Maltisch ab und setzt sich an den schmalen, kurzen Küchentresen. Ich hole uns beiden eine Dose Cola und setze mich auf den hohen Hocker neben ihr. Schweigend trinken wir. Schließlich gebe ich mir einen Ruck.

»Wir haben nie über die Sache mit Tim geredet. Vielleicht hätten wir das längst tun sollen, aber das Thema ... ist nicht leicht für mich.«

Abbys Augen weiten sich, dann runzelt sie die Stirn. »Die Sache mit Tim? Wovon redest du? Was habe ich mit Tim zu tun?«

Verdutzt halte ich inne und mustere sie. Kann es sein ...

Nein. Sie hatte definitiv mit Tim *zu tun*. Seine Aussagen waren eindeutig.

Andererseits ist er bewiesenermaßen ein Lügner, während Abby sogar dann die Wahrheit sagt, wenn es ihr selbst schadet.

»Lindsey ... Was hat er dir denn erzählt?«

Ich schlucke. Dass das Thema nicht leicht für mich ist, war die Untertreibung des Jahrhunderts. »Dies und das«, weiche ich aus.

Ihr Blick durchbohrt mich. »Du hast vorgeschlagen, dass wir reden. Raus mit der Sprache! Und bitte keine Ausflüchte.«

Ich starre meine Coladose an. Tröpfchen von Kondenswasser rinnen daran herab. »Ich ... war noch nicht bereit, mit ihm zu schlafen. Ich war sechzehn, verdammt noch mal! Er hat mich gedrängt, mir gesagt, wenn ich es nicht tue, wird er jemanden finden, der es tut. Es gäbe noch andere heiße Frauen, dich zum Beispiel.« Meine Augen fangen an zu brennen. Ich blinzele. »Ich hab den Scheißkerl geliebt. Trotzdem – oder gerade deswegen – war ich einfach noch nicht bereit. Ich wollte Romantik, echte Gefühle.« Meine Stimme klingt belegt, und ich schlucke krampfhaft. »Er hat mich sitzen lassen, herumerzählt, ich hätte ihm das Herz gebrochen, und kurz darauf mit dir angebändelt, genau wie angedroht.« Ich zwinge mich, den Blick zu heben. »Du warst meine Freundin, Abby. Es war nicht richtig von dir, was mit ihm anzufangen.«

Endlich habe ich es ausgesprochen. Das, was jahrelang zwischen uns stand. Was unsere Highschool-Freundschaft zerstört hat. Was mich dazu gebracht hat, ihr bei jeder Gelegenheit einen Spruch zu drücken, Ethan anzugraben ... all die Dinge, für die ich mich geschämt habe, noch während ich sie tat. Aber ich habe mir eingeredet, dass ich das Recht dazu hätte.

Sie starrt mich immer noch mit ihren blauen Augen an. »Ihr wart getrennt. Weil du ihn betrogen hattest. Weil du mit jedem ins Bett gegangen bist.« Ihre Augen werden noch größer. »Du meinst, das war ... gelogen?« Sie sieht so fassungslos aus, als wäre das Konzept von Lügen etwas, was sie nicht versteht.

»Ja. Ich war Jungfrau, als er mich verlassen hat. Nur hat das natürlich niemand mehr geglaubt. Wenn die Ravens-Spieler etwas behaupten, gibt es genug Leute, die es unkritisch nachplappern, wie du sicher inzwischen herausgefunden hast. Außerdem liebe ich es, zu flirten. Das war damals schon so und hat natürlich nicht zu meinem guten Ruf beigetragen.« Ich hebe die Schultern. Zum Glück ist mir nicht mehr nach Heulen zumute. Die Wut, die ich seit Jahren in mir trage, ist zurück. Wut auf Tim, nicht mehr auf Abby. Auch sie ist eindeutig ein Opfer der magischen Ravens-Macht. Die komplette Truppe kann mir gestohlen bleiben, ehrlich! Eher friert die Hölle zu, als dass ich mich noch einmal auf einen von denen einlasse. »Danach war es dann auch egal. Meine erste große Liebe hatte mich verlassen und mit Dreck beworfen. Mit dem nächsten Typen bin ich dann ins Bett gegangen. Nicht, damit er mich nicht verlässt. Sondern weil ich wissen wollte, was so besonders daran ist, dass Tim nicht warten konnte. Und weil er sowieso niemand war, mit dem ich mir eine Zukunft vorstellen konnte.«

»Ich hätte nie geglaubt, dass du länger Jungfrau warst als ich«, murmelt Abby, dann beißt sie sich auf die Unterlippe.

»Schon gut. Ich hätte das auch nicht wirklich geglaubt.« Ich zwinkere ihr zu. »Tim war aber nicht ...« Ich wedele mit der Hand, um es nicht aussprechen zu müssen.

Abby lacht. »Gott behüte, nein. Er war nicht mein Erster. Und um ehrlich zu sein: Du hast nichts verpasst. Ich hab schnell gemerkt, dass das mit uns nicht funktioniert. Wir waren nie wirklich zusammen, es waren nur ein paar Dates.« Sie hebt die Schultern. »Es hat einfach nicht gefunkt.«

»Dabei hat er mir erzählt, wie toll du bist und wie glücklich er mit dir ist«, gebe ich düster zurück.

»Aber du musst doch mitbekommen haben, dass das mit Tim und mir nichts Längeres war.«

»Er hat mir weisgemacht, dass ihr euch heimlich getroffen habt, um deinen Ruf nicht zu beschädigen, da deine Familie da streng wäre.« Ich lache bitter auf. »Mein Ruf war ihm offensichtlich egal. Ich habe ja auch keine Familie, die mir irgendetwas vorschreiben könnte.«

Abby runzelt die Stirn. »Ich dachte, dein Bruder ...« Sie unterbricht sich und sieht auf ihre Coladose hinab. »Sorry.«

»Schon gut. Ja, Pete hat sich gelegentlich als Beschützer aufgespielt, und ich glaube auch, dass ich ihm wichtig bin. Aber seine eigenen Interessen stehen wohl immer noch im Vordergrund. Sonst hätte er mich jetzt nicht alleingelassen. Und obwohl ich ihm verboten hatte, sich in mein Liebesleben einzumischen, hätte er mich gegenüber Tim verteidigen müssen, als der angefangen hat, diesen Mist über mich zu verbreiten. Aber offenbar hat er ihm geglaubt, nicht mir.« Ich zucke mit den Schultern. »So wie alle anderen auch.« Ich höre selbst, wie verbittert ich klinge, und presse die Lippen zusammen, um nicht noch mehr zu sagen. Ich lege den Kopf in den Nacken und atme tief durch.

Plötzlich fühle ich Abbys Hand auf meiner und sehe sie überrascht an. »Es tut mir leid, Lin. Ich würde mich über einen Neuanfang freuen. Tim hat uns schließlich beide verarscht.«

Ich drücke ihre Hand. »Und bald sind wir auch Studienkolleginnen. Komm, lass uns deine Bewerbungsmappe auf Vordermann bringen, damit du das Stipendium dieses Mal auch wirklich bekommst.«

2

Jaime

Ich fasse Tim ins Auge. Ein Trainingsspiel gegen die eigenen Leute steht an. In den letzten Spielen hat sich gezeigt, dass die Defensive Line eine Schwachstelle beim Tackeln hat und der gegnerischen Mannschaft zu viele Punkte schenkt, um in den Playoffs eine Chance zu haben. Mit einem Sieg rechnen wir nicht, aber wir wollen einen guten Eindruck hinterlassen, damit der ebenfalls anstehende Draft einigen von uns die Chance gibt, in die National Football League zu wechseln.

Unser Center Will ruft: »*Hut*!«

Ich konzentriere mich wieder auf Tim, der als Inner Linebacker zusammen mit einem Defensive Tackle das innere Spielfeld abdecken soll. Sein vorrangiges Ziel ist es, den Runningbacks meiner Aufstellung die Möglichkeit zu nehmen, Raumgewinn zu erzielen. Ich hingegen diene meinem Teil des Teams als Schutz gegen eben diesen Angriff.

Tim läuft auf Ethan zu, den Runningback, zu dem Cooper den Ball gepasst hat. Also renne ich ebenfalls los und springe Tim in die Seite, bevor er Ethan auch nur nahe kommt.

»Uff!«

Ich lande auf meinem Freund, der mich mit einem Schlag gegen den Schulterschutz von sich stößt. Er flucht und rappelt sich auf.

»Spinnst du?«, schnauzt er.

Ich halte ihm die Hand entgegen, damit er mir aufhelfen kann, aber er ignoriert die freundschaftliche Geste.

»Gerber hat mich im Visier, und du musst mich tackeln?«

Ich rappele mich auf. Um uns herum hat der Spielzug sein Ende gefunden. Ethan ist offenbar an der ganzen Defense vorbeigehuscht und hat das Ei fünfzehn Yards weit getragen.

»Das ist mein Job.« Ich zucke die Achseln und schlage ihm auf die Schulter. »Und den mache ich.«

Wir werden auf unsere Ursprungspositionen zurückgerufen, und unser Headcoach tadelt Tim tatsächlich. Gerber nutzt ein Megafon, wodurch es natürlich jeder in der Aufstellung und am Rand des Spielfelds mitbekommt. Mein schlechtes Gewissen meldet sich. Vielleicht hätte ich Tim nicht mit voller Wucht umwerfen müssen.

»Also, wir versuchen es noch einmal. Ich will euch nicht auf dem Boden sehen, verstanden?«

Ich sehe zu meinen Kameraden in der Line of Scrimmage, aber sie zucken nur die Achseln. Ich bin mir nicht sicher, wie die Worte unseres Trainers aufzunehmen sind. Will er nun niemanden auf dem Boden sehen oder nur keinen von der Defense?

Wir nehmen Aufstellung und warten auf Wills Ruf, dass der Spielzug beginnt.

Mein Blick streift die uns gegenüber aufgestellte Truppe. Tim fällt mir wieder auf. Er ist nervös und tänzelt herum. Das verrät mir, dass er nach links laufen wird. Es ist Gesetz, dass man dem Gegner keinen Hinweis darauf bietet, welchen der eintrainierten Spielzüge man abruft. Dies gilt sowohl für das Offense- als auch für das Defense-Team, denn es geht nicht vorrangig darum, den Gegner während des Spiels zu lesen, sondern bereits in der Aufstellung. Je nachdem, wo der Tight End oder der Wide Receiver steht, kann man einen Spielzug vorausahnen und damit die Verteidigung darauf abstimmen.

Ich will Tim nicht wieder tackeln, aber letztlich ist dies hier kein Freundschaftsspiel, sondern ein absolut wichtiges Training.

Ich atme betont gleichmäßig, schaue, ob einer der anderen Defensive Lines und Ends mich im Auge hat. Das wäre nicht ungewöhnlich, aber sie scheinen voll auf Cooper konzentriert zu sein.

»*Hut*!«, ruft Will, und ich stoße mich kräftig vom Boden ab, um den Ersten umzureißen, der mir vor die Füße kommt. Dieses Mal ist es Chris. Er ist einer der Jüngsten im Team und noch nicht regulär in der Startaufstellung, trotzdem bekommt auch er nun vom Coach eine Standpauke gehalten.

Chris ist nicht der Einzige, der erneut zu Fall gebracht wurde. Ich fange Tims grimmige Miene auf und grinse ihm zu.

»Verdammt!«, brüllt Gerber in das Megafon und stampft dabei über das Feld. »Ich habe noch nie eine dermaßen unterentwickelte Defense gesehen! Cooper, runter vom Feld, wir können es uns nicht leisten, dass dich einer der Deppen noch umhaut! Außerdem hat sich ja gezeigt, dass wir deinen Ersatzmann dringend fit und spielbereit brauchen. Charlie, rein mit dir, du hast lange genug gefaulenzt!«

Cooper ballt die Fäuste. Der arme Kerl hat einiges zu schlucken, seit er ausgerechnet bei dem entscheidenden Heimderby gegen die UC Davis mit Abwesenheit geglänzt hat. Er ist ungewohnt kleinlaut und trottet nun ohne ein Widerwort vom Platz. Seine hängenden Schultern sprechen jedoch Bände.

»Hat er nicht anders verdient«, ruft Tim. »Warum spielt Ethan nicht dauerhaft auf seiner Position?«

»Weil Coop der bessere Quarterback ist«, sagt Ethan bestimmt. Als einer der Runningbacks steht er nicht weit von mir entfernt, und ich sehe ihm an, dass er Tim liebend gern auch physisch in seine Schranken weisen will, sich aber zurücknimmt.

»Wow!«, ruft Leroy und hebt die Hände. »Jetzt chillen wir mal alle wieder!«

»Aufstellung dreizehn!«, schreit der Headcoach ins Megafon, und mir klingeln die Ohren. »Tim, wenn du wieder geblockt wirst, bist du am Samstag raus!«

Ich konzentriere mich auf die Aufstellung. Dreizehn. Tim wird versuchen, Charlie zu blocken. Tja. Ich habe da kaum eine Wahl. Ich kann mir nicht leisten, nicht aufs Spielfeld zu dürfen, weil ich in einem Training nicht hundert Prozent gebe. Ich liebe diesen Sport. Er ist mein Lebensinhalt. Es kommt nicht infrage, dass ich meine Aufgabe vernachlässige und Tim zu Charlie durchlasse. Freundschaft hin oder her.

»*Hut*!«

Ich springe auf und schneide Tim den Weg ab. Die Idee hatte jedoch nicht nur ich. Jackson und Kendrick kollidieren gleichzeitig mit ihm, und wir gehen als riesiges Knäuel zu Boden.

»Fuck!«, grölt Tim und rudert mit den Armen, aber er kommt nicht auf die Füße, bevor Jackson mich und Ken von ihm runtergezogen hat. »Ihr hohlen Nüsse! Habt ihr nicht kap–«

»Tim!«, ertönt Gerbers Stimme. »Runter vom Feld!«

Als ich die Umkleidekabine verlasse, treffe ich auf Tim. Er sieht mich grimmig an und stapft los. Ich folge ihm aus dem Gebäude.

»Alles in Ordnung?« Ich kann mir denken, dass er mit seiner miserablen Leistung heute auf dem Feld zu kämpfen hat. »Hey, das wird wieder.« Ich schlage ihm gegen die Schulter. »Soll ich dich mitnehmen?« Ich deute auf meinen grünen Camaro, der nur ein paar Meter weiter steht.

Tim grunzt. »Verschwinde bloß.«

»Was ist das Problem?« Ich trete vor ihn und suche seinen Blick. »Hey, so ist das Spiel. Du kannst von keinem verlangen, um dich herumzulaufen.«

»Ich bin raus!«

Tim tritt nah an mich heran. Seine Brust stößt gegen meine. Er ist einige Zentimeter größer als ich, aber ich fühle mich nicht bedroht. Was mir an Länge fehlt, gleiche ich an Muskulatur aus. Tim ist keine Gefahr für mich, und das weiß er auch. Wir haben zu viele Freundschaftskämpfe hinter uns, als dass wir nicht genau wüssten, wozu wir in der Lage sind.

»Ich werde beim ersten Spiel der Playoffs nicht auf dem Feld stehen!«, blafft Tim. Seine Augen glühen. Ich habe ihn noch nicht oft so wütend erlebt. Eigentlich schafft er es, sich zu mäßigen, aber wenn etwas nicht nach seiner Vorstellung läuft, wird er auch schon mal handgreiflich.

Ich atme tief ein, um auf meine breite, trainierte Brust aufmerksam zu machen. Ich bin aus gutem Grund ein Offensive Tackle. Allein meine Körpermasse flößt dem Gegner Respekt ein. Und auch Tim rudert nun zurück. Er tritt zur Seite und mustert mich nur.

»Ja, und?« Damit wir nicht seitlich zueinander stehen, drehe ich mich zu ihm um. »Dann strengst du dich beim Training wieder mehr an, und Gerber –«

Tim stößt mich an, und ich torkle einen Schritt zurück. »Wenn meine Freunde keine Ärsche wären, bräuchte ich mich nicht anzustrengen!« Er drückt mich zur Seite und stapft los. Ich sehe ihm verständnislos nach.

Das Klingeln meines Telefons reißt mich aus meiner Verwunderung über sein Verhalten, und ich halte es mir eilig ans Ohr. »*Digame.*«

»*Hola, Jaime!*«

Ich atme tief ein. »*Mamá!*« Ist es denn schon so spät? Ich schaue hastig auf mein Display. Tatsächlich habe ich durch das intensive Training die Zeit aus den Augen verloren. »Hallo! Wie geht es dir?«

Ich sehe mich um. Eigentlich achten Cassie und ich darauf, zusammen zu sein, wenn unsere Mutter anruft. Dadurch verstricken wir uns nicht so leicht in Widersprüche, weil jeder von uns die Geschichten des anderen kennt und uns keine Fehler passieren.

»Ach, mein lieber Jaime, Papa macht mir das Leben schwer.« Sie seufzt. »Ohne Cassandra ist der Haushalt auch kaum zu bewältigen. Ist sie denn da?«

»Nein«, murre ich. »Ich habe es noch nicht nach Hause geschafft.«

»Oh! Aber ich habe doch gesagt, wann ich anrufen werde!«

»Ja, *Mamá*.« Ich ziehe die Tür meines Camaro auf und rutsche auf den Sitz. »Die Vorlesung hat länger gedauert. Kann ich dich in zehn Minuten zurückrufen?«

»Oh, das wird schwierig. Du weißt doch, dass Papá sein Nickerchen halten muss, und ich möchte ihn da nicht stören.«

Ich verdrehe die Augen. »*Mamá*, du kannst das Mobiltelefon nehmen und vor die Tür gehen.« Ich starte den Wagen und stelle das Gespräch auf den Lautsprecher. »Und du sprichst doch ohnehin noch eine gute Stunde mit uns.«

»Nein, nein, Jaime, dafür ist doch heute keine Zeit.« Sie lamentiert über Vater, die Nachbarn und ganz Ahualulco del Sonido, während ich zum Wohnheim rase.

Cassie steht vor dem Haupteingang und winkt mir zu. Ich halte am Straßenrand und lasse sie zusteigen. Ihr fröhliches Grinsen verpufft sofort, da unsere Mutter sich immer noch aufregt.

»*Hola, Mamá!*«, ruft meine Schwester überschwänglich und ändert damit gleich das Thema.

»Cassandra? *Dios mío*, warum schreist du denn so? Habe ich dir nicht beigebracht, dass sich ein anständiges Mädchen niemals unangebracht hervortut?«

Cassie verdreht die Augen. »Verzeih, *Mamá*, ich bin nur so glücklich, dich zu hören!«

»Nun, was hindert dich daran, heimzukommen und mich jeden Tag zu hören?«

»Meine Ausbildung, *Mamá*. Wir waren uns doch einig, dass ich die Schwesternschule abschließen muss, um meinem späteren Ehemann und seiner Familie von Nutzen zu sein.«

Ich weiß, dass Cassie die Aussicht, einmal das Anhängsel eines Mannes zu sein, hasst. Allerdings hat sie bisher keine Diskussion über ihre selbstbestimmte Zukunft gewinnen können. Niemand nimmt sie ernst, und erst meine Chance, in den USA zu studieren, hat ihr etwas Freiheit verschafft. Wenigstens so viel, dass unsere Eltern einer praktischen Ausbildung zugestimmt haben. An der Cassie natürlich kein Interesse hat.

»Du bist bald alt genug zum Heiraten«, behauptet unsere Mutter. »Das ist wichtiger als der Abschluss irgendeiner Schule.«

Meine kleine, viel zu kluge Schwester erstarrt. Das ist ihr schlimmster Albtraum, und das weiß ich genau. Auch mir wird ganz anders zumute, wenn ich an eine aufgedrängte Frau denke. Nur dass ich ein gewisses Mitbestimmungsrecht genieße, wenn es um meine Zukunft geht. Cassies liegt ganz in den Händen unserer Eltern.

»Ich würde mich über eine Frau freuen, die klug ist«, stelle ich vorsichtig fest. »Und ... Krankenschwestern werden doch immer gebraucht. Ich bin mir sicher, dass jeder gute Mann eine Frau sucht, die –«

»*Ay dios!*«, unterbricht unsere Mutter mich. »Wie soll ich dich nur unter die Haube bekommen, Sohn?«

Mir klappt der Mund zu, und der Blick, den ich Cassie zuwerfe, ist sicher ebenso voller Horror wie der ihre.

»*Mamá*, niemand muss mich *unter die Haube* bekommen. Ich entscheide selbst, mit wem ich mein Leben teilen möchte.« Und ich lasse mir sicher nicht reinreden.

Cassies Lächeln wirkt nun angespannt. Mitleid regt sich in mir. Sie ist so gescheit, hat die Schule mit Bravour vorzeitig abgeschlossen und sich nicht nur ohne Hilfe mit den Voraussetzungen für ein Begabten-Studium in den USA auseinandergesetzt, sondern sich dann auch noch erfolgreich fürs Archäologiestudium beworben!

Dagegen fühle ich mich dumm wie eine Scheibe Brot. Ich meistere zwar das medizinische Vorstudium irgendwie neben den Trainingssessions und den Spielen, aber für mich ist das kein Klacks, und ich muss mich schon dazu aufraffen, nach einem Buch zu greifen.

»*Cariño*«, säuselt unsere Mutter in den Hörer. »Glaube mir, du kannst das Wesen einer guten Frau gar nicht durchblicken. Sie muss doch nicht gescheit sein! Sie muss nicht einmal hübsch sein. *Cariño*, das Einzige, was wirklich zählt ...«

... ist ihre loyale Liebe? Ich weiß, dass es nicht diese Worte sind, die Mutter aussprechen wird, und schüttele den Kopf. Egal, was sie als höchste Eigenschaft ansieht, ich bin mir sicher, dass mir diese gleich sein wird.

»... ist, dass sie fügsam, fleißig und fruchtbar ist!«

Genau wie erwartet und absolut nicht das, was ich mir von einer Beziehung auf Augenhöhe wünsche. Cassie fängt meinen Blick ein. Ihrer ist müde und eine Spur ängstlich. Ich weiß nicht, was in ihr vorgeht, aber sicher denkt auch sie daran, dass sie dazu gedrillt worden ist, fleißig zu sein. In vielen Bereichen ist sie dies auch aus eigenem Antrieb. Das mit der Fügsamkeit steht jedoch auf einem anderen Blatt. Da sind wir uns ähnlich: Wir rebellieren. Wir machen nicht blind, was man uns aufträgt. Wir suchen Auswege. Bisher haben wir immer welche gefunden. Wir können nur hoffen, dass unser Glück anhält, denn im Grunde tanzen wir auf dem Vulkan …

3

Lindsey

Obwohl Cassie erst knapp zwei Wochen bei mir gewohnt hat, ist es ein komisches Gefühl, ihr jetzt am Flughafen hinterherzuwinken, als sie, mit einem breiten Lächeln im Gesicht und einer prall gefüllten Reisetasche in der Hand, durch die Sicherheitstür verschwindet. Ich werde sie vermissen. Obwohl sie noch so jung ist, waren die Gespräche mit ihr schön. Und meine Wohnung war noch nie so ordentlich.

»Keine Sorge, die Miete wird weiterbezahlt«, hat sie mir versprochen, als sie mir eröffnet hat, dass sie spontan einen Nachrückplatz für die Ausgrabungsreise ihres Professors ergattert hat. »Halt mir das Zimmer bitte frei. Es sind ja nur ein paar Monate.«

Ein paar Monate in Südamerika, wo jetzt der Sommer vor der Tür steht. Die Glückliche! Wobei – auf Inka-Pyramiden herumzukraxeln und im Dreck zu wühlen, wäre nun nicht mein Traum, und so schlimm ist der kalifornische Winter nicht. Vermutlich gibt es in Peru irgendeine Regenzeit, die den Aufenthalt ins Wasser fallen lassen könnte.

Dominic hat mir seinen Wagen geliehen, um Cassie zu fahren. Dafür hat ihn Abby mit ins Stadion genommen. Heute spielen die Ravens im Viertelfinale der Playoffs, weswegen Jay seine Schwester auch nicht zum Flughafen bringen konnte. Für mich ist es nicht schlimm, das Spiel zu verpassen. Seit mein werter Bruder so unrühmlich aus dem Team geflogen ist, halte ich mich eh vom Stadion und den Männern fern. Und da ich schon mal ein Auto zur Verfügung habe, was so häufig nicht passiert, nutze ich die Gelegenheit und fahre raus zum Folsom Lake. Vom Parkplatz aus wandere ich ein Stück am Wasser entlang, über kargen, felsigen Boden und zwischen niedrigen Büschen hindurch, lasse meinen Kopf leer werden und atme tief die Luft ein, die in der Stadt nie so frisch ist. Dann setze ich mich an den Strand und hole meinen Zeichenblock aus der Tasche. Es gibt im Dezember einige Regentage hier in der Gegend. Heute ist keiner davon. Der Himmel ist allerdings von dramatischen Wolkenschichten bedeckt, manche dunkel, andere noch dunkler, und auch das Wasser des Sees ist vielfarbig und unruhig. Erst skizziere ich nur, dann fülle ich die Umrisse mit meinen Malkreiden aus, mische Grau und Blau, Grün und Schwarz, streue Punkte und winzige Flächen aus Gelb und Violett ein, und auch wenn nach einer Weile ein Abbild der Szenerie vor mir auf dem Papier entstanden ist, bin ich unzufrieden. Es ist mir nicht gelungen, die Lebendigkeit einzufangen. Alles wirkt statisch, gefühllos. Ich seufze. Was ist los mit mir? Ich dachte, es ginge bergauf. Cassies Fröhlichkeit und sogar die sporadischen Aushilfsdienste im Coffee&Dreams haben meine Stimmung verbessert, die seit den Vorfällen mit Pete und den Ravens öfter auf dem Nullpunkt ist. Es ist gut, wie es gekommen ist, denn er hat den Rauswurf verdient. Ich kann nur nicht gut allein sein. Und jetzt bin ich es wieder. Sosehr es mich freut, dass Abby und ich uns wieder näherkommen – Freundinnen sind wir noch längst nicht. Außerdem hat sie ihren Ethan und selten Zeit. Seufzend blicke ich wieder auf den See und dann zurück auf meinen Zeichenblock. Abby hätte dem Bild mehr Leben eingehaucht. Ich habe es wieder einmal gemerkt, als wir an ihrer Mappe gearbeitet haben. Sie ist besser als ich. Sie hätte das Stipendium mehr verdient. Ich grabe die Finger in den Sand, versuche, mich zu erden, denn die Wut und den Neid, die in mir aufsteigen wollen, möchte ich nicht mehr fühlen. Die neue, verbesserte Lindsey freut sich für andere und gönnt ihnen die Erfolge.

Puh. Das wird noch ein Stück Arbeit.

Als es zu dämmern beginnt, werfe ich einen letzten Blick auf die malerische Umgebung, dann reiße ich mich los, packe meine Sachen und gehe zurück zum Auto. Kaum bin ich eingestiegen und habe das Radio angestellt, verkündet ein Sprecher im Jubelton den Sieg der Ravens und den Einzug ins Halbfinale der Playoffs. Den ersten in der Vereinsgeschichte! Nun springt die Freude doch auf mich über. Es ist schließlich ein großes Ding für die Stadt. In allen Einzelheiten berichtet der Moderator vom Verlauf des Spiels und vor allem über die entscheidenden Touchdowns. Vier an der Zahl waren es, einer durch Cooper, zwei durch Abbys Ethan und der letzte durch Cassies Bruder Jay.

»Dieser Jaime López avanciert immer mehr zum neuen Star der Mannschaft«, prahlt der Radiosprecher so übertrieben begeistert wie ein stolzer Vater. »Was kann der Kerl eigentlich nicht? Jetzt auch noch Touchdowns, egal wie viele Gegner ihm am Körper hängen. Eine wahre Dampfwalze!«

Mir entfährt ein Schnauben.

Reiß dich zusammen, befehle ich mir. *Freu dich für ihn. Und wenn schon nicht für ihn, dann für Cassie.*

Ob sie im Flugzeug mitbekommt, wie das Spiel ausgegangen ist? Oder wenigstens morgen, wenn sie nach ihren fünfzehn Flugstunden und einem bestimmt ewig langen Transfer endlich in ihrer Unterkunft angekommen ist? Falls es in den Unterkünften der Ausgrabungsstätte Internet gibt. Unvermittelt überkommt mich Sorge um meine Mitbewohnerin. Ist die Kleine überhaupt vorbereitet auf so eine Exkursion? Klar, sie kennt ihre Kommilitonen und den Professor, und es sind auch genügend Frauen dabei. Aber sie ist noch so jung. Und als Nachrückerin fliegt sie ganz allein und kommt in eine bestehende Gruppe, die schon seit Wochen dort ist.

Ich schüttele den Kopf über mich. Ich habe Cassie nicht adoptiert und bin nicht für sie verantwortlich. Das mit der neuen Lindsey nimmt langsam Formen an ...

»Allerdings hat sich López bei der Aktion offenbar leicht verletzt«, fährt der Moderator nach einigen weiteren Lobeshymnen fort. »Aus Mannschaftskreisen heißt es, dass es nichts Ernstes ist und mit etwas Ruhe, Entspannung und Physiotherapie alles bis zum Halbfinale in der kommenden Woche wieder in Ordnung sein sollte. Hoffen wir es für die Ravens!« Dann lacht der Sprecher. »Tja, das heißt wohl, dass es heute keine

Siegesfeier für den guten López geben wird. Da ist Headcoach Gerber streng, wie wir alle wissen.« Und wieder schallendes Gelächter. Ich verdrehe die Augen und wechsle den Sender. Ob Jay López heute feiern darf, könnte mir nicht gleichgültiger sein.

Es ist schon dunkel, als ich den Wagen auf Dominics Privatparkplatz vor dem Coffee&Dreams abstelle. Das Café ist seit einer halben Stunde geschlossen und Shona ist schon weg, aber der Chef werkelt noch hinter dem Tresen herum. Ich stoße die Tür auf, und die Ladenglocke klingelt.

»Ah!« Dominic blickt mir freudig entgegen. »Ich dachte schon, du bist mitgeflogen und hättest mein Baby verkauft, um dir den Flug leisten zu können.«

»Dein *Baby* ist ein zehn Jahre alter Buick. Ich bin froh, dass ich heil zurückgekommen bin!« Ich lege den Schlüssel auf den Tresen und setze mich auf einen Hocker. »Machst du mir einen Hafermilch-Latte?«

»Nein. Die –«

»... Maschine ist schon sauber, ich weiß.« Ich verdrehe die Augen.

»Du kannst ein Glas kalten Kakao haben«, sagt Dominic gnädig. »Aber schlag hier keine Wurzeln, ich will nach Hause und mir die Aufzeichnung noch mal ansehen.« Er kippt Getränkepulver und Hafermilch in ein Glas und schiebt es mir rüber.

Ich trinke einen Schluck. Kalter Kakao, das Pulver noch nicht richtig aufgelöst. Gibt Besseres. »So gut war das Spiel, dass du es dir noch mal anschauen willst?«, frage ich, um ihn in ein Gespräch zu verwickeln. Ich will noch nicht allein in meiner Wohnung sein.

Ein schockierter Ausdruck erscheint auf seinem Gesicht. »Es war großartig! Hast du was anderes erwartet?«

»Natürlich nicht. Und wie war die Stimmung im Stadion?«

»Grandios! Als Cooper den ersten Touchdown gemacht hat, stand alles kopf. Er –«

»Schon gut.« Ich hebe die Hand, ehe er sich in Lobhudeleien auf seinen Angebeteten, den Ravens-Quarterback Cooper, ergehen kann. Nicht, dass ich es nicht süß fände, aber es tut mir in der Seele weh, Dominic so schwärmen zu hören, wenn ich doch weiß, dass Cooper in meinen Bruder verliebt ist. *War*, würde ich gern sagen, doch das glaube ich nicht, auch wenn er so tut. Mit ein Grund, warum Pete immer besonders männlich tun musste, was auch immer das heißt. Um bloß nicht in Verdacht zu geraten, ebenfalls homosexuell zu sein. Leider ist er damit übers Ziel hinausgeschossen ... »Ich weiß, Coop ist perfekt.« Und wahrscheinlich wird Dom die Aufzeichnung jedes Mal, wenn er ins Bild kommt, anhalten und ihn anschmachten. Ich weiß nicht, warum, aber die Vorstellung schnürt mir die Kehle zu. Ich zwinkere Dominic zu und stürze den Inhalt meines Glases hinunter. Es hilft ja nichts, meine leere Wohnung ewig zu meiden, und Liebesgesäusel kann ich nun wirklich nicht ertragen. Ich rutsche vom Hocker. »Ich muss los. Danke für das Auto, Dom.« Ich reiße meine Zeichnung vom Block und reiche sie ihm. »Hier, für dich.«

Er nimmt sie und betrachtet sie. »Folsom Lake, ja? Deshalb warst du den halben Tag unterwegs.« Er schwenkt drohend den Zeigefinger. »Ich bekomme Benzingeld von dir.«

»Ich brauchte frische Luft, und du bekommst dieses Meisterwerk einer zukünftigen berühmten Künstlerin.« Ich grinse ihn an.

»Und eine Spätschicht. Mindestens!«

Ich muss lachen. »Alles klar, Boss. Viel Spaß mit deiner Aufzeichnung.«

Damit verlasse ich das Café, gehe um das Haus herum in den Hof und die Treppen hoch zu meiner Wohnung. Ich betrete das stille, leere Wohnzimmer, das Cassie trotz ihrer Reisevorbereitungen noch aufgeräumt hat, betrachte den sauberen Küchentresen und die ordentlich auf das Sofa drapierten Kissen. Wehmütig seufze ich. Ich werfe die Zeichensachen auf den Tisch, meine Jacke aufs Sofa und meine Schuhe in die Ecke. Dann wasche ich mir die Hände in der Küchenspüle und nehme mir eine Cola aus dem Kühlschrank. Ich will schon die Tür schließen, da fällt mir ein abgedeckter Teller auf. Ich spähe unter die Folie und sehe einen Berg typisch mexikanischer Empanadas. Wann hat Cassie die denn noch gemacht? Hach, die Kleine ist echt toll. Ich kanns nicht erwarten, dass sie zurückkommt! Herzhaft beiße ich in eine der frittierten Teigtaschen. Sie schmeckt grandios – nach einigen Bissen stocke ich jedoch und kaue vorsichtiger weiter. Ich könnte schwören, dass da Fleisch drin ist. Ich nehme mir eine weitere Teigtasche, breche sie durch und betrachte den Inhalt. Hm. Es ist nicht genau zu erkennen. Könnte Hack sein, könnten Sojaschnitzel sein oder Pilze. Nach Pilzen schmeckt es aber nicht.

Ich schüttele den Kopf und esse auch die zweite Empanada. Cassie weiß schließlich, dass ich Vegetarierin bin.

Nach einigen Schlucken Cola gehe ich in mein Zimmer, aber auch da hält es mich nicht lange. Ich sollte mich doch freuen, die Wohnung für mich zu haben, keine Rücksicht nehmen zu müssen. Aber nein – ich fühle mich einsam. *Crap!*

Vielleicht hilft ein heißes Bad. Ich entledige mich meiner Klamotten und werfe sie auf mein Bett. Immerhin muss ich nicht befürchten, meinem Bruder oder meiner sittsamen Mitbewohnerin zu begegnen, und kann jetzt so herumlaufen, wie es mir passt. Zum Beispiel splitternackt. Ich muss grinsen.

Ich löse meinen Zopf und fahre mir mit den Händen durch die langen Strähnen. Auf dem Weg von meinem Zimmer ins Bad werfe ich einen Blick auf das Wohnzimmer. Ich habe es tatsächlich geschafft, es innerhalb von zwei Minuten zu verwüsten. Auf dem Küchentresen ein zerknülltes Geschirrtuch und die halb getrunkene Cola, und auch sonst liegt überall irgendwas herum. Ich seufze verzweifelt und stoße die Badezimmertür auf.

In meiner Wanne liegt jemand.

Schon wieder.

Die Bilder von damals rasen durch mein Bewusstsein. Cooper, letztlich nur ohnmächtig, aber nach meinem ersten Eindruck tot. Tot? Ist dieser Mann hier *tot*? Ist es Cooper? Was passiert hier? Was zum *Teufel* ist hier los?

Ein Schrei gellt in meinen Ohren, und nur am Schmerz in meiner Kehle erkenne ich, dass es mein eigener ist. Das Bild vor meinen Augen überlagert das aus meiner Erinnerung. Coopers hellbraune Haare werden tiefschwarz, seine Figur massiger, die Wanne ist plötzlich voll Wasser. Alles gerät in Bewegung, es plätschert, dann erhebt sich ein Riese aus der Wanne, steht vor mir, splitternackt und tropfend.

Splitternackt ... Das Wort sollte mir irgendwas sagen, aber ich bin zu verwirrt. Meine Gedanken springen in alle Richtungen wie die Wassertropfen, als die Erscheinung vor mir nun die Arme hochreißt.

»Hör auf zu kreischen!«, brüllt der Mann.

Ja, es ist eindeutig ein Mann, und ich weiß auch, wer es ist. Eigentlich. Gerade komme ich nicht darauf. Aber ich gehorche, klappe den Mund zu. Starre ihm ins Gesicht, dann seinen langen, muskelbepackten Körper hinab bis zu seinem –

Splitternackt.

Ich schreie auf und reiße meinen Bademantel vom Haken. Die Zeit, ihn anzuziehen, nehme ich mir nicht, sondern halte ihn nur mit einer Hand vor meinen Körper. Mit der anderen schnappe ich mir ein Handtuch und schleudere es in seine Richtung. Er zeigt gute Reflexe, fängt es auf und hält es sich vor sein bestes Stück.

»Was zur Hölle tust du hier ... Jay?« Meine Stimme überschlägt sich. Ich reiße die Augen auf. Jay! Jaime López, Cassies Bruder. Tims bester Freund. In meiner Wanne.

»Lindsey?« Er klingt nicht minder fassungslos. Seine Hand sinkt herab, das Tuch taucht ins Wasser ein, und ich sehe ihn erneut in seiner ganzen Pracht. Zum Glück lenkt etwas anderes meinen Blick von seinem durchaus beeindruckenden Penis ab – ein riesiger Bluterguss an seiner linken Seite. Ist das die Verletzung, von der der Moderator im Radio gesprochen hat?

Und warum zur Hölle ist das jetzt gerade wichtig?

Ich straffe die Schultern. »Was tust du in meiner Wohnung, Jaime?«

»Mit *dir* wohnt meine kleine Schwester zusammen?« Er klingt entsetzt.

»Nun tu nicht so, als hättest du das nicht gewusst.« Zwar bin ich ziemlich sicher, dass Cassie ihm tatsächlich nicht die Wahrheit gesagt hat, aber das erzähle ich ihm besser nicht.

»Habe ich nicht.« Er hebt das Handtuch an, wringt es in aller Seelenruhe aus und schlingt es sich um die Hüfte. Dann klettert er aus der Wanne. Er verzieht gequält das Gesicht, als er das linke Bein über den Rand hebt.

Als er direkt vor mir steht, sieht er noch größer und breiter aus. Beinahe beängstigend. Ich will schon zurückweichen, da rufe ich mich zur Ordnung. Das hier ist meine Wohnung, und ich habe keinen Grund, Angst vor ihm zu haben.

Oder?

»Warum ist das nun mein Problem, dass deine Schwester dich anlügt?«

Sein Gesicht verzerrt sich, und kurz verfluche ich mich für mein loses Mundwerk. Sollte ich ihn wirklich provozieren?

»Ich wäre nie einverstanden gewesen, dass sie ausgerechnet mit dir zusammenzieht«, presst er zwischen den Zähnen hervor.

»Ausgerechnet mit mir? Was soll das denn heißen?« Dabei weiß ich genau, was es heißen soll. Ich bin kein

Umgang für seine keusche kleine Schwester. Ich, die Schlampe, als die Tim mich dargestellt hat.

Er antwortet nicht, zieht nur einen Mundwinkel hoch. Arschloch!

4

Jaime

»Ich denke, da muss ich nicht deutlicher werden!« Es gibt so viele Gründe, warum keine Frau, geschweige denn ein unschuldiges junges Mädchen, mit Lindsey Severin zusammenziehen sollte, aber diese aufzuzählen, wäre verletzend. Auch die Wahrheit kann Wunden reißen, und ich bin kein Mann, der sich in Gemeinheiten sonnt.

Ich mustere sie knapp. Ihr wallendes Haar verdeckt ihren Körper ebenso wenig wie ihr schlichter weißer Bademantel, der so gar nicht zu ihr passt. Schließlich ist sie das Sinnbild einer Femme fatale. Sie verschlingt Männerherzen zum Frühstück und spuckt die Reste wieder aus.

Tim kommt mir in den Sinn. Er wäre alles andere als begeistert hiervon, denn wenn ihn etwas auf die Palme bringt, dann ist es Lindsey Severin. Ihr Anblick, ihre Erwähnung ... Manchmal hat bereits Pete, ihr Bruder, genügt, um Tims Laune zu verhageln.

»Starr mich nicht an, verdammt!« Lindseys blaue Augen blitzen. Röte steigt ihr in die Wangen, und sie zieht den Bademantel höher, obwohl sie längst alles Interessante verdeckt. »Und doch: Du musst deutlicher werden.« Sie reckt das Kinn.

Ich wundere mich. Sie wirkt verletzlich, erinnert mich – und der Gedanke ist erschreckend – an Cassie, meine sechs Jahre jüngere und so naive wie kluge kleine Schwester. Dabei haben die beiden absolut nichts gemeinsam.

»Warum wärst du dagegen gewesen, dass Cassie bei mir einzieht?«

Ich atme tief ein. Sie will es nicht anders. »Weil du ein schlechter Einfluss bist und Cassies Ruf ruinierst.«

Ihr Brustkorb hebt sich, dann stößt sie den Atem aus. »Raus!« Sie streckt die Hand aus und deutet in den Flur.

Ich habe so das Gefühl, dass sie nicht meint, dass ich schlicht das Badezimmer räumen soll, deswegen bleibe ich, wo ich bin. »Ich bade.« Was offensichtlich ist. »Ich war zuerst hier, du musst warten.« Damit drehe ich mich um, lasse das Handtuch fallen und steige zurück in die Wanne. Da ich auf Badezusatz verzichtet und nur etwas Arnika-Tinktur für die Muskeln ins Wasser gegeben habe, gibt es keinen Schaum, der irgendetwas bedecken würde, aber ich brauche mich für meinen Körper nicht zu schämen. Ich setze mich langsam wieder in das wohltuende, heiße Wasser und unterdrücke ein schmerzerfülltes Stöhnen. Das letzte Tackling hat mich dumm erwischt, und der Bluterguss beweist, dass ich tatsächlich einen harten Schlag abbekommen habe.

»Spinnst du jetzt?« Ihre Stimme geht am Ende in die Höhe. »Ich sagte, du sollst verschwinden! Das ist *meine* Wohnung, und du hast hier absolut nichts verloren!«

Ich richte meinen Blick auf sie. Ihre brennenden Wangen und die verkniffenen Lippen zeugen deutlich von ihrer Wut. Tja, ich kann mit Temperament umgehen und lasse mich nicht einschüchtern. Nicht von den Defensive Tackles auf dem Spielfeld und auch nicht von Frauen im Evaskostüm. »Du hast recht.« Ich lehne mich zurück und schließe die Augen. »Es ist deine Wohnung, aber ich zahle einen Teil der Miete.«

Nach einem Keuchen bleibt sie still. Es folgt kein Angriff, sie kreischt nicht. Merkwürdig. Habe ich ihr mehr Temperament zugesprochen, als sie hat?

Ich blinzele und stelle fest, dass sie mich perplex anstarrt. Unsere Blicke treffen sich. Irgendwie wird es jetzt doch unangenehm, dass ich völlig nackt vor ihr liege. Ich brauche mich nicht zu schämen, versichere ich mir erneut, aber das ist es auch nicht. Das Wasser ist viel zu warm. Oder ...

Nur zur Sicherheit schaue ich an mir entlang. Gut. Das fehlt noch, dass ich eine körperliche Reaktion zeige, nur weil mir eine nackte Frau gegenübersteht. Ausgerechnet bei Lindsey, die zwar hübsch ist, aber wirklich keinen zweiten Gedanken wert. Ich komme mir schäbig vor, so etwas zu denken, und senke den Blick zu Boden. Es ist nicht wichtig, wer sie ist oder welche moralischen Vorstellungen sie hat. Ich muss mir im Spiegel in die Augen sehen können und sollte dementsprechend handeln. Ich möchte Menschen, ganz besonders Frauen, respektieren, weil auch ich respektiert werden möchte, ganz gleich, wer ich bin oder woher ich komme. Und für Cassie wünsche ich mir dasselbe.

Ich räuspere mich. »Hör zu, gib mir eine halbe Stunde, um mich zu entspannen, dann diskutieren wir das aus, in Ruhe und ohne ... Ausraster.«

Lindsey schluckt sichtlich.

»Bitte«, füge ich hinzu. »Ich habe Schmerzen.«

Sie presst die Lippen zusammen.

Jetzt entscheidet sich wohl, ob sie ein Miststück ist und mich trotz meiner Bitte rauswirft oder nicht. Eigentlich besteht da keine Frage.

Ihre Miene verzieht sich, sie verdreht die Augen und reißt die Tür auf. »Fein! Eine halbe Stunde. Keine Sekunde länger!«

Als ich in das Wohnzimmer trete, sehe ich mich wachsam um. Ich bin offensichtlich falsch informiert gewesen, was diese WG angeht, und hätte mir wohl so oder so überlegen sollen, ob es klug ist, mich in die Badewanne zu legen, wenn niemand zu Hause und das Bad nicht einmal abschließbar ist. Mit hereinplatzenden Frauen ist zu rechnen gewesen.

»Hey«, sage ich und lasse das Handtuch, mit dem ich mir über die nassen Haare gerubbelt habe, sinken.

Lindsey hat sich angezogen und sitzt mit einem Block bewaffnet auf der Couch. Ihr kritischer Blick brennt auf meiner Haut, obwohl auch ich mir meine Sachen übergezogen habe.

Bei Lindsey muss man mit allem rechnen. Mir klingen all die Worte im Ohr, die Tim in den letzten Jahren über seine Ex verloren hat. Nicht eines ist positiv gewesen. Nun, vielleicht ihre Freude am Oralverkehr, wenn man denn darauf steht.

Sie atmet tief durch. »Schön.« Sie deutet auf den quietschpinkfarbenen Sessel ihr gegenüber. »Setz dich.«

Darauf sehe ich sicher lächerlich aus, deswegen zögere ich. Ich traue ihr zu, dass sie ein albernes Bild von mir malt – wie ich in diesem lächerlich kleinen Sessel feststecke. Sie hat vor Kurzem erst Ethan das Leben schwer gemacht, indem sie ihn penetrant verfolgt und in seine Beziehung mit Abby hineingepfuscht hat – eben auch mit ihrer Kunst. Ich kann mir nicht ausmalen, wozu sie noch fähig wäre. Ich muss grinsen. Vermutlich hat sie sich bereits *ausgemalt*, wie sie mich in der Luft zerfetzt.

»Kein Grund zur Heiterkeit.« Sie quetscht jedes Wort zwischen aufeinandergebissenen Zähnen hervor. »Das hier ist ein ernstes Gespräch.«

Mein Nicken nimmt sie zum Startschuss, denn sie atmet tief durch und öffnet bereits den Mund, bevor auch nur ein Wort hervorkommt.

»Ich bin die Hauptmieterin. Ich bestimme, wer sich hier aufhält und wer nicht. Und Kerle, egal welche, haben hier absolut nichts verloren. Da ist es mir völlig egal, wer für welche Kosten aufkommt. Abgesehen davon, dass du dich hier nicht einfach in die Wanne legen kannst. Unangekündigt! Wo hast du eigentlich den Schlüssel her?« Sie kräuselt die Nase, und in ihre verärgerte Miene schleicht sich Verwirrung.

»Cassie.« Ich zucke die Achseln. »Zur Sicherheit, sie sperrt sich gern mal aus.«

»Das hätte sie mir sagen müssen.«

Ich nicke vorsichtig. »Wie viele Personen leben hier?« Mein Blick schweift zu den beiden Türen, von denen eine in Cassies Zimmer führt. Und die andere?

»Momentan?«

Ich habe kein gutes Gefühl. Und befürchte, dass hier genau zwei Personen leben. Cassie und ...

»Nur ich.«

Tja ...

Ich senke den Blick auf ihren Block und reibe die Hände aneinander. »Und ich.«

»Nein.« Ihre Stimme ist fest und sicher. »Auf keinen Fall!« Sie springt auf, wodurch ich für einen Moment auf ihren Bauch starre – auf den entblößten Bauchnabel –, bevor sie sich wegdreht und zur Küchenzeile stürmt.

Langsam stehe ich auf, gebe ihr die Gelegenheit, sich zu fassen, und lege das Handtuch ab. »Ich fürchte ...«

»Das ist mir egal«, unterbricht sie mich. Sie wendet sich mir zu. Ihre hübschen Augen sind aufgerissen, ihre Unterlippe bebt sacht, und ich verstehe nicht, was sie so aus der Bahn wirft. Es ist ja nicht so, als wäre sie noch nie mit einem Mann zusammen gewesen.

Ich verdrehe die Augen.

»Lass das!« Sie beugt sich vor. Ärger und eine Spur Verachtung springen mir entgegen. »Wage es nicht, mich gering zu achten!«

Mit dem Wort kann ich, trotz meiner erstklassigen Englisch-Kenntnisse, nichts anfangen, aber ihrer Reaktion nach muss ich wohl zustimmen, um sie zu versöhnen.

»Mache ich nicht«, versichere ich und hebe beschwichtigend die Hände. Leider kann ich ihrer Forderung gar nicht nachkommen. Ich kann nicht gehen, denn ich wüsste nicht, wo ich unterkommen sollte, wenn sie mich rauswirft. Vielleicht habe ich übereilt gehandelt, als ich das Zimmer im Wohnheim zum fünfzehnten – morgen – abgegeben habe.

Sie schnaubt. »Klar. Ich sehe dir doch an, was du denkst.«

Das würde mich doch überraschen. »Lindsey, ich möchte ganz sicher nicht, dass du meine Worte falsch verstehst.«

Sie verschränkt die Arme vor der Brust. »Ich bin also eine keifende Furie, während du das liebenswürdige Unschuldslamm bist?«

Okay. Ihre Worte ergeben keinen Sinn, daher weiß ich schlicht nicht, was ich sagen soll. Zögerlich schüttele ich den Kopf. »Ich denke nur, dass ich dich unbeabsichtigt beleidigt habe, und möchte klarstellen ...«

Sie lacht spitz auf. »Seit wann interessiert es einen wie dich, wen er wie beleidigt?«

Ich klappe den Mund zu. Das hier wird wirklich schwierig.

»Du hast hier nichts verloren. Verschwinde.« Sie stößt sich von der Arbeitsplatte neben der Spüle ab und schreitet auf ihre Zimmertür zu.

»Warte.« Ich schneide ihr den Weg ab. »Das geht nicht.«

»Natürlich –«

»Ich bleibe hier«, unterbreche ich dieses Mal sie und befeuchte mir nervös die Lippen. Ich habe ein ernsthaftes Problem, wenn sie mich vor die Tür setzt, und dies nagt an meiner Selbstsicherheit. Außerdem muss ich sie einerseits milde stimmen, darf mir von ihr aber auch nicht auf der Nase herumtanzen lassen. Ein Drahtseilakt. »Mein Zimmer ...« Das ich voreilig gekündigt habe, ohne mir Gedanken darüber zu machen, ob es angebracht ist, in Cassies WG zu ziehen, die schließlich durchaus eine reine Frauen-WG hätte sein können. Meine Hände werden feucht, und ich schiebe sie in die Hosentaschen. »... wurde doppelt belegt«, murmele ich. »Da kann ich nicht bleiben.«

»Doppelt ...? So ein Quatsch! Hältst du mich für so naiv?«

Shit. Mir wird heiß. »Okay, ich wollte Geld sparen und habe das Zimmer gekündigt. Cassie ist monatelang nicht hier!«

Lindsey schnaubt. »Das ist nicht mein Problem. Komm doch bei deinem Buddy Tim unter!« Sie stößt mich an, als sie an mir vorbeigeht, allerdings ist sie es, die dadurch strauchelt. Ich greife nach ihr und verhindere damit, dass sie gegen die Wand torkelt.

Sie streift meine Hände ab. »Finger weg!«, faucht sie. »Versuch das ja nicht! Du bist so attraktiv wie eine Amöbe und sicher ebenso intelligent!«

»Hä?« Was soll das jetzt? Sie ist aufgebracht, aber das ist kein Grund, zu Beleidigungen zu greifen. »Ich studiere Medizin.«

Sie runzelt die Stirn. »Du?«

Toll, sie hält mich für einen *tonto*.

»*Sí!*«

Sie lacht schallend.

»Was ist daran so lustig? *Maldito.*« Ich bin noch nie ausgelacht worden. »Ich bin gut genug!«

Ihr vergeht das Lachen. Ein Runzeln fliegt über ihre Stirn, und sie schüttelt den Kopf.

»Ich bin gut genug«, wiederhole ich mit kratziger Stimme, nicht sicher, ob ich nun wütend bin oder verletzt. »Meine Noten sind gut.«

Sie nickt vorsichtig. »Okay. Entschuldige?«

Ist das eine Frage? Ich nehme das besser positiv auf. »Natürlich. Hör zu, ich verstehe, dass wir ... kein gutes Team abgeben. Das hier ist alles andere als ideal, und das ist mein Fehler. Ich habe voreilig und unüberlegt agiert, als ich mein Zimmer aufgegeben habe. Damit habe ich mich in ernsthafte Schwierigkeiten gebracht, und ich muss dich bitten, mir vorübergehend zu erlauben, in Cassies Zimmer zu wohnen.«

Sie wird mich rausschmeißen. In ihren Augen steht die Ablehnung. »Schlaf doch bei Tim.«

»Das geht nicht.« Ich möchte das gar nicht erklären, aber ich brauche ihre Erlaubnis, hier bei ihr in dieser Wohnung zu leben. Zumindest, bis ich etwas anderes gefunden habe. »Tim ist schlecht auf mich zu sprechen, fürs Wohnheim müsste ich erst mal wieder auf die Warteliste, und ich kann mir schlicht kein teures Zimmer leisten, solange ich dieses hier bezahle.«

Lindsey presst die Lippen aufeinander.

»Bitte.«

Sie senkt den Blick. »Ich habe Regeln«, sagt sie so undeutlich, als presse sie schon wieder jedes Wort hervor. »Keine Drogen!«

»Kein Problem!«, versichere ich eilig. »Ich nehme keine Drogen.«

»Und ich will Tim hier nicht sehen! Weder in deinem Zimmer noch im Wohnzimmer, im Bad oder auf der

Straße vor dem Haus!« Ihre Augen glühen. »Ich schwöre dir, wenn ich ihn hier erwische, bricht die Hölle los!«

Damit kann ich leben, also nicke ich eifrig.

Sie stößt den Atem aus. »Du rennst nicht ins Badezimmer, wenn die Tür geschlossen ist!«

»Versprochen.« Soll ich Gleiches fordern?

»Lass mich durch.«

»Warte bitte kurz …« Schnell gehe ich in mein Zimmer – ich hoffe, es ist meins und die Sache geht nicht im letzten Moment noch schief – und hole den Vordruck und einen Stift. »Ich brauche deine Unterschrift, dass ich hier zurzeit wohne. Für das Stipendium.«

Sie zögert nur kurz, dann nimmt sie den Stift und unterschreibt. Ohne ein Wort lässt sie mich stehen. Ich schaue ihr nach, bis sich die Tür hinter ihr schließt. Irgendwie kann ich nicht fassen, dass sie mich bleiben lässt. Die kalte, egoistische Schlange Lindsey Severin hat doch ein Herz, und dieses lässt sich erweichen. Eine merkwürdige Vorstellung, widerspricht sie doch deutlich all dem, was ich bisher von ihr gehört habe. Nicht nur von Tim, der auch schon mal übertreibt.

In Gedanken versunken öffne ich den Kühlschrank und stutze. Fehlen da Empanadas? Egal, die sind eh nur die Vorspeise. Wir haben gewonnen, also gönne ich mir ein gutes blutiges Sieger-Rib-Eye …

5

Lindsey

In meinem Zimmer schnaufe ich erst mal durch. Habe ich gerade wirklich zugestimmt – schriftlich! –, dass Jay López bei mir wohnt? Was habe ich mir damit angetan? Ich lasse mich auf mein Bett fallen, dann springe ich wieder auf. Es gibt sicherlich noch mehr Regeln, die ich festlegen muss. Dass meine Sachen eben genau das sind – *meine* Sachen. Die er nicht anzufassen hat. Nicht dass er noch meine Lieblingstasse zerdeppert! Ich muss ihm zeigen, welche Teile Cassie mitgebracht hat. Die darf er benutzen, sonst keine. Und mein Ateliertisch ist tabu!

Ich gehe zurück ins Wohnzimmer. »Jay, wir müssen noch –« Ich erstarre.

Er steht am Küchentresen und hebt den Blick. »Hm?«, nuschelt er, mit vollen Backen kauend, vor sich den Teller mit Empanadas.

»... weitere Regeln ...«, fahre ich abgelenkt fort und starre auf die Teigtaschen. »Hast du die mitgebracht?«

»Klar. Greif zu.« Er schiebt den Teller zu mir rüber.

»Ist da Fleisch drin?«, frage ich alarmiert.

»Natürlich.«

Mir dreht sich der Magen um. Der Gedanke daran, tote Tiere zu essen, verursacht mir Übelkeit. Schnell wende ich den Blick von den Empanadas aus der Hölle ab – und er fällt auf einen blutigen Klumpen. Ich schreie schrill auf.

Jay zuckt zusammen, die Eisenpfanne rutscht ihm aus der Hand und schlägt scheppernd auf dem Boden auf.

»Ruhe!«, brüllt es sofort aus der Wohnung unter uns.

»*Dios mío*, Frau! Kannst du fünf Minuten überstehen, ohne zu kreischen wie am Spieß?« Auch Jays Stimme ist bestimmt im ganzen Haus zu hören. »Du bringst mich noch ins Grab, und ich wohne noch nicht mal drei Stunden hier!«

Erneut erschallt es dumpf von unten: »Ruhe, verfluchte Scheiße!«

Mein Kopf schwirrt. Um das vermutlich zerstörte Linoleum und den verärgerten Nachbarn muss ich mich später kümmern. Zuerst muss ich mich um den Fleischklumpen auf –

»Mein Gemüsebrett!« Ich kann nicht fassen, was ich sehe. »Lass deine verfluchten Finger von meinen Sachen, du … du …« Meine Stimme überschlägt sich, und mir fällt keine Beleidigung ein, die dieser Situation angemessen gewesen wäre.

Jay reibt sich das Ohr und sieht mich verwirrt an, während von unten wiederholt gegen die Decke geklopft wird. »Was ist ein Gemüsebrett?«

»Ein Schneidebrett, auf dem nur Gemüse geschnitten wird!« Mühsam dämpfe ich meine Stimme, drängle mich an ihm vorbei und reiße den Schrank auf. »Das hier!« Ich knalle Petes Fleischbrett aus Marmor vor ihm auf den Tresen. »Darauf schneidest du das eklige Zeug und auf nichts anderem! Das ganze Blut dringt doch ins Holz ein.« Ich fuchtle in die Richtung des Klumpens. »Das Brett kann ich jetzt wegwerfen. Vielen Dank auch!«

»Hey, das konnte ich ja nicht wissen.« Er verdreht die Augen, hebt die Pfanne auf und stellt sie auf den Herd. »Mein Gott, bist du dramatisch. Außerdem ist das kein Blut, sondern Fleischsaft.« Er zuckt lässig die Schultern.

Ich freue mich schon darauf, festzustellen, wie entspannt er bei dem Thema Blut noch ist, wenn er meine Periodenprodukte im Badezimmermülleimer entdeckt. Das hier war eine dumme Idee. Eine sehr dumme.

»Hör mal, Jay. Ich glaube nicht, dass das hier funktioniert.«

Er lässt die Gabel sinken, die er gerade aus der Schublade geholt hat, und dreht sich vollständig zu mir um. Wie ein Berg ragt er vor mir auf. Und ich kann nicht behaupten, dass es mich kaltlässt. Ja, ich bin wütend, ja, ich ekle mich vor seinem Essen, aber der Mann ist …

… Tims BFF, du blöde Gans!

»Du solltest gehen«, sage ich fest. »Bei irgendeinem der Ravens wirst du doch unterkriechen können.«

»Du wirfst mich raus, weil ich das falsche Brett verwendet habe?«

»Nein. Weil du mich und mein Eigentum nicht respektierst. Du hättest fragen können.«

Er seufzt. »Hätte ich. Aber ich habe einfach nicht geahnt, dass das zu einem Problem werden könnte. Meine Schwester –«

»Deine bedauernswerte Schwester hat sich bereits bei mir ausgeheult, dass sie, seit sie denken kann, ihren männlichen Familienmitgliedern die Ärsche hinterhertragen musste!«

Jay runzelt die Stirn. »Die Ärsche – was?«

»Hinterhertragen. Ihnen jeden Wunsch von den Augen ablesen, für sie putzen, kochen …«

»Ich koche selbst.«

»Das sehe ich! Und es gefällt mir nicht.«

»Keine Sorge. Ich brate höchstens mal ein Steak oder koche Nudeln. Die Empanadas hat Cassie für mich gemacht –«

»Sie wusste, dass du hier einziehst?«, rufe ich und schließe die Augen, weil ich ein erneutes Poltern von unten erwarte, doch seltsamerweise bleibt es ruhig.

»Nein, wusste sie nicht. Sie hat die Dinger im Wohnheim gemacht, als Wiedergutmachung, dass sie mein wichtigstes Saisonspiel verpasst.«

Ich atme tief durch, um mich zu beruhigen, aber es funktioniert nicht. Seine Nähe macht mich nervös. Ich rieche sein After Shave und irgendwelche Kräuter, die wohl im Badewasser waren. Und leider auch das Fleisch, das nicht weit von mir entfernt auf dem Tresen liegt und mein Gemüsebrett versaut. Ich dränge mich an Jay vorbei, trete zu meinem Zeichentisch und verschränke die Arme vor der Brust.

»Ich bin jedenfalls nicht schwierig, und dass du mich so bezeichnest, macht es nicht besser. Pack dein totes Tier ein und verschwinde.«

Er mustert mich, dann dreht er seelenruhig die Herdplatte an und stellt die Pfanne darauf. »Nein. Ich habe für das Zimmer bezahlt.«

»Aber ich bin die Hauptmieterin!«

Er grinst kurz, dann nickt er hinüber zum Wohnzimmertisch. »Ich hab deine Unterschrift.«

»Nicht mehr lange!« Ich mache drei schnelle Schritte und habe das Papier schon in der Hand, als Jay auflacht.

»Gib dir keine Mühe. Es ist schon gescannt und an die Verwaltung gemailt.«

Ich zerknülle den Vordruck dennoch – aus Prinzip – und werfe ihn zurück auf den Tisch. »Halte dich an meine Regeln, sonst mach ich dir das Leben zur Hölle«, fauche ich.

»*Comprendido*.« Er salutiert.

Ich deute auf Cassies Geschirrschrank. »Diese Sachen gehören deiner Schwester. Die kannst du benutzen. Und sonst keine!«

Er kippt Öl in die Pfanne.

»Auch die Pfanne nicht! Da drinnen ist eine andere.«

Jay tritt vor den Schrank und späht hinein. »Das ist keine Eisenpfanne.«

»Na und? Das hat meinen Bruder nicht gestört.«

»Banause! Ich brate doch mein Sieger-Steak nicht in Teflon.« Sprichts, packt den Fleischlappen mit der Gabel und versenkt ihn in meiner heiligen, noch nie mit Fleisch in Berührung gekommenen Lieblingspfanne. Es zischt und brutzelt, und sofort zieht der Röstgeruch zu mir herüber. Mir wird wieder schlecht. Aber noch schlimmer: Mir kommen die Tränen. Ich renne in mein Zimmer und knalle die Tür hinter mir zu. Das Letzte, was ich will, ist, dass Jaime López mich weinen sieht. Und mit Tim darüber lacht.

Die nächsten Tage vergehen in eisigem Schweigen. Zum Glück sehen wir uns selten, denn ich habe Semesterferien und Jay muss täglich zum Training. Ich verbringe die Zeit, die er zu Hause und wach ist, im Coffee&Dreams, und wenn er weg ist, gehe ich wieder nach oben, zeichne oder schaue Serien. So kurz vor Weihnachten hat niemand Zeit. Alle Leute, die ich kenne – und die mit mir zu tun haben wollen –, sind schon zu ihren Eltern gefahren oder verbringen hier Zeit mit ihnen. Ich vermisse Cassie. Ich vermisse sogar Pete, obwohl ich noch sauer auf ihn bin und nicht weiß, ob sich das je legen wird. Feiertage waren immer schon schwierig, besonders damals im Heim und bei den Pflegefamilien, und diese sind keine Ausnahme.

Ich liege im Bett und starre an die Decke. Noch höre ich Jay im Wohnzimmer herumlaufen. Erst murmelt er nur vor sich hin, dann aber ertönt ein lauter spanischer Fluch.

Ich schwinge die Beine über die Bettkante und reiße meine Tür auf. »Ich hab dir gesagt, du sollst leiser sein, ich hab genug Ärger mit dem Typen unter uns«, zische ich. »Der hat mir ’ne ordentliche Predigt gehalten nach deinem lautstarken Einzug.«

Er starrt mich an, in der Hand einen meiner Sneaker. »Du hast geschrien, nicht ich.« Er fuchtelt mit dem Schuh herum. »Und wenn du nicht deinen ganzen Krempel rumliegen lassen würdest, müsste ich mich auch nicht so aufregen!« Schon schleudert er den Sneaker in meine Richtung, als wäre er ein Football. Ich versuche ihn zu fangen, aber der Wurf ist so hart, dass der Schuh nur schmerzhaft meine Finger streift und mir dann an den Kopf knallt.

»Au! Bist du wahnsinnig? Du bist hier nicht auf dem Spielfeld!«

Jay sieht mich mit aufgerissenen Augen an. »Oh ... sorry. Das ... wollte ich nicht.«

Ich reibe mir die Stirn. »Das soll ich dir glauben?«

Es poltert an der Wohnungstür. Ich seufze und will mich in Bewegung setzen, aber Jay ist schneller.

»Jetzt reicht es mir mit euch«, grollt der mittelalte alleinstehende Mann, der unter mir wohnt. Sehen kann ich ihn nicht, da Jays massiger Körper meine Sicht versperrt, aber ich erkenne die wütende Stimme. »Euer ständiger Lärm hat das Fass zum Überlaufen gebracht. Ich hab über Weihnachten und Neujahr eine Reise nach Bali gebucht. Wenn ich wiederkomme, habt ihr eure Pärchen-Probleme im Griff, klar? Sonst mache ich Mietminderung geltend, und dann holt sich der Vermieter das Geld von euch zurück!«

»Okay. Sorry. Schöne Feiertage.« Jay schließt die Tür, ohne den Nachbarn zu berichtigen. Dann dreht er sich zu mir um. »Ich hoffe, es stört dich nicht, dass –«

»Dass der Kerl nun denkt, wir wären ein Paar? Doch, das stört mich.«

»Warum? Willst du was von ihm?« Er zieht eine Augenbraue hoch.

Dieses Arschloch! »Nein. Ich will nur nicht, dass irgendwer denkt, ich würde es mit einem wie dir treiben!«

»Was soll das heißen?« Seine Stimme wird leise, fast drohend. »Hast du etwas gegen Mexikaner?«

»Was?« Ich hebe die Hände. »Nein! Ich meinte –«

Jay schnaubt. »Gib dir keine Mühe, ich hab schon verstanden.«

»Hast du nicht. Ich –«

Er lacht bitter auf. »Na, du kannst schließlich nicht von Footballspielern oder spezieller den Ravens gesprochen haben. Von denen hast du ja alle durch, die nicht bei drei auf der Palme waren.«

»Auf dem Baum, und das ist außerdem eine Frechheit! Ich hab nur mit – verflucht, das geht dich nichts an!« Obwohl ich weiß, wie alle über mich denken, tun mir seine Worte weh.

Er hebt einen Mundwinkel. »Ich weiß es sowieso schon. Denkst du, wir reden nicht?«

Erneut brennen Tränen in meinen Augen, doch ich will nicht wieder weglaufen, also blinzle ich krampfhaft. »Genau das meinte ich«, sage ich heiser. »Einer wie du. Einer, der sich mit seinen Kameraden das Maul über ihre Partnerinnen zerreißt. Der keinen Respekt für Frauen hat. Meinst du, ich hätte Cassie aufgenommen, wenn ich ausländerfeindlich wäre?«

Eine Sekunde lang sieht er zerknirscht aus, dann beugt er sich ruckartig nach unten und hebt den zweiten Sneaker auf. »Ich zahle Geld für das Zimmer und die Mitbenutzung von diesem hier«, sagt er barsch und weist um sich. »Und du lässt überall deinen Mist herumliegen. So kann ich nicht leben.«

Na, der Themenwechsel kam überraschend. Hat Jaime López doch so etwas wie ein Gewissen? Nicht, dass es ihn dazu brächte, nun netter zu sein.

Er holt erneut aus, aber nicht wie jemand, der einen Football passen will, sondern von unten. Der Schuh trudelt gemächlich in Richtung meiner offenen Zimmertür. »Räum deinen Kram weg, Lindsey. Dann hab ich auch keinen Grund zu brüllen. Es geht nicht, dass ich über was falle und mich verletze. Das wichtigste Spiel der Saison steht bevor.«

Er hat recht, und das ärgert mich maßlos. »Ja, ich bin unordentlich, aber das ist noch lange kein Grund, mir Schuhe an den Kopf zu werfen.«

»Dafür habe ich mich entschuldigt. Ich kann meine Kraft abseits des Feldes wohl nicht richtig einschätzen ...«

»Und du denkst, mit dieser lahmen Entschuldigung wäre alles gut?«

Er hebt die Schultern und schweigt.

»Wann bist du weg? Dann räume ich auf.«

»Ich wollte längst weg sein.«

Ich gehe zurück in mein Zimmer und warte auf das Knallen der Wohnungstür. Dabei kämpfe ich weiterhin mit den Tränen. Was ist los mit mir? Es muss an den Feiertagen liegen. Als ich endlich die Tür zuschlagen höre, quäle ich mich hoch und gehe ins Wohnzimmer. Tatsächlich hat er sein benutztes Geschirr abgewaschen, und es liegt nichts von ihm herum. Ich hebe noch einige Schuhe und Shirts, Stifte und Pinsel auf und werde dabei wieder wütend. So war das mit dem Mitbewohner nicht gedacht, dass ich mich so einschränken muss! Aufräumen macht richtig Arbeit, und es reicht doch, dass ich alles einsammele, wenn ich malen oder waschen will.

Und dann sehe ich es: In einer Ecke des Sofas steckt sein Stift. Der, mit dem er mich den Knebelvertrag hat unterschreiben lassen. Das ist ja wohl die Höhe! Ich hätte ihn mir sonst wo reinrammen können, und er redet davon, wie gefährlich meine Schuhe sind? Nur weil er keine Augen im Kopf hat? Wutschnaubend packe ich das Corpus Delicti, stapfe in sein Zimmer und knalle den Stift auf den kleinen Schreibtisch. Ja, es ist nicht richtig, einfach hier reinzugehen, ich weiß. Aber der Kerl hat mir einen Schuh an den Kopf geworfen!

Als ich mich schon abwenden will, fällt mein Blick auf etwas Grünes, und ich glaube, nicht richtig zu sehen. Da liegt, ganz offen und scheinbar harmlos, ein Tütchen mit getrocknetem grünem Zeug. Es überläuft mich heiß und kalt. So was habe ich schon mal gesehen – in Petes Zimmer, am Tag, als ich Cooper bewusstlos in der Wanne gefunden habe.

Verdammt, hat der Typ denn gar keinen Respekt vor meinen Regeln? Na, der kann sich auf was gefasst machen, wenn er nach Hause kommt! Der kann direkt seine Sachen packen. Oder nein, am besten mache ich das für ihn!

6

Jaime

Als ich die schmalen Stufen hinaufjogge, bin ich bereits völlig fertig. Das Training war intensiv, und meine verletzte Seite hat mir zu schaffen gemacht. Ich bin ungewohnt kurzatmig und traue mich nicht, mit den Teamärzten zu sprechen. Momentan ist einfach ein schlechter Zeitpunkt, um auszufallen. Das Team braucht mich, und ja, meine Ambitionen stehen mir auch im Weg.

Ich fasse nach meinen schmerzenden Rippen und betaste sie. Der blaue Fleck schillert grünlich-gelb und ist zumindest Cooper aufgefallen, der ihn gleich kommentiert hat.

Ob ich das wegstecke oder lieber nicht in die wichtigen Spielzüge einbezogen werden will.

Oy! Als wäre das eine Frage!

Ich stecke den Wohnungsschlüssel ins Schloss und erwarte eine ruhige, verlassene Wohnung vorzufinden. Das ist so häufig der Fall, dass ich mich ständig frage, wo sich Lindsey wohl nun wieder rumtreibt. Sie ist ständig auf Achse, daher ist es umso verwunderlicher, dass sie in den wenigen Augenblicken, die sie sich hier aufhält, so ein Chaos verbreiten kann.

Schuld frisst sich in mich, da ich gleich an den Schuh denken muss, den ich unbedachterweise zu fest in ihre Richtung geworfen habe. Ihr Blick dabei geht mir nicht aus dem Kopf.

Maldito, sie ist schlimmer als Cassie. Meine Schwester sieht nicht ständig aus, als reiße man ihr das Herz aus der Brust, nur weil man mal lauter wird oder Kritik anbringt. Die Wahrheit! Sich als Opfer darzustellen, weil ich hervorhebe, dass schließlich jeder weiß, dass sie alles mitnimmt und mit jedem im Team bereits was gehabt hat, ist wirklich albern. Man – oder in diesem Fall Frau – sollte zu seinen Taten stehen.

Ich schiebe die Tür auf, bemerke gerade noch die rasche Bewegung und fange meine Sporttasche auf, die mir trotzdem gegen die Brust schlägt.

Uff!

»Ich habe dich gewarnt!«, keift Lindsey. Ihre blonde Mähne wallt wild um das bleiche Gesicht. Nun, bleich bis auf die tiefroten Punkte auf ihren Wangen. »Aber dir ist einfach gar nichts heilig, nicht einmal dein Versprechen!« Sie bückt sich, hebt die Reisetasche an, die deutlich schwerer sein muss, denn auch Lindsey stößt nun einen Laut aus, und die Tasche landet lediglich vor meinen Füßen. »Ich zahle dir dein blödes Geld zurück, aber ich will dich hier nicht mehr sehen!«

»Moment!« Ich steige über die Reisetasche hinweg und schiebe die Tür hinter mir zu.

Ihre Augen weiten sich. »Was ...«

Ich stelle die Sporttasche ab und hebe beschwichtigend die Hände. »Was soll das schon wieder?« Ich bin zu müde für eine weitere Diskussion und habe langsam das Gefühl, dass sie längst dabei ist, mich rauszuekeln.

Dios mío, ich hätte nicht gedacht, dass es so schwer sein kann, mit einer Frau zusammenzuleben. Oder liegt das an ihr? Ich mustere sie. »Was ist das Problem?«

»Das Problem bist du!«, speit sie und lehnt sich vor. Ich bekomme langsam Zweifel, ob ich tatsächlich mit Temperament umgehen kann.

»Regst du dich immer noch wegen des Schuhs auf?« Gut, der hat sie hart getroffen, und vermutlich dröhnt ihr noch der Schädel. »Ich habe mich entschuldigt. Ich werde mich zügeln und nichts mehr nach dir werfen.«

Sie schnaubt. »Ich spreche von deinen Drogen«, korrigiert sie mich harsch, und ich denke im ersten Moment, dass ich mich verhört habe.

»Wie bitte?«, frage ich überrascht. »Was für Drogen denn?« Ich trinke nicht einmal halb so regelmäßig wie meine Kommilitonen oder Teammitglieder und habe auch keinen Alkohol in der Wohnung. Ich halte mich an Absprachen, das ist mir wichtig.

»Das Zeug!« Sie fuchtelt in Richtung der Zimmer.

Ich starre sie an, aber sie erklärt sich nicht. »Lindsey, ich weiß nicht, wovon du sprichst.«

Sie atmet tief durch, wodurch sich ihr Brustkorb hebt. Mein Blick fällt für einen Sekundenbruchteil auf ihren Oberkörper und springt sofort zurück in ihr Gesicht. Ihr Shirt ist sicher nicht sexy, da es ein übergroßes, sackähnliches und blickdichtes Teil ist, aber es entblößt ihre linke Schulter. Es ist außerdem übersät mit Farbklecksen und zeigt damit, dass mehr in ihr steckt als eine männerverspeisende Femme fatale. Es scheint allerdings, dass sie deutlich zu viel Fantasie hat, wenn ihr ständig neue Anschuldigungen praktisch aus dem Nichts einfallen.

»Von dem Zeug in der Plastiktüte! Mann, was weiß ich, was da drin ist? Ich konsumiere keinen Dreck! Du frisst Tiere, und wer weiß, was du deinem Körper sonst noch zumutest?« Nun mustert sie mich, und ich straffe die Schultern. Meine Ernährung scheint meinem Körper nicht zu schaden, und ich weiß, dass ich bei den Frauen ankomme. Ich bin sicher ihre Liga, auch wenn sie Gegenteiliges behauptet.

Ihre Lippen kräuseln sich verächtlich, und ich verspüre erneut diesen Dämpfer, diesen Stich gegen mein Selbstbewusstsein.

»Bitte was?« Irgendwie habe ich den Faden verloren.

»Das Zeug!«, wiederholt sie gereizt. »Pot? Was weiß ich! Grüne getrocknete Blätter. Das, was Pete auch hatte!«

Ich bin so irritiert, dass mir nicht einmal eine Antwort einfällt. Was denn für Pot? Da ich tatsächlich nichts nehme – meine Eltern würden mich augenblicklich einen Kopf kürzer machen –, bin ich völlig aus dem Konzept gebracht.

»Das in der Tüte!« Nun deutet sie zur Badezimmertür. »Es ist weg, ich hab es das Klo runtergespült. Geschieht dir recht!« Sie reckt das Kinn.

Ich trete trotzdem ins Bad und sehe mich um. Ein Plastiktütchen fällt mir auf. Es liegt auf dem Boden unterhalb der Toilette. »Ist das ...« Ich weiß nicht, ob ich lachen oder fluchen soll. »*Oy*, Frau! Hast du mein Steak-Gewürz weggeworfen?«

»Dein ... Nein! Deine verfluchten Drogen!« Sie stemmt die Hände in die Hüfte und reckt das Kinn noch weiter vor. Es wirkt nicht mehr kämpferisch, sondern verzweifelt.

Ich seufze und setze mich auf den Badewannenrand. »Getrocknete grüne Blätter? Salzkörner? Rosmarin und ...« Ich schüttele den Kopf und muss nun doch noch lachen. Zumindest, bis mir etwas auffällt. »Moment! Das Gewürz lag auf meinem Schreibtisch.« Sie ist doch wohl nicht ...

Ihr Gesicht läuft knallrot an. »Da war ein Stift ...«

Das ist eine lahme Verteidigung. »Du bist in mein Zimmer gegangen?« Das ist unglaublich übergriffig. Wenn ich in ihrem Zimmer herumgewühlt – Ich sehe an ihr vorbei. Um meine Sachen zu packen, muss sie in meinem Zimmer gewesen sein, und sie regt sich auf, weil ich ein Brett benutzt habe? Ich springe auf und balle die Fäuste. »*Maldito!*«

Sie weicht zurück, allerdings nur einen Schritt, den sie daraufhin gleich wieder nach vorn macht. »Du hast die Regeln gebrochen!«

»Du warst unerlaubterweise in meinem Zimmer und hast dann auch noch all meine Sachen durchwühlt!«

Sie blinzelt heftig. »Das war nötig«, murmelt sie. »Du hast –«

»Gar nichts getan!«, unterbreche ich sie harsch. Sie ist verdammt klein, wenn man es recht bedenkt, denn sie muss den Kopf in den Nacken legen, um mir in die Augen zu sehen. Zumindest wenn wir wie jetzt direkt voreinander stehen. Sie wirkt nun zart und zerbrechlich. Wie unangenehm. Ich rufe mir meinen Ärger zurück ins Gedächtnis.

Sie schluckt, reckt den langen Hals. »Du hast –«

»Ein Steak-Gewürz in meinem Zimmer, das du nicht einfach betreten darfst!«

Sie befeuchtet sich die Lippen. »Das ist doch Unsinn. Gewürze sind vernünftig verpackt. Hör auf, mich an der Nase herumführen zu wollen!«

»*Chica*, eure Gewürzmischungen hier kommen nicht an *Mamás* grandioses Steak-Gewürz heran, deswegen schickt sie mir regelmäßig Nachschub. Ich bekomme auch Kaffee zugeschickt. Hast du den etwa auch runtergespült?« Ich deute auf die Kloschüssel.

Ihre Augen weiten sich wieder. »Nein«, haucht sie und schüttelt heftig den Kopf. »Das stimmt nicht! Das sind ... das sind ...« Sie beißt sich auf die Lippe und senkt den Kopf.

»Frau, ohne Einladung hast du in meinem Zimmer nichts zu suchen, und ich gehe nicht in deines. Können wir uns darauf vielleicht einigen? Keine Invasion in die Privatsphäre des anderen.«

Sie atmet tief ein. »Pete ...« Sie bricht ab, ballt die Fäuste und beginnt erneut: »Pete hat auch was bei sich gehabt. Genau das gleiche Zeug, da bin ich mir sicher. Er hat damit Cooper lahmgelegt, um seine abscheuliche Show abzuziehen.«

Die Erinnerung an Pete und seine Machenschaften, die uns den Einzug in die Playoffs hätten kosten können, ärgert mich mehr als Lindseys neueste Schnapsidee. Ich beiße mir auf die Zunge, um Worte zu unterdrücken, die sie schmerzen müssen. Immerhin ist Pete Lindseys einziger Bruder, und seine Familie hält man doch in Ehren. Außerdem hat das eine mit dem anderen nichts zu tun. »Möglich«, räume ich grummelig ein. »Pete hat mich gebeten, ihm etwas von meinem Gewürz abzugeben, und ich habe mich erweichen lassen.«

Sie lacht nervös. »Du willst doch nicht behaupten ...«

»Ich behaupte gar nichts. Fakt ist aber, dass du in meinen Sachen nicht auf Drogen gestoßen sein kannst. Dass sich mein Steak-Gewürz gewöhnlich in so einer Zipper-Tüte befindet und ich Pete damit versorgt habe.«

Sie wird blass. »Das ist aber nicht gefährlich, oder? Das knockt keinen Mann aus.«

»Nein, Lindsey. Es hat nur die eine Wirkung: Es macht mein Steak zu einer Geschmacksexplosion.«

Sie schlingt die Arme um sich. »Ich weiß nicht, ob ich dir glauben soll«, murmelt sie. »Wer hat schon Gewürz ...« Sie bricht ab.

»Ich nehme keine Drogen. Ich muss fit sein und kann es mir nicht leisten, dass ich aufgrund eines Drogentests mein Stipendium verliere. Ich habe Ziele, Lindsey. Ich bin ehrgeizig und werde mir meine Zukunft nicht kaputtmachen, indem ich mich mit Halluzinogenen wegschieße, um einem schnellen Kick nachzujagen. Nebenbei: Ich studiere Medizin, ich weiß, was das Zeug im Körper anrichtet!«

»Ähm«, nuschelt sie. »Äh ...« Dann springt ihre Miene zurück in den Kampfmodus. »Als ob nie ein Medizinstudent Drogen konsumiert hätte!«

»Schön, da hast du nicht unrecht. Ich wiederhole mich: Ich nehme nichts, was meine Karriere gefährden könnte. Kann ich jetzt meine Taschen wieder auspacken?«

Sie reibt sich über die Oberarme. »Ich weiß nicht, ob ich dir das abnehmen soll.«

»Du brauchst mir nicht zu vertrauen«, stelle ich knapp fest und trete an ihr vorbei. »Letztlich hast du keine Wahl. Ich möchte übrigens einen Schlüssel für mein Zimmer.«

Sie schnaubt schon wieder. »Wozu? Ich wäre nicht in deinem Zimmer gewesen, wenn ich nicht deinen Stift hätte zurückbringen müssen. Ich gehe da sicher nicht freiwillig rein, solange du –«

»Ich bin das Beste, was dir passieren könnte, Frau.« Ich bücke mich nach meinen Taschen und wundere mich, dass sie ruhig bleibt. Okay, ich habe übertrieben, aber ihre ständige Herabwürdigung geht mir auf die Nerven. »Du brauchst dringend Erdung.«

»Bitte was?«, keucht sie.

Ich schaue zu ihr rüber. Sie starrt mich fassungslos an. »Weiß nicht, wo das herkommt, aber du regst dich für völligen Unsinn auf, bist ständig schlecht gelaunt und … gehst mit den falschen Männern aus.« Wo kam das denn jetzt her? Nichts davon geht mich etwas an, ganz besonders nicht, mit wem sie ins Bett geht, aber es stinkt mir nun mal, ständig von ihr angefahren zu werden. »Ein extra Gemüsebrett! *Geh nicht an mein Geschirr, schließ die Haustür ab.* Deine Regeln ergeben keinen Sinn.«

»Dann zieh doch aus.« Sie verzieht trotzig die Miene.

»Kann ich derzeit nicht, aber glaub mir, mir gefällt unser Arrangement ebenso wenig wie dir. Tim wird mir die Ohren vollheulen, wenn er hiervon erfährt, und die Sprüche der anderen werden auch deftig ausfallen. Ich bin derjenige, der unter dem hier zu leiden hat.«

»Du bist –«

Ich hebe die Hände und lasse die Taschen in die Ellenbeugen rutschen. »Keine Beleidigungen. Die spare ich mir auch, oder?«

Ihre Augen schimmern. *O dios mío,* sie wird doch nicht anfangen zu weinen?

»Du bist unausstehlich und ganz sicher nicht das Beste, was mir passieren könnte!« Sie stapft an mir vorbei und schlägt ihre Zimmertür mit Gewalt zu. Ich folge ihr und bleibe im Wohnbereich stehen. Überrascht, dass sie Wort gehalten und aufgeräumt hat.

Vielleicht habe ich doch recht, und ich bin zumindest ein guter Einfluss. Allerdings ist mehr nötig als Einfluss, um aus der Femme fatale Lindsey Severin eine Frau zu machen, die für einen vernünftigen Mann mit Zukunftsplänen und konservativer Familie auch nur rudimentär infrage käme. Meine Eltern träfe der Schlag, wenn ich ihnen eine Frau mit Lindseys Offenherzigkeit als Partnerin präsentieren würde. Und wie sich ihr Ruf auf meine Karrierechancen auswirken könnte, möchte ich mir gar nicht vorstellen.

Moment!

Eine Beziehung mit Lindsey steht doch gar nicht zur Debatte!

7

Lindsey

Dreimal lasse ich durchklingeln, dreimal geht nach einer Minute die Mailbox dran. Ich sehe seufzend aus dem Wohnzimmerfenster hinunter auf die Straße. Das hat doch keinen Sinn. Ich will das Telefon schon weglegen, da versuche ich es ein viertes Mal, ohne wirklich daran zu glauben, dass ...

Ein Knacken, dann eine höhnische Stimme. »Na, was verschafft mir denn die unerwartete Ehre?«

Ich reiße mich aus der Schreckstarre. »Hi, Pete.« Meine Stimme klingt krächzend.

»Ah, meine werte Schwester erinnert sich, dass sie einen Bruder hat. Wie schön.«

»*Du* hast *mich* verlassen, nicht umgekehrt.« Schon werde ich wieder wütend. Es war wohl doch keine gute Idee, ihn anzurufen.

»Ich habe nicht dich verlassen, sondern die Stadt«, sagt er eine Spur weniger bissig, wenn auch noch längst nicht freundlich. Ich erwarte den Vorwurf, den er mir bei seinem Auszug gemacht hat: dass ich schließlich mit daran die Schuld trüge, dass er aus dem Team geflogen ist. Womit er recht hätte, aber es gab schließlich gute Gründe für mein Handeln. »Außerdem bist du nie ans Telefon gegangen.«

Da hat er recht, aber ich konnte mich einfach nicht mit ihm auseinandersetzen. Auch jetzt fällt es mir unsagbar schwer. Immer wieder muss ich an Cooper denken, der bewusstlos in meiner Badewanne gelegen hat.

Der Gedanke führt mich direkt zu dem anderen Kerl in meiner Wanne und damit zu seinem nackten Körper und ... Ich räuspere mich. »Sag mal ... die Drogen, die ich bei dir gefunden habe ...«

Er lacht bitter auf. »Ach, auf einmal willst du doch mit mir darüber reden und mich nicht nur mit Vorwürfen bombardieren und dich anschließend taub stellen?«

»Es gab ja nichts zu reden«, murmele ich. »Und du hast dich auch nicht verteidigt.«

Ein tiefes Seufzen dringt durch den Hörer. »Nein«, sagt Pete dann. »Es gab nichts zu verteidigen. Meine Vergehen waren mehr als eindeutig. Ich ...«

Er unterbricht sich, und ich sehe vor mir, wie er den Kopf schüttelt. Wie das blonde Haar, das genau dieselbe Farbe hat wie meins, in Bewegung gerät. Traurigkeit schnürt mir die Kehle zu.

»Egal«, sagt er tonlos. »Du weißt, was ich getan habe. Da war es gleichgültig, dass du geglaubt hast, ich würde auch noch Drogen nehmen.« Er lacht. Es klingt nicht mehr ganz so beißend. »Immerhin zeigt es mir, dass meine kleine Schwester clean ist, wenn sie Drogen nicht von Kräutern unterscheiden kann.«

»Was für Kräuter?«, frage ich nach, obwohl ich es zu wissen glaube.

»Mexikanisches Fleischgewürz.«

Ich schließe die Augen. Sofort reiße ich sie wieder auf. »Hast du mit Jay gesprochen?« Immerhin hätte der reichlich Zeit gehabt, Pete anzurufen und die Geschichte mit ihm abzusprechen. Ich habe drei Tage gebraucht, um mich zu überwinden, meinen Bruder zu kontaktieren, konnte die Sache aber auch nicht auf sich beruhen lassen. Obwohl wir nicht mehr aneinandergeraten und uns aus dem Weg gegangen sind, fällt es mir schwer, meinem Mitbewohner zu vertrauen.

»Jay López?« Er klingt ehrlich verwirrt. »Nein. Keiner der Ravens würde noch ein Wort mit mir wechseln. Wie kommst du darauf?«

»Seine ... Schwester hat dein Zimmer gemietet. Ich hab ... so ein Tütchen bei ihr gefunden. Beide behaupten, es wäre Gewürz.«

»Das ist es.« Er macht eine Pause. »Du hast mein Zimmer vermietet?«

»Natürlich. Wie soll ich sonst die Miete bezahlen?«

»Lin ... Es tut mir leid.«

Habe ich mich gerade verhört? Mein Bruder hat sich noch nie bei mir entschuldigt. Ich muss mich erneut räuspern. »Wo bist du?«, frage ich leise. »Geht es dir gut?«

»Schlechten Menschen geht es immer gut, so sagt man doch.« Er lacht. Mir ist nie aufgefallen, auf wie viele verschiedene Arten mein Bruder lachen kann. Diesmal klingt es unfassbar traurig. Auf meine erste Frage antwortet er nicht.

»Kommst du irgendwann zurück?« Meine Stimme klingt wie die eines kleinen Mädchens, und so fühle ich mich gerade auch.

»Nicht in nächster Zeit«, antwortet er.

»Okay. Dann machs gut.«

»Du auch.«

Ich will schon auflegen, da spricht er doch noch einmal.

»Lin? Pass auf dich auf, ja?«

»Klar.« Ich blinzele gegen die Tränen an, doch ich kann nicht verhindern, dass sie mir über die Wangen strömen. Schnell verkrieche ich mich in mein Bett, schließlich kommt Jay sicherlich bald nach Hause. Den will ich nun wirklich nicht sehen, obwohl mich Petes Aussage über das Gewürz ein wenig beruhigt hat. Ich kann niemanden in meiner Wohnung gebrauchen, der mit dem Gesetz in Konflikt geraten könnte.

Als ich wieder aufwache, ist es schon dunkel, aber ich habe keine Ahnung, wie spät es ist. Der Albtraum hängt mir noch nach – nicht Pete, sondern ich in der Kabine der Ravens, und alle zeigen mit dem Finger auf mich und machen mir die schlimmsten Vorwürfe. Hat er sich so gefühlt? Ja, ich weiß. Er hat es verdient. Er war ein Arsch, ein Verräter und ein durch und durch intriganter, böser Mensch. Aber er ist immer noch mein Bruder, und am Telefon klang er, als hätte er seine Fehler eingesehen.

Ich schaffe es nicht, das Gedankenkarussell anzuhalten. Das Einzige, was da hilft, ist laute Musik und Malen. Zum Glück ist der Typ von unten wie angekündigt verreist. Ich habe zwar nicht vor, das Haus von Bässen und E-Gitarren-Lärm einstürzen zu lassen, aber ein bisschen lauter als Zimmerlautstärke darf es schon sein. Ich ertrage es einfach nicht, über Pete nachzudenken. Oder über Weihnachten, das schon nächste Woche bevorsteht. Oder überhaupt über mein verdammtes, einsames, verkorkstes Leben.

Wenigstens habe ich mit meiner Kunst einen Mechanismus, diese Gedanken loszuwerden. Wer weiß, wo ich ohne diese Strategie wäre. Ich streife mir mein Mal-Shirt über, gehe ins Wohnzimmer, schalte das Licht über meinem Tisch ein und verbinde mein Smartphone mit dem USB-Lautsprecher. Schon erklingen die ersten Takte von *American Idiot* von Green Day. Ich schalte noch ein paar Stufen höher, nehme mir eine frische, bereits aufgespannte Leinwand und die graue Acrylfarbe. Ich drücke ein bisschen was auf meine Palette, dann quetsche ich Schwarz in das Feld daneben, außerdem Violett und Dunkelgrün. Ich tauche den Pinsel ein und fange an, im Takt grobe, harsche Punkte und Striche auf die Leinwand zu setzen und das reine, jungfräuliche Weiß damit zu zerstören. Es verschafft mir ein unerhörtes Gefühl der Befriedigung. Ich gebe mich der Musik und meiner Kunst hin, drücke noch etwas rote Farbe aus der Tube auf die Palette und betrachte intensiv mein Bild, um zu entscheiden, an welcher Stelle ich den Pinsel ansetzen soll. Die Borsten schweben nur Millimeter über der Leinwand ...

Etwas kracht, ich zucke zusammen, und schon ziert ein blutroter Streifen mein Gemälde. An genau der falschen Stelle! Verdammt! Ich fahre herum.

Jay stürmt wutentbrannt auf mich zu. Ich reiße die Augen auf und ziehe den Kopf zwischen die Schultern. Er sieht beängstigend aus ... und unsagbar sexy, da er nur Shorts trägt. Er drängt mich vom Zeichentisch weg, wobei ich seine heiße Haut an meinem Arm fühle, grabscht nach dem Lautsprecher und fummelt daran herum, um ihn auszuschalten.

»Der Songtitel ist echt Programm bei dir!«, faucht er über die Gitarrenklänge hinweg, dann wird es plötzlich totenstill im Raum. Aber nur, bis Jay losbrüllt. »Weißt du, wie spät es ist, Frau?«

»N-nein«, sage ich, da ich es wirklich nicht weiß, obwohl ich annehme, dass er es als rhetorische Frage gemeint hatte.

»Es ist mitten in der Nacht«, presst er hervor. Er hält den länglichen Lautsprecher noch in den Händen, und ich fürchte um sein Überleben, denn er quetscht ihn zusammen, als wollte er Saft rauspressen. »Die Nacht vor dem wichtigsten Spiel der Saison!«

»Ich bin Künstlerin«, verteidige ich mich, weil ich nicht sagen will, dass ich Probleme habe und mit meinen Grübeleien nicht anders fertig werde, als mich mit Musik zuzudröhnen und Leinwände zu verunstalten. Oder mit den falschen Männern auszugehen.

»Du bist nichts als ein rücksichtsloses, unbeherrschtes, reizbares kleines Mädchen mit einer gehörigen Portion Größenwahn. Du kommst ganz nach deinem Bruder! Ein tolles Vorbild, dem du da nacheiferst.«

Das tut weh. Mehr, als ich erwartet hätte. Ich fühle mich wie gelähmt, kann nichts mehr sagen, mich nicht bewegen. Meine Kehle schnürt sich zu. Ich bin wieder mitten in dem Albtraum. Nur dass es keine ganze Mannschaft ist, die mich fertigmacht. Es ist nur einer. Nur Jay López, doch er ist wütender, als es eine Herde Stiere sein könnte. Er zittert sogar vor lauter Zorn. Er steht so dicht vor mir, dass ich es ebenso spüre wie seine Körperwärme. Er glüht. Ich wage kaum zu atmen. Der Pinsel gleitet mir aus der Hand.

»Künstlerin, ha!« Er lacht höhnisch, ein rumpelndes Geräusch tief aus seinem Brustkorb, dreht sich halb weg, weist mit ausgestrecktem Zeigefinger auf mein Bild. »Das nennst du Kunst? Dieses kindische, sinnlose Geschmiere …« Seine Stimme verebbt, und er runzelt die Stirn. »Wow«, entfährt es ihm. »Das … hat was.«

Ich bin so müde, so erschöpft und immer noch gefangen in den finsteren Gedanken aus dem Traum. »Ja, sicher«, sage ich matt. »Verarsch mich ruhig, ich hab es wohl nicht besser verdient.«

Er blickt zu mir. »Nein, ich … meine das ernst. Und glaub mir, ich sage es ungern!« Er schnaubt. »Aber das ist wirklich gut.«

Ich trete ein Stück vor und betrachte das Gemälde. »Ist es nicht. Das Rot hat alles versaut. Und das ist deine Schuld. Wärest du nicht hier reingeplatzt wie ein aufgeschreckter Büffel –«

»Weil ich ein aufgeschreckter Büffel *bin*! Du hast mich aufgeschreckt! Punkrock um zwei Uhr nachts, wenn dein Mitbewohner ein wichtiges Spiel hat? Das –«

»… wichtigste der Saison, ja, ich weiß. Du sagtest es bereits zwei- oder zehnmal.« Schuldgefühle überkommen mich. Der morgige – oder besser heutige – Tag ist wirklich wichtig für ihn. »Sorry. Ich wusste ehrlich nicht, wie spät es ist. Ich … hab schlecht geträumt, und dagegen hilft nur Malen.«

»Und Green Day.«

Ich muss lächeln. »Manchmal auch Linkin Park.«

»Ich dachte, ihr Studentinnen steht nur auf Taylor Swift.«

Ich zucke die Achseln. Jays Blick folgt der Bewegung und heftet sich auf meine nackte Schulter, die immer aus dem zu großen Malshirt rausrutscht. Er starrt mich regelrecht an und leckt sich dabei die Lippen. Ich werde mir der körperlichen Nähe zwischen uns sehr bewusst, und ein Kribbeln fährt mir in den Leib. Ich strecke die Hand aus und lege sie auf seinen nackten Arm.

Keine gute Idee, Lindsey Severin!

Als würde ich je auf diese innere Stimme hören, die mich regelmäßig vor meinen schlechten Ideen warnt.

Na ja, einmal hab ich auf sie gehört. Als sie mir gesagt hat, ich solle Tim nicht nachgeben, sondern mir die Zeit nehmen, die ich brauche. Wohin das geführt hat, ist ja bekannt. Kein Wunder, dass ich das Flüstern in meinem Kopf verdränge und nun sogar anfange, leicht über Jays Arm zu streicheln.

Er hebt den Blick und sieht mir in die Augen. Fragend, verwirrt – und erregt, das ist unverkennbar.

»Es tut mir ehrlich leid«, sage ich leise. »Heute war … kein guter Tag.« Ich streichle seinen Arm hinauf zu seiner Schulter und lasse meine Hand in seiner Halsbeuge liegen.

Er sieht aus, als würde er mich an sich ziehen wollen. Seine Arme zucken schon. Dann jedoch schiebt er meine Hand von seinem Hals und tritt von mir weg. »Kein guter Tag, nein? Und da denkst du, ein bisschen Sex könnte dich aufheitern? So wie immer?« Seine Stimme klingt schneidend. »Ohne mich, Lindsey. Und das nicht nur, weil ich jetzt dringend schlafen muss. Du hast meinem besten Freund das Herz gebrochen.

Denkst du, ich würde mit dir ins Bett gehen? Ganz sicher nicht!« Er lässt mich stehen, stapft zu seiner Zimmertür. »Und Ruhe!«, speit er mir noch über die Schulter entgegen, dann ist er verschwunden.

Ich verliere erneut den Kampf gegen das Weinen. Die Musik lasse ich aus, aber ich trete noch einmal an den Tisch und betrachte durch den Tränenschleier mein Bild. Und plötzlich ist der rote Strich an genau der richtigen Stelle: Im Grauschwarz meiner Gedanken klafft die blutende Wunde, die seine grausamen Worte gerissen haben. Ich lasse den Strich genau so, wie er ist, ändere nur noch das Drumherum, lasse dramatische Wolkenberge entstehen, tiefe Täler, bodenlose Schluchten, nichts davon figurativ, alles nur angedeutet, mehr Gefühl als Gegenstand. Schicht um Schicht der Acrylfarbe trage ich auf, gebe dem Ganzen am Ende noch Struktur, und erst als es draußen hell wird, lege ich den Pinsel weg, trete hinter den Küchentresen und werfe den Wasserkocher an. Meine Kehle ist ausgetrocknet, und ich wünsche mir nichts dringender als einen Kaffee. Mein löslicher ist allerdings leer, das Coffee&Dreams hat noch nicht geöffnet, und an Jays Pulver vergreife ich mich wohl besser nicht. Ich weiß ohnehin nicht, wie ich nach dieser Nacht mit ihm umgehen soll.

Unschlüssig stehe ich da, als seine Tür aufgeht und er ins Wohnzimmer tritt. Er sieht furchtbar aus, zerzaust und mit dunklen Schatten unter den Augen. Er nickt mir zu und geht ins Bad. Eine halbe Minute später kommt er wieder heraus und tritt an den Tresen.

»Guten Morgen«, sagt er sanft, und der Kontrast zu seinem scharfen Tonfall von vor wenigen Stunden ist immens. Sein Adamsapfel hüpft, als er schwer schluckt. »Hör mal, Lindsey. Was ich da gesagt habe …«

Ich hebe eine Hand. »Schon gut. Lass uns nicht mehr davon reden.« Ich will keine Erklärung hören, die alles nur noch schlimmer machen würde. Eine Entschuldigung nützt sowieso nichts. Ungesagt machen kann man Worte schließlich nicht.

»Machst du Kaffee?«, fragt er und deutet auf den Wasserkocher, der langsam zu brodeln beginnt.

Ich schüttele den Kopf. »Hab keinen mehr. Ich muss wohl Tee trinken.«

Er tritt hinter den Tresen und streckt sich neben mir nach Cassies – seinem – Schrankfach aus. Dann stellt er einen Porzellanfilter mit Papiereinlage und eine Dose vor mich hin. Es folgen eine Thermoskanne und ein großer, tiefer Plastiklöffel. »Würdest du uns bitte Kaffee machen, während ich mich anziehe? Ich würde es selbst tun, aber ich bin spät dran. Ich … hab nicht sonderlich gut geschlafen.« Er grinst schief.

Ich nicke wortlos.

»Danke. Vier gehäufte Löffel auf die Kanne.« Damit geht er in sein Zimmer zurück.

Gedankenverloren bereite ich den Kaffee zu. Ich hoffe, meine nächtliche Aktion hat Jay nicht derart vom Schlafen abgehalten, dass er nun nicht seine volle Leistung abrufen kann. Das wärs ja noch. Pete versaut fast den Einzug in die Playoffs, und ich versaue das Halbfinale.

Du kommst ganz nach deinem Bruder! Ein tolles Vorbild, dem du da nacheiferst.

Ich schraube gerade die Kanne zu, als Jay angezogen und bereit zum Aufbruch aus seinem Zimmer tritt. Ein

Stich der Enttäuschung durchfährt mich, dass ich seinen fast nackten Körper wohl so bald nicht mehr zu Gesicht bekommen werde. Ich fülle zwei Becher und schiebe einen über den Tresen zu ihm rüber.

»Danke.«

»Ich hoffe, ich habe alles richtig gemacht. Ich trinke sonst nur löslichen oder gehe nach unten ins Café.«

Er probiert einen vorsichtigen Schluck, und ein kleines Lächeln huscht über sein Gesicht. »Er schmeckt sehr gut.« Er betrachtet mich. »Hast du überhaupt geschlafen?«

»Nein. Ich habe gemalt.«

»Ohne Musik?«

Ich hebe die Schultern. »Kopfhörer behindern mich, und du hattest recht. Der Lärm war rücksichtslos von mir. So will ich nicht sein. Nicht wie … Pete.« Nicht mehr. Zu viele Jahre habe ich damit verschwendet, anderen Leuten wehzutun oder ihnen zumindest auf die Nerven zu fallen. Es hat mich müde gemacht. So müde.

»Ich hätte das nicht sagen sollen.« Er sieht mich mit schuldbewusster Miene an. »Und auch die anderen Dinge nicht.«

Ich verstecke mein Gesicht hinter der Kaffeetasse. Das Gebräu schmeckt erstaunlich lecker und scheint direkt in mein Blut zu gehen. Schon fühle ich mich viel belebter. »Denk nicht mehr daran«, sage ich fest. »Du hast heute andere Sorgen.«

Er grinst. »Na, ich hoffe doch, dass es keine Sorgen werden, sondern eine Riesenparty!«

»Ich drücke alle Daumen«, erwidere ich und lächle ebenfalls.

»Das ist lieb von dir. Hör mal ... sollen wir versuchen, nicht mehr so viel zu streiten?« Er sieht ehrlich zerknirscht aus. »Das würde mich freuen. Ich versuche auch, mich an deine Regeln zu halten.« Nun wandern seine Mundwinkel wieder nach oben. »Auch wenn ich die Sache mit dem Gemüsebrett nicht verstehe.«

Ich hole tief Luft, und dann sage ich es ihm. »Es mag dir kindisch vorkommen, und vielleicht ist es das. Aber ... ich kann nicht anders. Ich ertrage es einfach nicht, dieselben Utensilien zu benutzen, auf denen Fleisch zubereitet worden ist. Es ...« Ich muss mich räuspern. »... hat mit einer der Pflegefamilien zu tun, in denen Pete und ich waren.«

Jay runzelt die Stirn. »In wie vielen Familien wart ihr denn?«

»Acht«, antworte ich und weiß selbst nicht, warum ich ihm das erzähle. »Und seit Nummer fünf kann ich kein Fleisch mehr essen. Die Familie hatte eine Farm ... Hühner und Kaninchen. Sie wollten keine Kinder, sondern billige Arbeitskräfte. Wir mussten ...« Die verdrängten Bilder überfallen mich mit einer Heftigkeit, die mich aufkeuchen und die Augen zukneifen lässt. »... beim Schlachten zusehen. Pete musste sogar helfen.«

»Oh«, entfährt es Jay, und als ich die Augen öffne, steht sein Mund halb offen, und ich meine zu erkennen, dass er blasser geworden ist. »Aber Pete isst doch Fleisch«, sagt er dann.

»Ja. Er hat so getan, als hätte es ihm nichts ausgemacht, und immer extra viel Fleisch gegessen, auch wenn ich so manches Mal sicher war, dass er sich fast übergeben hätte. Er hat ein ... Problem damit, sich schwach und vermeintlich unmännlich zu zeigen.

Auch das hat Gründe, die in der Vergangenheit liegen, aber das ist seine Geschichte, die ich nicht ausplaudern möchte.«

Jay nickt und trinkt noch einen Schluck. »Wie alt wart ihr damals?«, fragt er dann.

»Elf und vierzehn«, sage ich, und die Zahlen kratzen in meinem Hals.

Mitleid überzieht seine Züge, und unvermittelt kommt er um den Tresen herum und nimmt mich in die Arme. Nur ganz kurz, so als wäre es ihm peinlich, aber es fühlt sich unglaublich tröstlich an. »Ich verspreche dir, deine Kochsachen in Ruhe zu lassen. Bitte mach dir keine Sorgen.« Er sieht auf die Uhr. »So, nun muss ich aber wirklich los. Wünsch mir Glück!« Er zwinkert mir zu.

Ich verdränge die dunklen Erinnerungen und lächle so breit wie möglich. »Viel Glück, Jay. Go, Ravens!«

8

Jaime

Das ist der bisher schlimmste Tag meines Lebens. Zwar hat Gerber uns gewarnt, dass wir uns nicht zu viele Hoffnungen auf einen Gesamtsieg machen sollen, aber natürlich habe ich trotzdem mit einem Durchmarsch gerechnet. Nun ist unsere Bombensaison inklusive Playoffs zu Ende. Unser Siegestaumel kurz vor dem Finale in düsterer Niederlage zerschlagen. Ich trotte die Stufen hinauf und höre noch immer die feiernden Menschen auf der Straße. Sie feiern nicht den Sieg der Ravens, denn der hat nicht stattgefunden – und das ist meine Schuld.

Vor der Tür bleibe ich stehen und lasse den Kopf hängen. Nach dem Ärger in der letzten Nacht und unserem Gespräch am Morgen möchte ich mir nicht anmerken lassen, wie schwer mir die Niederlage fällt, also sammele ich meine Gedanken und konzentriere mich auf die kurze Interaktion mit Lindsey, sollte sie sich denn im Wohnbereich aufhalten.

Eigentlich eine grundlose Befürchtung, denn irgendwie laufen wir uns nur über den Weg, um zu streiten. Vielleicht hat das auch zu meiner schlechten Performance beigetragen, die uns den Sieg gekostet hat.

Ich trete über die Schwelle und bemerke, dass leise Musik spielt. Weihnachtsmusik. Das irritiert mich, denn meine Mitbewohnerin wirkt nicht wie ein christlicher Mensch, geschweige denn wie ein besinnlicher. Meine Laune sackt gleich weiter ab, denn ich muss augenblicklich an meine Eltern denken, die immer noch davon ausgehen, dass Cassie und ich fast schon auf dem Weg zu ihnen sind. Ich habe die Courage noch nicht aufgebracht, unserer Mutter zu sagen, dass wir in diesem Jahr das familiäre Weihnachten verpassen werden. Natürlich gibt es dafür einen hervorragenden Grund: Cassies Ausgrabung. Es ist einfach zu aufwendig, sie aus Peru zu holen, um dann gemeinsam nach Mexiko zu fliegen, und so fällt mir nur ein Weg ein, unsere Abtrünnigkeit glaubhaft zu erklären: eine urplötzliche Krankheit. Und die kann man ja nicht frühzeitig ankündigen. Trotzdem schiebe ich diesen Anruf seit gestern vor mir her.

Als ich in den Wohnbereich komme, höre ich Lindsey summen, und im nächsten Moment steht sie vor mir.

»Oh!«

Mein Blick fällt automatisch auf das Strick-Monstrum, das sie trägt. Es bedeckt ihre Schulter. Dieser erste Eindruck wird von Bedauern begleitet, dann bemerke ich das Ausmaß des Skurrilen und breche in Lachen aus. »Was ist das?«, frage ich japsend.

Lindsey grinst, breitet die Arme aus und dreht sich vor mir. »Mein Siegerpulli.«

»Was willst du damit gewinnen? Den Most-Unsexy-Award?« Ich klappe erschrocken den Mund zu. Meine Bemerkung in der letzten Nacht, dass ich nicht mit ihr ins Bett gehen will, hat sie getroffen. Ihre Miene ist direkt erstarrt, und Leere hat sich daraufhin in ihrem Blick gezeigt. Obwohl ich verärgert gewesen bin, habe ich mir vorgenommen, mehr auf meine Worte zu achten, und siehe da, keine vierundzwanzig Stunden später habe ich sie erneut beleidigt.

Allerdings wird ihr Grinsen lediglich breiter. »Unsexy klingt gut«, stellt sie fest.

Ich mustere sie erneut. Der quietschrote Pullover zeigt ein großes, eher weibliches Gesicht mit merkwürdiger Nase, auf der ein Meer an Sommersprossen prangt. Ihre Haare sind zu Zöpfen zusammengefasst. Einer türmt sich auf ihrem Kopf auf und schließt mit einer Schleife ab, und zwei bilden geflochten einen Kranz. So weit zu der Illustration auf Lindseys Pullover, der zudem mit Glocken und Lämpchen geschmückt ist. Letztere flammen im Takt der Musik in allen möglichen Farben auf.

Zum Überfluss des Absurden hat Lindsey das Aussehen des Mädchens kopiert und ihr Haar wie auch immer zu einem Turm auf ihrem Schädel hochgesteckt, der bei jeder Bewegung schwankt. An ihren Ohren hängen glitzernde Weihnachtsbäume.

»Ich meine ...« Aber sosehr ich mich freundlich zeigen möchte, so unmöglich ist es, ihren Aufzug anders zu bewerten als mit: »Du bist der Inbegriff von unsexy.« Zumindest solange sie nicht zum Beispiel in ihrem Shirt der letzten Nacht steckt. Jenes hat mich um ein Haar vergessen lassen, wer sie ist und wie sie mit Männern umgeht. Wie sie diese benutzt und entsorgt, wenn sie ihr langweilig werden. Wie Tim, dem sie das Herz gebrochen hat. Das kann ich nicht auch noch gebrauchen.

»Wunderbar!«, ruft sie fröhlich und fällt mir um den Hals. Sie riecht leicht nach Punsch. »Ich werde gewinnen!«

Sie lässt mich los und verschwindet in ihrem Zimmer. Die Tür bleibt offen, deswegen erhasche ich einen Blick auf ihr absolutes Chaos.

»Was treibst du heut–« Sie bricht ab und dreht sich zu mir um. Die Freude ist aus ihrer Mimik verschwunden. »Feierst du immer allein?«

»Was gibt es zu feiern?« Ich stelle meine Tasche auf dem Beistelltisch ab und fahre mir durch den Schopf. Ich seufze, da ich gleich wieder an unsere Niederlage denken muss.

»Euren Sieg.« Sie saugt den Atem ein. »Ihr habt verloren?«, fragt sie mit deutlichem Entsetzen in der Stimme. Sie kommt auf mich zu und berührt meinen Arm. »Das habe ich gar nicht mitbekommen. Ich war so beschäftigt. Wie konnte das passieren?«

Ich muss schlucken. Egal, was ich sage, es klingt sicher wie eine Anschuldigung.

Ihre Augen weiten sich. »Weil ich dich geweckt habe?«, haucht sie. »Das wollte ich nicht!«

»Nein«, sage ich schnell, seufze dann aber erschlagen. »Vielleicht. Ich war einfach nicht in Topform, und wir haben zu oft nur wenige Yards Raumgewinn erzielt.«

»Dann wart ihr alle nicht in Topform«, stellt Lindsey fest. »Das kommt vor. Das nächste Spiel rockt ihr wieder.«

Sie streichelt meinen Arm. Ganz ähnlich wie in der letzten Nacht, nur dass es sich völlig anders anfühlt. Es setzt mich nicht in Brand. Lässt mich nicht mit dem Gedanken spielen, dass ich sie küssen könnte. Dass es schade ist, dass ich Tim nicht so in den Rücken fallen kann.

»Hey.« Sie tippt mir auf den Arm und läuft zurück in ihr Zimmer. »Komm doch mit zum Ugly Sweater Pub Crawl. Ich habe Karten für mich und Pete besorgt, aber ...«

Ich schüttele den Kopf. »Das kann ich jetzt nicht.« Weihnachten ist mein Lieblingsfest, aber in diesem Jahr ist mir einfach nur danach, mich unter meiner Bettdecke zu verkriechen.

»Unsinn.« Sie wühlt in einem ihrer Kramberge und zieht etwas hervor. »Hier. Wir räumen heute alle Preise ab.« Sie reicht mir eine Papiertüte. »Ich habe sie eigenhändig designt und stricken lassen.« Sie zuckt die Achseln und senkt den Blick. Lindsey Severin und schüchtern?

Ich ziehe einen Pullover aus der Tüte, wobei mir etwas auf die Füße fällt. Lindsey hebt den quietschroten Lappen auf, der sich als Zipfelmütze entpuppt. Inklusive Lichterkette.

Der Pulli klappt von selbst auseinander, und ich halte ihn von mir fort. Er ist ebenfalls rot, aber darauf ist ein grünes Gesicht abgebildet. Keine Zöpfe, keine Sommersprossen, aber eine ähnlich platt gedrückte Nase.

»Das wird lustig«, sagt sie und kichert.

»Frau, niemand lässt sich freiwillig so sehen.« Die Hoffnung, dass ich sowieso nicht in den Pullover passe, zerschlägt sich augenblicklich.

»Zum Ugly Sweater –«

»Was soll das überhaupt sein? *Maldito*. Nein, auf so was lasse ich mich ganz sicher nicht ein.« Ich drücke ihr das Kleidungsstück in die Arme.

»Ich verspreche, dass du Spaß haben wirst.« Sie drückt den Pulli an die Brust. »Du musst den ja nicht tragen, aber begleite mich doch einfach trotzdem. Ich ...« Sie beißt sich auf die Unterlippe.

Ich hadere mit mir. Ich muss an die Geschichte heute Morgen denken, an die Pflegefamilien und den Horror, den sie dort erlebt haben muss. Wenn sie nicht nur ihren Vegetarier-Spleen daher hat, sondern auch andere ... Traumata?

Ich räuspere mich unauffällig. »Du hast mir immer noch nicht erklärt, was ein Ugly Sweater Crawl ist.«

Sie hebt die Schultern. »Ein fröhliches Bar-Hopping. Man hat Spaß, trifft Leute und führt seine hässlichsten Weihnachts-Outfits vor. Es gibt Wettbewerbe und Challenges ... Es ist ein Riesenspaß.«

»Okay«, murmele ich. Pete hat sich im letzten Jahr von einem Training fortgeschlichen, um eine wichtige Familientradition auszuüben. Ich fürchte, dass er diesen Crawl gemeint hat.

»Wir ...«, murmelt Lindsey. »Ähm ... Wir machen das immer. Weihnachten ist eine deprimierende Zeit, ohne Eltern oder andere Familienangehörige ...« Sie räuspert sich. »Es macht wirklich Spaß, aber ich kann verstehen, dass du ...« Sie lächelt gequält. »Es tut mir leid, dass ihr meinetwegen verloren habt.« Sie wendet sich ab.

Verdammt! »Lindsey«, rufe ich ihr nach und balle die Fäuste. »Das ist nicht deine Schuld.« Und nicht meine? Zumindest ist meine Müdigkeit nicht ausschlaggebend gewesen. Ich war vielleicht minimal langsamer, aber ich habe gut geblockt, und nur dieses eine Mal ist mir ein Defensive Tackle durchgerutscht.

Sie legt den Kopf schief und betrachtet mich traurig.

»Ich komme mit«, höre ich mich sagen und bin selbst erstaunt, dass ich so weit gehe, damit sie wieder fröhlich ist. Zögerlich streckt sie die Hand aus, und ich nehme den Pulli entgegen. Worauf habe ich mich da eingelassen?

Die Tiger Lounge platzt aus allen Nähten, wie die anderen drei Locations zuvor auch. Ich folge Lindsey zur Bar, wo sie uns zwei Cinnamon Swirls bestellt. Ich bleibe hinter ihr. Da wir uns in den anderen Lokalen auch einen ruhigeren Platz gesucht haben und nicht an der Bar stehen geblieben sind, gehe ich auch hier davon aus, dass wir nur einen Zwischenstopp einlegen, um die Getränke zu besorgen. Abwechselnd, so wie wir es abgesprochen haben. Ich bin immer noch überrascht, wie leicht sich ein gemeinsames Vorgehen mit ihr absprechen lässt. Auch dies hat bei Tim stets anders geklungen. Aber von der sprunghaften, arroganten und selbstbezogenen Lindsey sehe ich nicht viel.

»Lin!« Jemand drängt mich zur Seite und legt den Arm um Lindsey. Sie dreht den Kopf, ihre Lippen verziehen sich.

»Marc, hey.«

Er holt sein Telefon hervor. »Lass uns ...«

»Nein«, sagt Lindsey und befreit sich aus seiner Umarmung. »Das weckt nur wieder falsche Erwartungen. Ich wünsche dir noch viel Spaß.« Sie wendet sich von ihm ab und legt die Unterarme auf der Bar ab.

»Mäuschen«, brummt der Typ. Ein kleiner, aber kräftig gebauter Schnösel in Sakko, buntem Hemd und einer auffälligen Schneemann-Olaf-Motivkrawatte. Auf so was fährt sie ab? Kein Wunder, dass Tim gehen musste und sie es auch mit keinem der anderen Teammitglieder der Ravens ausgehalten hat. Wir sind eher Typ Haudegen. Auch wenn wir natürlich studieren und nicht auf den Kopf gefallen sind, leben die meisten von Sportstipendien.

Marc legt die Hand in Lindseys Rücken und schiebt sich neben sie an die Bar. »Sei nicht so. Wir hatten doch Spaß.«

Er klingt gönnerhaft. Gestelzt. Ich kenne diesen Typ Mensch, jene, die sich für etwas Besseres halten und in anderen nur ein Mittel zum Zweck sehen. Mit dem müsste sie sich doch gut verstehen, schließlich ... Ich unterbreche den Gedanken. Er ist gemein. In den letzten Tagen habe ich eine andere Seite von ihr kennengelernt, die zerbrechliche, tiefgründige, und es fällt mir schwer, diese mit dem zusammenzubringen, was ich über sie weiß.

Lindsey stößt seinen Arm weg. »Lass das«, zischt sie scharf. »Verschwinde und lass mich in Frieden.«

Das klingt jetzt auch noch, als wäre sie in Bedrängnis.

»*Cariña*«, spreche ich sie laut an und trete näher an die beiden heran. Lindseys Blick springt zu mir. »Alles in Ordnung?«

»Die Getränke lassen auf sich warten.«

Das habe ich nicht gemeint, also blicke ich demonstrativ zu dem Typen, der mich ebenfalls mustert.

»Dein Neuer?«

Innerlich zucke ich zusammen. Ja, dieses Bild habe ich heraufbeschworen – mit Absicht –, aber mir kommt gleich Tim in den Sinn. Auch wenn er sich noch nicht wieder eingekriegt hat und mir mein Tackeln in der Trainingseinheit vor einigen Wochen immer noch vorhält, ist er mein bester Freund. Er hat mich, als ich damals in die USA gekommen bin, mit offenen Armen empfangen und hat sich meiner angenommen. Ich kann nur hoffen, dass ihm dies hier nicht zu Ohren kommt, ebenso wenig wie die Tatsache, dass ich mit ihr zusammenwohne, aber ewig kann ich das auch nicht vor ihm verheimlichen. Es ist besser, reinen Tisch zu machen, und zwar, sobald Tim von seinem Feiertagsbesuch bei seinen Eltern in Tulsa zurückkehrt.

»Mexikaner, was?« Der Typ prustet. »Zu mehr reicht es nicht?«

»Ich bin im PreMed-Studium, Marc. Was hast du vorzuweisen, abgesehen von der Brieftasche deines Vaters?«

Lindsey stößt Marc den Ellenbogen in die Seite und drängt sich an ihm vorbei. »Geh und vergnüg dich mit deinesgleichen.« Sie reicht mir mit einem zärtlichen Grinsen ein Glas. »Dein Cinnamon Swirl.«

Ich probiere ihn gleich, weil ich plötzlich einen sehr trockenen Mund habe. Vielleicht ist der Pulli doch nicht so unsexy, wie er auf den ersten Blick gewirkt hat, denn ihrer sitzt, genau wie meiner, eng und lässt keinen Zweifel daran, dass sie eine anziehende Figur besitzt, mit Rundungen genau an den richtigen Stellen.

Sie legt die Hand auf meine Schulter und stellt sich auf die Zehenspitzen, ich beuge mich ihr wie auf Kommando entgegen. Ihr Atem gleitet über meine Wange, dringt an mein Ohr. Ihre Worte verstehe ich erst verspätet.

»Lass uns gehen.« Ihre Hand mit dem Cocktail deutet in den hinteren Bereich der Bar.

Ich nicke hastig und gehe los. Die Feiernden weichen mir wie üblich aus. Ich entdecke einen freien Stehtisch und verschanze mich dahinter. Lindsey gesellt sich zu mir. Sie hebt ihr Telefon und macht ein Selfie. Bin ich da auch drauf?

Stellt sie das online, sodass jeder mitbekommt ...

»Hey, J.Lo!«, ruft eine bekannte Stimme. »Na, willst du auch den Frust wegtrinken?«

Eine Gänsehaut krabbelt über meinen Körper, und das nicht nur wegen der Anrede, mit der mich meine Kameraden nur zu gern aufziehen.

»Und ... Lindsey?« Cooper mustert sie sichtlich überrascht, bevor er mich fragend ansieht.

»Hey, Coop«, murmele ich. Hinter ihm taucht Ethan auf, und er ist nicht allein. Seine Freundin Abby und Coopers BFF Claire hängen an je einem seiner Arme.

»Ein Mistelzweig!«, ruft Claire und deutet auf mich. »Küsst euch!«

Ich sehe nach oben und bemerke das genannte Grünzeug.

»Claire«, mahnt Abby und umarmt Lindsey. »Küss du ihn doch!«

Claire lacht und schlingt die Arme um meinen Hals. Ihr Mund drückt sich auf meinen. »Hallo. Wir kennen uns doch?«

»Du bist Abbys Schwester. Die Event-Managerin.« Und deutlich angesäuselt. Ich schiebe sie von mir fort. »Hi, ich bin Jay.«

»Jaime«, korrigiert Cooper mich und verdreht die Augen. »Angeblich heißer Latino, aber kein Vergleich zu ...«

Claire kichert und schlägt nach ihm. »Sei kein Frosch und vergiss Pete!« Sie schaut zerknirscht zu Lindsey rüber. »Schon mal wieder was von ihm gehört?« Dann hebt sie abwehrend die Hände. »Nicht dass es mich interessiert. Er soll sich hier nur nicht wieder blicken lassen, nach dem, was er Coop angetan hat!« Ein Runzeln huscht über ihre Stirn. »Und dir.«

»Es waren keine Drogen.« Lindsey lässt die Schultern fallen. »Sondern Fleischgewürz.«

Abby prustet und bricht dann in Gelächter aus. Ethan nickt Lindsey zu.

»Ich will auch einen Mistelzweig-Kuss«, mault Cooper.

Ich höre Lindsey seufzen. Sie versinkt förmlich in ihrem Swirl und vermeidet jeden Blickkontakt.

»Jetzt küss sie schon«, fordert Claire mich auf und schubst mich sacht in die Richtung meiner Mitbewohnerin. »Was ist schon dabei?« Sie krallt sich Cooper und drückt ihm ebenfalls einen Kuss auf den Mund. Ethan verbarrikadiert sich hastig hinter seiner Freundin.

Ich spüre Lindseys schnellen Seitenblick.

»Sie ist ...« Ich verbeiße mir den Rest.

Abby verdreht die Augen. »Ich würde dich küssen, Lindsey.«

»Wir küssen uns nicht.« Nun hebt sie doch das Kinn und sieht arrogant in die Runde. »Da fehlt die Chemie.« Sie leert ihren Swirl mit einem Zug. »Mir reichts!«

Mit anderen Worten: Der Abend ist ruiniert.

Aber ich kann sie nicht einfach ...

Claire schubst mich erneut. Unauffälliger, aber umso deutlicher bohren sich ihre Finger in meine Seite.

»Ich gehe dann, viel Spaß noch.« Lindsey schiebt sich an mir vorbei.

Ich fasse nach ihrer Hand. Es ist doch egal, was ich tue, es wird falsch sein. Tim geistert in meinen Gedanken herum. Ich kann seine Ex nicht küssen. Sie ist ein Biest. Sie hat verdient, sich zurückgewiesen zu fühlen, schließlich hat sie sicher schon Dutzende Männerherzen gebrochen.

Trotzdem beuge ich mich schnell vor und platziere einen festen, aber knappen Kuss auf ihre weichen, warmen, nach Zimt schmeckenden Lippen.

Sie atmet ein, öffnet dabei leicht den Mund.

Mehr!

Nein.

Doch!

Für einen Sekundenbruchteil sauge ich zart an ihrer Oberlippe, dann schiebe ich sie hastig von mir fort. Ich wende mich ab. Ich kann sie nicht ansehen. Aber in Coopers überraschte Miene zu schauen, ist auch nicht besser, zumal sich sein Ausdruck auf Ethans und Abbys Gesichtern spiegelt.

»Möchtest du immer noch gehen?«, frage ich Lindsey, ohne sie ansehen zu können. Was denkt sie jetzt wohl? Dass ich auch nur einer der Typen bin, die ihr an die Wäsche wollen? »Dann komm, ich begleite dich nach Hause.«

9

Lindsey

Könnte dies das erste schöne Weihnachten meines Lebens werden? Das erste *weihnachtliche* Weihnachten? Ich traue dem Frieden noch nicht, aber ich fühle mich anders als früher. Auch wenn wir gestern nicht den Preis für die besten hässlichen Sweater gewonnen haben, weil ich den Crawl vorzeitig abgebrochen habe, bin ich ungewohnt fröhlich beim Gedanken an die Feiertage. Das ganze Glitzer-Frohsinn-Frieden-auf-Erden-Zeug stößt mich nicht mehr ab. Zwar bin ich in keiner Weise religiös erzogen, aber die blinkende Dekoration und die Berge von Süßigkeiten haben mit Jesus ja auch nichts mehr zu tun. Ich sehe mich im Wohnzimmer um, und mein Blick fällt auf den pinkfarbenen Sessel. Wenn der für die nächsten Tage in mein Zimmer käme, hätten wir Platz für einen Weihnachtsbaum.

Wir ...

Ich schüttele den Kopf. Nur weil Jay und ich uns geküsst haben und er sich auf dem Nachhauseweg auch noch ganz lieb für sein Zögern entschuldigt hat, sind wir noch längst kein Wir! Ja, es ist unser geteiltes Wohnzimmer, aber nicht unser gemeinsames.

Schade.

Woher kommt der Gedanke jetzt wieder? Verdammt! Ich verliebe mich doch nicht etwa? In einen Footballspieler! Tims besten Freund! Bin ich denn wahnsinnig?

Ich stehe wohl auf Schmerzen. Das kommt überhaupt nicht infrage.

Aber ein Weihnachtsbaum wäre trotzdem schön. Ich schiebe den Sessel in Richtung meines Zimmers. Als ich Jays Tür passiere, geht diese auf, er kommt mit seinen üblichen großen Schritten herausgestürmt und prallt direkt gegen das Möbelstück. Er landet weich, wenn auch in seltsamer, halb liegender Position, die langen Arme und Beine in alle Richtungen ausgestreckt, in dem grellrosa Polster. Sein »Uff« geht in einen Hustenanfall über, der sich mehr als fake anhört, und ich bin maximal verwirrt, da bemerke ich, dass er ein Telefon in der Hand hält, aus dem eine laute weibliche Stimme dringt. Ein spanischer Redeschwall, den Jay mit einigen heiseren Wörtern in derselben Sprache kommentiert. Ich verstehe kaum etwas, höre nur heraus, dass es sich um seine Mutter handelt und Weihnachten das Thema ist.

»*Espera un momento, Mamá!*« Jay kämpft sich aus dem Sessel und drückt auf dem Telefon herum. Ich erwarte schon ein Donnerwetter, dass ich ihn zu Fall gebracht habe, aber er atmet nur auf. »Du musst mir helfen, Lindsey.« Seine Stimme klingt erstaunlicherweise völlig normal und kein bisschen heiser.

Ich zeige auf das Telefon. »Was ist los?«

Aus dem Gerät erklingen wieder aufgeregte Wortfetzen. Jay schließt kurz die Augen und atmet durch. »Ich habe meiner Mutter gerade gesagt, dass Cassie und ich nicht wie geplant zu Weihnachten nach Ahualulco del Sonido kommen können, da wir krank sind.«

Ich ziehe eine Augenbraue hoch, warte aber auf weitere Erklärungen.

»Sie wissen nicht, dass Cassie auf der Ausgrabung ist. Sie hätten es nie erlaubt. Und jetzt wollen sie mit ihr sprechen.« Er wird immer schneller. »Ich habe gesagt, sie sei so erkältet, dass sie kein Wort herausbringt, aber das nehmen sie nicht hin.« Er fasst nach meiner Hand. »Bitte hilf mir. Hilf Cassie! Sie denken, sie wäre bei mir. Sprichst du Spanisch?«

»Kein bisschen. Ich verstehe ein paar Worte, sonst nichts. Tut mir leid.« Ich drücke seine Hand.

Er lässt mich los, legt kurz einen Finger an die Lippen und tippt auf das Telefon. »*Esta durmiendo, Mamá.*« Erneut krächzt er nur. Aus den Worten, die durch die Verbindung dringen, ist klar herauszuhören, dass sich seine Mutter damit nicht zufriedengibt. Er seufzt. »*Bueno. Espera.*« Dann wendet er sich wieder an mich. »Es hilft nichts. Ich soll sie wecken. Du musst ein paar Wörter sagen. Möglichst tonlos, so als wärst du gerade aufgewacht. Schaffst du das?« Er sieht mich eindringlich an.

Ich verstelle die Stimme, lasse sie leidend und jammervoll und so brüchig klingen, als läge ich im Sterben. »Ich ... glaube ... schon.«

»Und jetzt auf Spanisch. *Por favor, Mamá, quiero dormir. Te amo.* Und die Stimme etwas tiefer. Du sprichst viel schriller als meine Schwester.«

Ich übergehe die Beleidigung. Die zahle ich ihm später zurück. »*Por favor, Mamá, qui...* Was?«

Er hechtet zu meinem Maltisch, greift eine der Wachskreiden und kritzelt etwas auf meinen Skizzenblock.

Ich lese die Wörter ab, und offenbar mache ich es gut, denn er lacht befreit auf, tippt auf das Telefon und hält es mir hin. Ich fake einen Hustenanfall, schniefe mitleiderregend und hauche abgehackt den mir unverständlichen Satz.

»Cassandra?«, dröhnt es aus dem Telefon. »Cassandra, *eres tú?*«

»*Sí*«, souffliert Jay.

»*Sí*«, krächze ich, simuliere zwei Nieser und, da die Frau nicht aufhört zu reden, noch einen dritten. Dann lege ich mich aufs Sofa und rolle mich hin und her, damit es sich anhört, als würde ich mich im Bett herumwälzen, und grummele Unverständliches in das Kissen.

Jay übernimmt das Gespräch wieder, und nachdem auch er zweimal lautstark geniest hat, scheint seine Mutter endlich mit ihrem Latein – oder Spanisch – am Ende. Er drückt das Gespräch weg, legt das Telefon sorgfältig auf den Wohnzimmertisch und atmet tief durch. Dann lacht er, hebt meine Beine an, lässt sich auf das Sofa fallen und legt sie quer über seine Oberschenkel. »Danke«, sagt er, und es klingt, als käme das Wort aus tiefster Seele. »Das hast du toll gemacht.«

Ich drehe mich so hin, dass ich ihm ins Gesicht sehen kann. »Darf ich dich was fragen, Jay? Oh, natürlich nur, falls du meine schrille Stimme erträgst.«

»Das war nicht böse gemeint«, verteidigt er sich. »Nur eine Tatsache. Vielleicht solltest du mich nicht so viel ankeifen, dann ...« Er unterbricht sich und hebt die Hände. »Schon gut. Tut mir leid. Du hast mir gerade das Leben gerettet. Also frag ruhig.«

Er lässt die Hände sinken und legt beide auf meinen nackten Schenkeln ab, offenbar unbewusst, denn er sieht mich abwartend und vollkommen unschuldig an. Ich dagegen glaube zu verbrennen, nicht nur wegen seiner Hände, sondern auch, weil wir beide nur Shorts tragen und sich unsere Haut auf einer ziemlich großen Fläche berührt. Einen Moment lang bringe ich kein Wort heraus, dann aber reiße ich mich zusammen und räuspere mich, als wäre meine Stimme wirklich heiser.

»Du hast ernsthaft bis zum dreiundzwanzigsten Dezember damit gewartet, deinen Eltern zu sagen, dass ihr nicht nach Hause kommt? Du weißt doch seit zwei Wochen, dass Cassie bis weit ins neue Jahr in Peru sein wird.«

»Ich hab es nicht übers Herz gebracht. Mir ist auch keine andere Ausrede als Krankheit eingefallen, und die konnte ich ja nicht lange vorher ankündigen.« Er sieht zerknirscht aus. »Es fällt besonders unserer Mutter schwer, sich von uns abzunabeln. Einerseits ist meine Familie hellauf begeistert, dass ich in den USA studiere und Arzt werde. Andererseits ...«

Er hebt eine Hand und verstrubbelt sein dichtes schwarzes Haar, dann legt er sie erneut auf meinen Schenkel, beginnt mich sogar zu streicheln, und die sanfte Berührung schickt einen Blitz durch mich. Ich sehe aufmerksam in sein Gesicht, doch wieder scheint er nicht zu bemerken, was er da tut. Ich dagegen bemerke es umso mehr, und kribbelnde Erregung erfasst mich. Schon viel zu lange habe ich nicht mehr mit einem Mann geschlafen, geschweige denn mit einem so attraktiven. Ich kann mich kaum noch auf seine Worte konzentrieren, als Jay nun weiterspricht.

»Cassie mit hierherzubekommen, war ein hartes Stück Arbeit. Sie sind zwar nicht dagegen, dass sie eine Ausbildung macht, aber ihrer Meinung nach hätte sie diese in Mexiko machen sollen. Dann hätten sie allerdings gegen ihre Berufswahl Einspruch eingelegt und sich in alles eingemischt. Cassie hat mich bekniet, sie mitzunehmen, und schließlich haben wir unsere Eltern überzeugt. Du weißt ja, dass sie minderjährig ist. Ich bin sorgeberechtigt und für sie verantwortlich. Die Sache mit der Ausgrabung habe ich mir nicht leichtgemacht, aber ich kann ihr kaum etwas abschlagen.« Seine Mundwinkel heben sich. »Sie brennt so für die Archäologie, und dieses Projekt ist eine Riesenchance für sie. Sollte ich ihr das verwehren?«

»Nein. Du bist ein guter großer Bruder.« Unvermittelt habe ich Petes Gesicht vor Augen. Ein guter großer Bruder macht noch keinen guten Menschen. Ich schlucke krampfhaft.

Jay legt den Kopf schief. »Pete war auch immer für dich da, oder?«, fragt er leise.

Ich räuspere mich. »Er war der Einzige, der überhaupt da war, und er hat sich bemüht. Einiges aber konnte er nicht verhindern ...« Zum Beispiel, dass sein verfluchter Mannschaftskamerad mir das Herz gebrochen und meinen Ruf ruiniert hat. Zu gern würde ich die Worte aussprechen, Jay sagen, was für ein Mensch Tim ist, aber ich habe zu große Angst davor, ihn sagen zu hören, dass er mir nicht glaubt und es auch nie tun wird. Zu oft habe ich diese Worte in meiner Kindheit gehört, und den Schmerz will ich mir ersparen. Ich will keinen Streit vom Zaun brechen. Dies könnte ein schönes Fest werden, und ich will es nicht versauen. Jay hat sich gerade zu einem einsamen Weihnachten verdammt, um seine Schwester glücklich zu machen. Er hat etwas Harmonie verdient. Ich verdränge die bösen Gedanken und lächle ihn an. »Egal. Lass uns nicht mehr darüber reden. Es ist Weihnachten, und wir brauchen einen Baum.«

Jay runzelt die Stirn. »Einen ... Baum?«

»Was meinst du, warum ich Sessel durch die Gegend schiebe?« Ich nicke in Richtung des pinkfarbenen Ungetüms.

»Um mich zu Fall zu bringen?«

»Wäre eine Möglichkeit.« Ich grinse ihn an. »Aber nein, das war heute nicht der Grund. Ich möchte einen Weihnachtsbaum kaufen. Und da du mir noch was schuldest, wirst du ihn mir hochschleppen.«

Er will protestieren, das sehe ich ihm an. Offenbar erinnert er sich dann aber daran, dass er mir tatsächlich etwas schuldet, und nickt. »Darf ich mich vorher anziehen?«

»Wenn es unbedingt sein muss ...« Ich zwinkere ihm zu.

Er sieht verwirrt aus, senkt den Blick auf unsere Beine und seine Hände, von denen eine noch immer streichelnde Bewegungen vollführt. Er reißt beide hoch, als hätte er sich an mir verbrannt. »Ich ... das ... war nicht ...« Seine Wangen röten sich, und ich spüre, dass sich seine Oberschenkelmuskeln anspannen.

Ich bin nicht sicher, ob ich diese Reaktion nun süß oder beleidigend finden soll, und entscheide mich dafür, sie einfach gar nicht zu bewerten. »Schon gut«, sage ich leichthin und ziehe die Beine von seinem Schoß. »Ist ja nichts passiert.«

Leider. Ich hätte weder gegen einen Kuss wie vorgestern Abend noch gegen andere Dinge etwas gehabt, Footballspieler hin oder her. Letztlich ist es sowieso gleichgültig. Ich habe mit den meisten der infrage kommenden Ravens zumindest rumgemacht, mit zweien auch mehr. Was für einen Unterschied macht da ein Jay López?

Der Unterschied ist, dass du Gefühle entwickelst.

Ich springe vom Sofa. »In einer halben Stunde geht es los. Und da du mir nicht nur etwas schuldest, sondern mich vorhin beleidigt hast, gehen wir vor dem Baumkauf noch in die Mall und holen Deko-Zeug.«

Jay erhebt sich ebenfalls. »Beleidigt?«

»Meine Stimme ist schrill?« Ich ziehe die Augenbrauen hoch.

Er grinst. »Ist sie. Aber gut, gehen wir Lichterketten shoppen.«

Aus jedem Laden klingen Weihnachtslieder, und überall funkelt und blinkt es. Passend dazu tragen wir noch einmal unsere hässlichen Grinch-Pullover und amüsieren uns köstlich über die Blicke der Menschen. Jay trägt brav die Tüten mit meinen Schätzen, obwohl Lichterketten den kleinsten Teil davon ausmachen und er bei jedem Kauf den Kopf geschüttelt hat.

»Weihnachten ist ein religiöses Fest. Weiß das in diesem Land eigentlich noch irgendwer?« Seine Stimme klingt milde verzweifelt, aber nicht wirklich böse.

Ich muss lachen. »Aber klar! Wir feiern die Geburt von Santa Claus und huldigen seinen ringelstrumpftragenden, spitznasigen Jüngern.«

»Und betet das leuchtende Rentier an?« Er weist mit dem Kopf auf ein besonders wild blinkendes Exemplar, das im Eingang einer Boutique steht.

»Genau.« Ich bin froh, dass er das Thema Religion nicht so bitterernst nimmt, wie einige andere Menschen es tun. »Das verlangt wenigstens nicht, dass sich Frauen keusch und brav verhalten sollen. Und es macht, dass es Zuckerstangen regnet.« Ich strecke die Hand nach eben so einer Süßigkeit aus, die uns eine Frau im Glitzer-Outfit mit Engelsflügeln und blonder Lockenperücke reicht. Sofort stecke ich mir die gerade Seite in den Mund, und die Süße breitet sich angenehm in meinem Mund aus.

Jay dagegen steckt seine Zuckerstange in eine der Tüten. »Dafür, dass du Weihnachten sonst nie gefeiert hast, gehst du richtig darin auf.« Er lächelt mich von der Seite an. Dann sinken seine Mundwinkel herab, aber bevor ich mich sorgen kann, was den Stimmungsumschwung verursacht haben könnte, bemerke ich, dass er auf meinen Mund starrt. Der gerade an der Zuckerstange saugt. Jay beißt sich auf die Unterlippe. Ich weiß nicht, welcher Teufel mich reitet, aber ich ziehe die Süßigkeit langsam ein Stück heraus und schiebe sie mir dann wieder tiefer in den Mund. Dabei sauge und lecke ich genüsslich daran herum. Ich weiß, wie ich auf Männer wirke, und Jay ist da keine Ausnahme. Es macht mir Spaß, ihn zu necken. Auch wenn es natürlich zu nichts führen wird.

Er reißt seinen Blick von mir los. »Ganz schön heiß in diesem Pullover«, murmelt er.

»Stimmt«, sage ich fröhlich, obwohl ich bezweifle, dass die Hitze der Mall für seine Schweißausbrüche verantwortlich ist. »Dann komm, lass uns einen Baum kaufen.«

Nach zwei Stunden haben wir das Ding oben. Es war schon ein Akt, den Baum in Jays Sportwagen zu bekommen, obwohl ich mich für ein Exemplar in meiner Größe entschieden habe, was nun wirklich nicht überdimensioniert ist. Trotzdem hat der Transport Jay gründlich die Laune verhagelt, denn Tannennadeln auf seinen Sitzen sind offenbar ein Affront gegen sein Verständnis von Sauberkeit. Und auch in der Wohnung fängt er direkt wieder an, über meinen mangelnden Sinn für Ordnung zu schimpfen. Dabei liegt nicht mehr herum als heute Morgen, und da hat es ihn nicht gestört. Es ist beinahe, als würde er etwas suchen, um böse auf mich zu sein. Aber da mache ich nicht mit!

Zum Glück hat der Baum ein angenageltes Holzkreuz als Fuß, sodass Jay ihn direkt aufstellen kann. Missmutig kämpft er mit dem Netz, aber schließlich breiten sich die grünen Zweige aus, und mein Baby steht in ganzer Pracht vor uns.

»Mein erster eigener Weihnachtsbaum«, entfährt es mir freudig. Jay dreht sich zu mir um, und seine griesgrämige Miene wird weich. »Danke, Jay.« Und dann kann ich nicht anders, als meine Arme um ihn zu schlingen und ihn an mich zu ziehen. »Ehrlich, ich danke dir, dass du das für mich getan hast.«

Durch die beiden dicken Pullover spüre ich seine Körperwärme nicht, aber ich kann sie erahnen. Ich presse mein Ohr gegen seine Brust und höre sein Herz hart und schnell klopfen. Oder ist das die Technik des Sweaters? Ich muss kichern bei dem Gedanken, und ich will schon zurückweichen, da legen sich seine Arme locker um meinen Körper und seine Hände auf meinen unteren Rücken.

»Hab ich gern gemacht«, murmelt er, und ich fühle seinen Atem auf meinem Scheitel. Er muss sich zu mir heruntergebeugt haben. Es fehlen nur Zentimeter, und er könnte sein Gesicht in meinen Haaren vergraben. Prickelnde Vorfreude erfasst mich. Dann aber lässt er seine Arme sinken, und der Moment ist vorbei.

Ich löse meine Umarmung ebenfalls und trete zurück, wage nicht, ihm ins Gesicht zu sehen.

Jay räuspert sich. »Außerdem hab ich das genauso für mich getan«, sagt er leichthin, wobei seine Stimme allerdings leicht schwankt. »Schließlich lebe ich auch in dieser Wohnung, und du wirst mir ja nicht verbieten, deinen Baum anzusehen, oder?«

»Natürlich nicht.« Ich atme tief durch und hebe nun doch den Blick. Ich muss all meinen Mut zusammennehmen, um weiterzusprechen. »Im Gegenteil. Wir sind dieses Weihnachten beide unerwartet allein. Ich ... würde mich freuen, wenn wir es uns zusammen ein bisschen gemütlich machen.«

Ich halte den Atem an, da ich nicht einschätzen kann, wie Jay reagieren wird. Wird er mich auslachen? Mir erneut vorwerfen, ich würde ihn nur ins Bett kriegen wollen, und mir dann sagen, er wäre dafür nicht zu haben, zumindest nicht mit mir? Verdammt, die Pause dauert schon viel zu lange. Warum hab ich überhaupt den Mund aufgemacht?

Weil du den Gedanken nicht erträgst, allein zu sein, Baum hin oder her. Weil du an Thanksgiving den Vorgeschmack bekommen hast, wie schön Feiertage in Gesellschaft sein können.

Ich verfluche mich dafür, so unvorsichtig geworden zu sein. Wie bin ich nur auf den Gedanken gekommen, irgendwer würde Interesse daran haben, Zeit mit mir zu verbringen? »Ist schon gut«, sage ich schnell und kann nicht verhindern, dass meine Stimme unsicher klingt. »Du musst nicht –«

»Nein, nein!«, versichert Jay eilig. »Ich ... würde sehr gern mit dir Weihnachten feiern. Schließlich sind wir tatsächlich hier zusammen gestrandet.«

Zweifelnd sehe ich ihn an. »Dies ist keine einsame Insel. Du kannst die Tage woanders verbringen, wenn du nicht hier sein möchtest. Ich halte dich nicht auf.« Meine Kehle schnürt sich unvermittelt zu, und ich senke den Blick. »Es war nur eine Idee.« Ich verschränke die Arme vor der Brust und starre finster auf seinen Oberkörper. Der Grinch schaut böse zurück, und anstatt dass mir die Tränen kommen, muss ich mir ein Kichern verbeißen.

»Eine schöne Idee«, sagt Jay rau, und ich sehe auf. Er lächelt, dann sinkt sein Blick ein Stück herab, und er gluckst. »Übrigens schaffst du es nicht, böse auszusehen, wenn dein Sweater so niedlich blinkt und klingelt.«

Nun kichere ich doch, und er stimmt ein. Allerdings bleibt ein Rest Zweifel. »Wenn du es für einen guten Einfall hältst, wieso hast du dann gezögert?«

Er atmet tief ein und seufzt dann lange. »Tim«, sagt er nur.

»Der ist nicht hier.«

»Nein. Dennoch ... Er würde mir die Hölle heißmachen. Mir vielleicht die Freundschaft kündigen.«

Na und?, will ich fragen, tue es aber nicht. Ich werde zwar nie verstehen, was die beiden verbindet, aber das muss ich ja auch nicht. Also zucke ich nur die Achseln.

»Wenn er dich Weihnachten unter Kontrolle haben will, hätte er dich eben mit zu seiner Familie nehmen müssen.«

»Hey, mich hat niemand unter Kontrolle!« Jay lacht. »Außer Cassie vielleicht. Das kleine Biest macht mir mehr Probleme, als ich erwartet hätte.«

Ich bin froh, dass er meine Bemerkung nicht böse aufgefasst hat. »Ja, Cassie ist was Besonderes. Aber zurück zum Thema: Meinst du, wir schaffen zwei Tage, ohne uns die Köpfe einzuschlagen?«

Er grinst breit. »Keine Ahnung. Versuchen wir es?«

»Gern. Mit allem Drum und Dran? Festmahl, Weihnachtsfilm, Eggnog?«

»Na, etwas Alkohol könnte ich heute schon gebrauchen. Nach der ganzen Aufregung ... Soll ich schon mal zwei Becher in die Mikrowelle werfen?« Jay tritt hinüber zur Küchenzeile, wo er die Tüten abgestellt hat, und holt die Flasche Eierpunsch hervor, die ich gekauft habe.

»Klar. Und so viele Filme, wie es gibt, da können wir heute schon mit einem anfangen, auch wenn wir noch vor dem nackten Baum sitzen.« Ich gehe in mein Zimmer und hole meinen Laptop. »Klassiker, Komödie oder modernes Märchen?«

»Klassiker«, sagt Jay entschieden.

Ich suche einen Anbieter heraus, der *Ist das Leben nicht schön?* streamt, Jay kommt mit den Getränken herüber, und wir kuscheln uns mit Wolldecken auf die Couch. Auch wenn der Film nicht romantisch ist: Nach dem zweiten Becher Eggnog rutschen wir ganz von allein immer dichter aneinander. Die hässlichen und viel zu warmen Weihnachtssweater ziehen wir aus. Jay hatte tatsächlich nichts darunter an, ich immerhin noch ein Bustier. Es ist mir nicht mal peinlich. Irgendwann legt Jay die Arme um mich, und ich schmiege mich an ihn. Er blickt auf mich herab, ich verliere mich in seinen schwarzen Augen, und es ist gut, dass ich den Film schon zum Mitsprechen kenne, denn ich bekomme alles nur noch am Rande mit. Ich bin vollauf damit beschäftigt, Jay López zu küssen und mich von ihm küssen zu lassen. Er küsst gut, viel zu gut, und mein Körper passt viel zu gut zu seinem. Es ist, als wären wir Puzzleteile, die perfekt ineinandergreifen. Unsere Beine verschlungen, mein Rücken an seine Brust geschmiegt, seine Hände auf meinem Bauch und meine mit seinen verschränkt. Ich lehne den Kopf zurück, er beugt sich zu mir herunter, und immer wieder verschmelzen unsere Lippen.

Zu mehr lassen wir es nicht kommen, und das ist vollkommen in Ordnung. Ja, ich mag Sex, aber Kuscheln hat auch was für sich. Das macht es mir leichter, jeden Gedanken daran zu verdrängen, dass das hier nicht echt ist, dass er es nur macht, weil er mich für leicht zu haben hält. Soll er mich für eine Schlampe halten. Und wenn schon! Seine Nähe fühlt sich trotzdem gut an. Tröstlich. Und mehr verlange ich von diesem Weihnachtsfest nicht. Nur Trost und ein wenig Zwei- statt Einsamkeit. Ich kann nicht fassen, wie schön sich das alles anfühlt. Wie gut ich mich bei ihm fühle. Wie vollständig.

10

Jaime

Ich gähne laut, als ich aus meinem Zimmer trete. Musik spielt, allerdings so leise, dass sie mich nicht geweckt hat. Überhaupt habe ich geschlafen wie ein Baby und bin nur aufgestanden, weil ich dringend ins Bad muss.

»Morgen«, brumme ich und laufe los. Aus dem Augenwinkel bemerke ich ein farbenfrohes Blinken, also drehe ich den Kopf.

»Morgen«, ruft Lindsey fröhlich. Und taucht hinter dem bunten, glitzernden, leuchtenden, völlig überladenen Ding auf, das keine Ähnlichkeit mehr mit einem Baum hat. Ich bin nicht überrascht. Irgendwie habe ich das hier befürchtet. Ein Zuviel an allem. Licht, Farbe, Glitter. Feenhaar.

»*Dios mío.*« Mehr gibt es nicht zu sagen.

»Toll, oder?«, fragt Lindsey. Sie strahlt mich an und erwartet eindeutig etwas. Zustimmung? Oder mehr?

Der Eggnog hat mich unvorsichtig gemacht und den harmlosen Fernsehabend zu einer heißen Nacht werden lassen. Nun, zu einer unnötig intensiven Nacht, auch wenn es nicht zum Äußersten gekommen ist. Es wundert mich, dass sie nichts versucht hat, schließlich weiß ich von Tim, dass sie nichts anbrennen lässt. Sie hat keine Grenzen – dachte ich, aber meine hat sie respektiert.

»Der ist mir doch gut gelungen.« Ihre Begeisterung macht sie anziehender, und ich erwische mich dabei, wie ich mich nach weiteren Küssen sehne. Besser, ich lenke mich ab, also betrachte ich das chaotische Gebilde. Ich bemühe mich um Unvoreingenommenheit, kann meine Einschätzung aber nur wiederholen: *Dios mío.*

»Jay?«

Ich atme tief ein. »Braucht der so viel ...« Ich mache eine kreisende Bewegung in Richtung des Baumes, der seine Gesamtheit andeuten soll. »... davon?«

Lindsey kommt hinter dem Baum hervor, der gerade mal so groß ist wie sie selbst. Sie stellt sich zu mir, so nah, dass ich ihren Geruch aufnehmen kann, und mustert ihr Kunstwerk. »Ja, er ist perfekt.«

Ich bin sprachlos. Und beunruhigt, denn ich schweife schon wieder ab, und plötzlich interessiert mich die weiche Haut ihres Halses viel mehr als der dumme Baum. Aber das kommt nicht infrage. Lindsey ist ein No-Go. »Nicht zu ...« Ich breche ab, da sie zu mir aufschaut und ich Enttäuschung in ihren Zügen zu lesen glaube. Aber eine Meinungsverschiedenheit kann hier nur hilfreich sein. Sie muss Abstand halten, also zwinge ich mich, weiterzusprechen. »... voll?«

Sie befeuchtet ihre Lippen. Ihr Blick richtet sich starr geradeaus. »Ich kann was abhängen.«

Mein Nacken kribbelt. Ich möchte ihre Freude nicht dämmen, also rudere ich zurück. »Nein. Schon gut. Er ist ja ... schön. Wir haben ihn nur schlichter.«

Sie nickt, stapft auf den Baum zu und zieht Kugeln ab.

»Lindsey.« Ich fange ihre Hand ab. »Warte.« *Dios mío,* ich weiß nicht einmal, was ich sagen soll! »Ignorier mich einfach«, schlage ich zögerlich vor. »Wenn der Baum dir so gefällt, ist es doch gut.«

»Er soll dir auch gefallen. Es ist auch dein Weihnachten.« Sie befreit ihre Finger aus meinem Griff. Ich bin abgelenkt, weil meine Handflächen kribbeln und ich sie wieder anfassen will. Nein. Küssen. Ich will die Femme fatale, Lindsey Severin, wieder küssen.

Keine gute Idee!

Die letzte Nacht muss eine Ausnahme bleiben. Ich frage mich sowieso, wie ich es geschafft habe, es beim Küssen zu belassen. Beim leichten Streicheln ihres Halses …

Mir wird schon wieder warm, und ich trage nicht einmal einen Wollpulli, den ich abstreifen kann. *Dios mío*, was ist nur los mit mir?

»Etwas weniger wird ihm guttun. Die Äste hängen ja schon durch. Magst du Lametta?«

Ich nicke, obwohl ich ihr gar nicht richtig zugehört habe. Ich kämpfe mit mir. Sie ist, was sie ist. Ich mustere sie schnell. Sie steckt in ihrem kurzen Schlafzeug, genau wie gestern, als sie mir geholfen hat, meinen Eltern etwas vorzuspielen. Sexy.

»Gut.«

Nein, nicht gut. Warum kann sie nicht rumzicken? Warum kann sie nicht darauf bestehen, dass der Baum eine Monstrosität bleibt?

»Dir ist er zu bunt?« Sie sieht über die Schulter zu mir auf. »Wie viele Farben haben denn die Bäume in Mexiko?«

»Grün und braun«, murmele ich. »Wie überall.«

Sie blinzelt.

Sie ist hübsch. Eigentlich sogar schön. Die blitzenden Augen, blau wie ein Sommerhimmel. Nein, das passt nicht ganz. Ihr *Os zygomaticum* definiert ihre feine Gesichtsstruktur. Herrlich, dass mir gleich meine Anatomie-Vokabeln einfallen, die ich dringend lernen muss, zu denen ich aber bisher keinen Zugang gefunden habe, um sie zu verinnerlichen. *Os frontale, Os peritale* ... Ich betrachte erst ihre Stirn, dann gleitet mein Blick an ihrer Wange entlang zu ihrem spitzen Kinn. *Mentum.*

»Ich spreche vom Weihnachtsbaum, Jay. Den werdet ihr doch nicht in Grün und Braun schmücken.« Sie zieht die Nase kraus – *Musculus nasalis.*

Ich schließe die Lider – und sehe sie immer noch. Verführerisch lächelnd und mit einem sinnlichen Versprechen im Blick. *Maldito,* ich habe ein Problem.

»Jay?« Sie legt ihre Hand auf meiner Brust ab, und ich glaube zu spüren, dass sie mich streichelt, sich an mich drückt und jeden Moment ihre Macht ausspielen wird. Wenn sie mich küsst, weiß ich nicht, ob ich ihr widerstehen kann. »Alles in Ordnung?«

Ich räuspere mich. »*Sí.* Ja.« Ich schüttele den Kopf und nehme hastig ihre Hand von mir. »Ich muss ins Bad.« Ich lasse sie stehen, laufe förmlich vor ihr davon.

Tonto! Es una perra. Ella solo juega contigo.

Ich schließe die Tür, lehne mich dagegen und atme tief durch. Wie soll ich die Feiertage überstehen, wenn ich jetzt bereits Fantasien habe, die in Kombination mit dieser Frau einfach unmöglich sind?

Ist es unmöglich?

Mein Atem stockt.

Ist es nicht?

Tim kommt mir in den Sinn. Wir haben uns kennengelernt, da war das zwischen ihm und Lindsey gerade in die Brüche gegangen. Er hat sich mir anvertraut, all sein Leid, all seine zerbrochenen Träume vor mir ausgebreitet, und ich habe mich gefühlt, als sei ich der Einzige, mit dem er so offen sprechen kann. Weil ich Lindsey nicht gekannt habe. Weil ich ihm zugestimmt habe. Weil ich völlig auf seiner Seite gestanden habe.

Tim hat mir vertraut. Er vertraut mir. Ich kann meinen Gefühlen keinen freien Lauf lassen. Ich kann ihr nicht …

Momento!

Gefühle. Ich bin doch nicht verliebt! Das ist …

Mir fehlen die Worte.

Nein. Nein, ich verliebe mich nicht in Lindsey Severin. Sie ist einfach keine Frau, die man sich an seiner Seite wünscht. Sie hat mehr Affären gehabt, als ich Unterwäsche besitze!

Ich presse die Lider fest aufeinander, bis ihr Abbild vor meinem inneren Auge in Funken aufgeht.

Sie passt auch nicht zu mir. *Mamá* träfe der Schlag. Und Cassie! Was für ein Vorbild wäre sie denn für meine Schwester!

Aber sie wirkt so zerbrechlich. Unschuldig …

Ich blinzele, da mir auffällt, dass ich ihr völlig auf den Leim gehe. Sie hat mich um den Finger gewickelt, und alles, was ich von ihr weiß, verpufft einfach, wird ausgeblendet.

Oder habe ich nur alles falsch verstanden? Tims Worte damals waren gemein, und ich habe natürlich jedes davon geglaubt und nicht in Betracht gezogen, dass er aus verletzten Gefühlen heraus vielleicht übertrieben haben könnte.

»Jay?«, ruft Lindsey und klopf an die Tür. »Hey, alles gut da drinnen?«

»Ja.« Nein. Aber ich bin mir nicht sicher, ob ich sie fragen soll, warum sie Tim betrogen hat. Warum sie ihm nicht treu gewesen ist. Warum sie so ist, wie sie ist. »Hey, was hältst du davon, wenn ich einkaufen gehe? Für unser Festmahl? Schreib doch schon einmal eine Liste.«

»Oh! Das ist eine gute Idee! Soll ich mitkommen?«

Bloß nicht!

»Äh. Nein, nutz die Zeit doch und ... male?«

Mein Camaro riecht immer noch nach Tannennadeln, und natürlich bohrt sich eine auch direkt in mein Gesäß, als ich mich auf den Fahrersitz gleiten lasse.

Die Liste ist ellenlang, aber das ist mir recht. Noch bevor ich den Wagen starte, wähle ich Tims Nummer. Er nimmt nicht ab. Mein Telefon piepst, und eine Nachricht poppt auf.

Hey, ich habe vergessen, Aubergine aufzuschreiben. Ich kenne da ein tolles Rezept, das mir zwar noch nie gelungen ist, aber vielleicht schaffen wir das ja gemeinsam?

Sie hat mich ganz schön am Haken, denn ich grinse breit. Was ist wohl eine Aubergine? Ich googele das Wort. Ah! *Berenjena.* Das wird lecker.

Lindsey geht mir nicht aus dem Kopf. Vor einem Gang bleibe ich stehen und sehe gedankenverloren hinein. Kochutensilien. Pfannen. Eisenpfanne.

Gute Idee. Und ein *Gemüse*brett.

Es ist, als rast die Zeit, bis ich wieder zu Hause bin und den Einkauf auspacke.

Lindsey seufzt und legt ihren Pinsel weg. »Warte, ich helfe dir.«

»Willst du lieber weitermalen?«, frage ich. Vielleicht ist es besser, wenn ich unser Weihnachten absage.

Sie lacht, strahlt über das ganze Gesicht. »Nein. Ich freue mich auf unsere gemeinsame Zeit.« Sie nimmt mir die Tüte ab. Die falsche. Nach einem Blick hinein sieht sie zu mir auf.

Hitze steigt mir in die Wangen. »Für dich«, murmele ich. »Weil ich deine Pfanne besudelt habe und dein …«

Ihre Augen beginnen zu funkeln, und auch ihr ist die Verlegenheit deutlich anzusehen. Sie blinzelt, neigt den Kopf und schaut wieder zu mir auf. Fast schon schüchtern.

»Danke.«

Ich hätte ihr besser irgendetwas Persönlicheres besorgt. Was man Frauen so schenkt.

»Danke, Jay, ich habe noch nie …« Sie bricht ab und beißt sich auf die Lippe. »… ein so schönes Geschenk bekommen.«

»Lindsey?«, spreche ich sie an. Der Film ist zu Ende, und die Entscheidung steht an, ob wir einen weiteren schauen oder ins Bett gehen. Ich weiß nicht, was ich will. Es ist schön, hier mit ihr zu liegen. Sie zu spüren. Harmonie ist prima. Und das schon den ganzen ersten Weihnachtstag lang. Nachdem wir unser gestern gekochtes Festmahl heute Mittag gegessen hatten, haben wir es uns auf der Coach bequem gemacht. Erst mit einem Kartenspiel, dann mit Filmen. Wir haben einen ähnlichen Geschmack, was mich immer noch überrascht.

»Hm?« Sie dreht sich leicht und schlingt den Arm um meinen Körper, kuschelt sich an mich.

»Wir sollten ins Bett gehen, meinst du nicht?«

Sie streckt den Hals und blinzelt. »Nee.«

»Du schläfst doch schon.« Ich muss schmunzeln. Ihr Gesicht ist total zerknautscht, was beweist, dass sie schon eine Weile schlummert.

»Nee.« Sie reckt sich, wobei sich ihre Brust gegen meine Seite drückt. Mein Blut beginnt zu kochen, und es ist verdammt gut, dass ich sie in der Position nicht küssen kann.

Ihr Blick verklärt sich, dann befeuchtet sie sich die Lippen. Sie denkt dasselbe wie ich.

Lindsey streckt sich, und ich rutsche hastig tiefer. Ihr Kuss ist ebenso verschlafen wie sie selbst. »Noch einen«, wispert sie und schaut mit einem Blick zu mir auf, der mich um den Verstand bringen soll, ganz sicher. Ich drehe mich, wodurch sie von mir runterrutscht, und begrabe sie halb unter mir. Das Zimmer wird nur von den Lichterketten des Weihnachtsbaumes beleuchtet, und natürlich flackert der Abspann des Filmes noch über das Display ihres Laptops.

Es fühlt sich gut an, alles etwas diffus zu sehen. Nichts ist wirklich fassbar. Es gibt keine Kanten, kein Richtig oder Falsch. Mein Kuss ist deutlich fordernder als die bisherigen. Ich weiß, was ich will. Das hier. Sie. Lindsey Severin.

Ich stocke kurz. Ihre Augen sind geschlossen, ihre Miene entspannt. Ihre Lider flattern, dann heben sie sich. Ihr Blick ist ebenso aufgeheizt wie mein Inneres. Sie berührt meine Wange, lächelt leicht.

»Ich mag dich küssen«, wispert sie. »Ich mag diese Weihnachten. Ich mag ...«

Mein Telefon unterbricht sie mit einem aufdringlichen Klingelton. Ich weiß sofort, wer anruft, mein Blut gefriert in meinen Adern, und ich falle mehr, als dass ich rolle, von der Couch.

Uff.

»Jay.« Sie taucht über mir auf. »Was ...«

»Entschuldige, da muss ich drangehen!« Ich rapple mich hastig auf und verschwinde in meinem Zimmer. Erst nachdem ich die Tür sorgfältig geschlossen und mich in die andere Ecke des Zimmers zurückgezogen habe, rufe ich zurück.

»Hey, J.Lo«, brummt Tim. »Frohe Weihnachten.«

»Gleichfalls.« Ich räuspere mich. Wie soll ich dieses Gespräch nur anfangen? Schließlich brennen mir Lindseys Küsse noch auf den Lippen, und ich bin mir auch nicht mehr sicher, ob ich Tims Meinung hören will. »Genießt du die freien Tage?«, frage ich daher nervös.

Tim schnaubt. »Da hat unsere Niederlage immerhin einen Vorteil. Wir brauchen nicht rund um die Uhr zu trainieren.«

»Ja«, stimme ich mit engem Hals zu. »Ich hatte allerdings gehofft, dass wir gewinnen.«

»Wer nicht? Immerhin kann Gerber mir nicht die Schuld geben.«

Tim hat nicht auf dem Feld gestanden und war damit sicher nicht als Buhmann zu benennen.

Ich schlucke schwer. »Er gibt niemandem die Schuld.«

»Nee, der ist plötzlich weichgespült!« Tim lacht. »Ich hoffe, die setzen ihn ab. Mann, der ist an die Hundert und bekommt noch auf dem Feld einen Infarkt. Das wäre mein Neujahrswunsch!«

Der mögliche Tod unseres Headcoaches? Das ist nicht mehr makaber, sondern völlig daneben! Was ist nur los mit Tim, dass er das nicht merkt?

Oder – und der Gedanke lässt mich in kalten Schweiß ausbrechen – sollte *ich* langsam etwas merken? Tim ist nicht zurückhaltend und äußert häufiger unpassende Dinge. Über Frauen, über Mannschaftskameraden und nun auch noch seine unverblümte Meinung über Coach Gerber, nur ist mir dies bisher nie so deutlich negativ aufgefallen wie gerade eben. Jedes seiner Worte strotzt vor Missgunst und ist schon makaber böse.

»Die sollten die ganze Bande feuern! Wir haben es verkackt, da sollten Köpfe rollen.«

»Unsere«, halte ich dagegen. »Ich kann es mir nicht leisten, mein Stipendium zu verlieren.«

Ohne das zusätzliche Geld käme ich in Bedrängnis. Wir hätten Schwierigkeiten, Cassie und ich, schließlich schicken unsere Eltern mir nur den Betrag, der für mein Studium ausreichen sollte. Keinen Peso extra. Ohne das Stipendium, von dem sie nichts wissen, müsste einer von uns – vermutlich Cassie – das Studium abbrechen. Oder wir beide müssten arbeiten gehen und jede Menge Geld verdienen. Nicht unmöglich, aber eben schwieriger, als sich auf die Unterstützung der Eltern zu verlassen und das Stipendium einzustreichen.

»Klar. Aber wir sind nur so gut, wie man uns trainiert!«

Auch eine Ansicht. Ich seufze. Generell suche ich die Fehler lieber bei mir selbst und nicht bei anderen. Coach Fisher hat die Defense Line im Griff, und ich bin der Meinung, dass wir sehr wohl gut trainiert werden, aber ich habe Tim nicht angerufen, um über die Niederlage zu lamentieren oder über die Coaches herzuziehen.

Wie soll ich also auf das eigentliche Thema, das mir unter den Nägeln brennt, zu sprechen kommen?

»Es wurden Fehler gemacht!«, fährt Tim fort. »Und keine Konsequenzen gezogen. Mann, Cooper hat seinen Biss verloren! Den hätte man gar nicht spielen lassen dürfen.«

»Ich war auch nicht topfit«, murmele ich. »Und Gerber hat uns doch gelobt. Wir sind das beste Team der UCS, das es je gegeben hat.«

»Wir hätten gewinnen sollen.«

Haben wir aber nicht, und das war nicht Coopers Schuld. Er hat ein astreines Spiel hingelegt, aber das hat uns am Ende auch nicht gerettet. Wir haben eben eine schwache Defense und kaum ein gegnerisches Angriffsspiel stoppen können.

»Lassen wir das«, bitte ich ihn. »Das deprimiert mich nur noch mehr.«

»Was verhagelt dir denn sonst die Laune? Die süße Cassie?«

Ein Schauer läuft mir über den Rücken. Es klingt falsch, diese Worte aus Tims Mund zu hören. Ich räuspere mich leise. »Auch. Da sie in Peru ist, fällt unser Weihnachten zu Hause flach, und ich bin hier angekettet.«

»In deiner neuen WG?« Tim lacht. »Ich habe dich gewarnt, dass ein Zimmer in einer WG keine Verbesserung deiner Situation bedeutet. Mitbewohner sind immer anstrengend, und als Untermieter hast du auch nichts zu sagen.«

»Ja«, murmele ich. »Das ist tatsächlich schwierig.«

»Raus damit, hast du dir da eine klargemacht? Wie viele Mädchen wohnen jetzt mit dir zusammen?«

»Ähm ...« Besser, ich wechsele das Thema. »Ich bin Lindsey über den Weg gelaufen.« Ich presse die Lippen zusammen und halte die Luft an. Das war zu geradeheraus.

Tim stößt einen Laut aus, der nicht klar zu definieren ist. Ein Bellen? Ein Grollen? Es klingt jedenfalls, als komme er von einem verwundeten Tier und nicht von einem Mann, der endlich über ein gebrochenes Herz hinweggekommen sein sollte.

»In der Tiger Lounge.«

»Der beschissene Crawl.«

Wieder muss ich mich räuspern. »Ja. Wir waren da, um uns aufzumuntern.«

»Wir? Wer soll das sein?«

»Cooper, Ethan, ich ...« Ich wische mir die feuchte Handfläche am Schenkel ab, da ich lüge – oder absichtlich verschweige, dass ich eigentlich mit Lindsey dagewesen bin. Da haben wir doch bereits einen hervorragenden Grund, warum das mit Lindsey und mir ein

Fehler ist. Ich kann schlicht nichts mit der Ex meines Freundes anfangen. »Du bist ja direkt nach Tulsa geflogen.«

Er brummt. »In der Bar war Lin sicher in ihrem Element, bei all den Kerlen.«

Eher nicht, aber ich will auch kein Gespräch darüber führen, wer alles Interesse an Lindsey haben könnte und wer Chancen hat, mit ihr ins Bett zu gehen. Ich atme tief durch, weil der Gedanke mich einfach stört.

Tim lacht harsch. »Bei dem Körper will da jeder rüber.«

Mein Mund ist so trocken, dass ich mir sicher bin, die Zunge nicht vom Gaumen gelöst zu bekommen. Hat Tim früher auch schon so respektlos geredet? Ich schäme mich, dass es mir offenbar nie aufgefallen ist. »Warum hast du sie geliebt?«

»Was?« Er klingt schrill. »Was soll das jetzt?«

»Ich wundere mich nur. Du hast sie doch geliebt? So richtig?«

Tims Lachen wirkt nun gehetzt. »Klar. Sie ist es nur nicht wert. Was ist los, Jay, macht sie dir schöne Augen? Hör zu, fick sie, wenn du musst, aber sei kein Dummkopf. Sie hat neben dir weitere Eisen im Feuer.«

Ich nicke, auch wenn er das natürlich nicht sehen kann. Meine Gedanken kreisen nun um Eisen. Wen könnte sie noch daten? Zwischen den Feiertagen vermutlich niemanden, denn sie geht noch seltener vor die Tür als ich.

»Was ist los, Jay? Raus damit.«

Das kann ich nicht sagen. Aber irgendetwas muss ich hervorbringen. Am besten, ich bleibe schonungslos offen. Halbwegs. »Die WG, in der ich jetzt wohne ... Cassie war da nicht ganz aufrichtig. Sie ist gar nicht in eine gemischte Mehrparteien-WG gezogen, sondern in eine Zwei-Frauen-WG.«

»Aha.« Pause. »Nee! Bei Lindsey? Zum Glück ist Cassie da raus! Mann, schick die besser zurück nach Hause, bevor sie sich noch was abguckt von der!«

»Von Lindsey«, hake ich nach. Mir ist flau, und ich möchte wahnsinnig gern auflegen.

»Natürlich! Die ist einfach versaut.«

Ich bekomme den Kloß nun gar nicht mehr bewegt, der in meinem Hals immer größer wird. »Aha«, krächze ich.

»Ich schwöre dir«, fährt Tim fort, »die macht zwar alles, aber eben auch mit jedem. Du willst gar nicht wissen, was man sich bei der alles einfangen kann. Wenn du die fickst, achte ja auf ein Kondom. Die lässt sich auch schwängern, um ausgesorgt zu haben.«

Bitte was?

Ich nehme das Telefon vom Ohr, nicht sicher, ob ich noch ein Wort hören will. Ich atme einige Male tief durch und presse es mir dann wieder ans Ohr.

»... und Chris hat sie dann ...«

»Cassie geht nicht zu ihr zurück«, unterbreche ich ihn hastig. »Dafür sorge ich.«

»Gut! Deine süße Schwester willst du nicht so verdorben sehen.«

Nein, das will ich tatsächlich nicht. Verdorben. Irgendwie stößt mir das Wort übel auf. Natürlich möchte ich nicht, dass man über meine kleine Schwester Ähnliches sagt wie über Lindsey, das ist doch verständlich. Aber irgendwie bekomme ich ein ungutes Gefühl bei der Art, wie Tim über Lindsey herzieht. Es macht mich wütend, und ich fühle mich machtlos. Wie ein Feigling. Aber ich bin keiner. Trotzdem bekomme ich meine Zweifel nicht über die Lippen. Meinen Widerspruch. Lindsey ist nicht verdorben. Das sollte ich sagen. »Ähm.« Ich kann nichts mehr ertragen. Kein Wort mehr. Und schon gar nicht mein eigenes Schweigen. Ich schließe die Augen und sehe Lindsey vor mir. In ihrem Shirt. Die Schulter entblößt. »Sie hat nie jemanden da.«

»Ich durfte auch nie zu ihr kommen.« Tim schnaubt. »Angeblich, weil Pete mich sonst erschlagen hätte.« Nun lacht er wieder.

Ich will einfach nur auflegen. Ich verstehe nicht, warum ich mich jetzt so elend fühle, schließlich höre ich hier doch nichts Neues. Das hatte ich auch nicht erwartet. Warum habe ich überhaupt angerufen?

»Ich fasse es nicht, dass du sie dazu gebracht hast, bleiben zu dürfen.«

Warum nicht, wenn sie doch keine Grenzen hat und Pete nicht mehr da ist?

Dieses Gespräch verwirrt mich immer mehr. Nichts ergibt mehr Sinn, und mein Schädel brummt nur noch.

»Jay, ich rate dir nur, aufzupassen. Sie pickt dich doch nur raus, um mir noch eins auszuwischen. Sie benutzt dich, um mir noch mehr wehzutun.«

Nach drei Jahren?

»Mach ich.«

»Hey, ich bin Silvester zurück in Sacramento, und weißt du, was? Wir machen einen drauf.«

Toll.

»Ich kümmere mich um alles.«

»In Ordnung«, murmele ich zögerlich.

»Das brauchst du, das höre ich dir doch an.«

»Ja, vermutlich.« Ich räuspere mich, mein Blick springt zur Tür. Was mache ich jetzt nur?

»Okay, wir sehen uns!«

»Bis dann.« Ich lege auf und schlage mir das Telefon leicht in die Handfläche. Da wartet jetzt noch ein Gespräch, das ich nicht führen will. Widerwillig gehe ich zurück ins Wohnzimmer.

Lindsey starrt auf den Laptop. »Was hältst du von *Das Wunder von Manhattan*?«

»Wie bitte?«

Sie sieht zu mir auf, die Wangen noch gerötet und einen verträumten Ausdruck in den Augen. »Als nächsten Film.«

Ich balle die Fäuste. Diese Zerrissenheit bringt mich noch um. Ich weiß doch, was ich will. Und ich meine jetzt nicht meine körperlichen Sehnsüchte. Klar komme ich in Versuchung, mit ihr Sex haben zu wollen. Sie ist hübsch. Sie ist abrufbar und ... zu haben. Wer würde da nicht empfinden, wie ich es gerade tue?

Ich räuspere mich. »Lindsey«, beginne ich unsicher. »Das eskaliert. Weihnachten schön und gut, aber mehr sollte daraus nicht werden.«

Ihre Hände rutschen von der Tastatur. »Oh.« Sie nickt, sagt aber sonst nichts.

»Ich wollte nichts anderes ... andeuten.« Indem ich sie geküsst habe und deutlich weitergegangen bin, als es gut für einen von uns sein kann. »Wir passen nicht zusammen. Ich brauche eine Frau, der ich blind vertrauen kann und die ... sich nur auf mich einlässt.« Klinge ich jetzt wie ein Arschloch?

Sie senkt das Kinn. »Ah.«

»Das verstehst du doch hoffentlich?«

»Mhm.« Sie bewegt sich nicht. Die Situation ist wie eingefroren. Es fühlt sich wie eine Ewigkeit an, bevor sie mit eckigen Bewegungen den Laptop zuklappt, aufsteht und an mir vorbeigeht.

»Wir passen nicht zusammen«, wiederhole ich lahm. Klinge ich tatsächlich tonlos, oder nehmen nur meine Ohren meine eigene Stimme so auf? »Das macht uns nur unglücklich.«

»Gute Nacht.«

Ich will sie festhalten, wünsche mir, einfach den Mund gehalten zu haben. Tim niemals angerufen und die verfluchte Couch nie verlassen zu haben. Aber dafür ist es jetzt zu spät. Ich kann meine Worte nicht zurücknehmen. Und es ist bestimmt besser so. Für uns beide.

Sie geht nicht auf mich ein, schließt die Tür nur hinter sich und lässt mich mit meinen eigenen aufgewühlten Gefühlen zurück.

11

Lindsey

Die Silvesterparty auf dem Campus der UC Davis ist in vollem Gange, die Uhr nähert sich Mitternacht, doch ich wünsche mich überall anders hin. Ich hatte mich über Rachels Einladung in den großen Gemeinschaftsraum ihrer Studentenverbindung gefreut, dachte, es würde ein schöner Abend werden, der mich auf andere Gedanken bringt. Es hat mir nichts ausgemacht, dass ich niemanden außer meiner Highschool-Freundin kenne, schließlich bin ich weder schüchtern noch auf den Mund gefallen. Und ja, ich habe mich extra sexy angezogen, weil ich dachte, dass ich wirklich mal wieder einen Mann gebrauchen könnte, um mich von Jaime López abzulenken. Um den Schmerz über seine Ablehnung zu verdrängen und mich endlich wieder einmal attraktiv zu fühlen. Da er sowieso denkt, ich wäre ein Flittchen, kann ich mich ja auch wie eines benehmen – so der Plan.

Aber jetzt? Rachel hat sich gerade mit ihrem Kai gestritten und ist heulend abgezogen, sodass ich nicht mal weiß, ob sie mich reinlässt, wenn ich nachher bei ihr klopfe. Angenommen, jemand sagt mir überhaupt, wo sie wohnt. Nicht im Wohnheim, so viel ist sicher. Sie hat mir das Sofa versprochen, aber ihr Telefon ist ausgeschaltet, und die Zuverlässigste war sie sowieso noch nie. Und auch Kai ist nirgends zu sehen. *Crap!*

Und zum Rest meiner Pläne? Ja, die Bowle schmeckt und das Fingerfood ist auch okay, aber so richtig Appetit hab ich nicht, und der Alkohol kommt auch nicht in meinem Kopf an. In dem spukt immer noch Jay herum. Die letzten Tage waren, wie Ravens-Leroy sagen würde, *awkward* oder eher *cringe*. Ich muss grinsen beim Gedanken an die Frohnatur der Mannschaft.

»Oh, sie kann ja doch lächeln.«

Vor mir steht ein Baum von einem Mann, noch größer als Jay. Vermutlich Basketballer. Er ist hübsch, aber irgendwie … ich weiß auch nicht. Meine Mundwinkel sacken herab. »Sorry«, murmele ich.

Er runzelt die Stirn. »Hast du dich gerade fürs Lächeln entschuldigt?«

»Nein. Dafür, dass du nicht gemeint warst.«

Er hebt die Hände und tritt den Rückzug an. Ich seufze. Was ist los mit mir? Ein heißer Typ spricht mich an, und ich verjage ihn. Dabei wollte ich doch eine Affäre, und ein Bett für die Nacht brauche ich eh.

Ich ziehe in Erwägung, ihm hinterherzugehen, dann aber denke ich an Jay. Er hat auf dem Sofa gesessen, als ich vorhin aus meinem Zimmer gekommen bin, bereit zum Aufbruch. Sein Blick ist von oben bis unten über mich gewandert, über das kurze, enge, paillettenbesetzte schwarze Kleid, meine nackten Schultern und Beine, die hohen Absatzschuhe, das Make-up.

»Na, du hast was vor«, hat er gesagt und dabei das Gesicht verzogen. Und als ich ihm dann noch offenbart habe, dass ich erst morgen Mittag nach Hause kommen würde … Er hat verletzt ausgesehen. Wobei ich mir das sicher nur eingebildet habe. Warum sollte er? Er empfindet ja nichts für mich, das hat er mehr als deutlich gemacht. Und wenn das Weihnachtsfest noch so schön gewesen ist. Wenn sich seine Arme um meinen Körper und seine Lippen auf meinen noch so gut angefühlt haben. Wir haben keine Zukunft. Tim würde immer zwischen uns stehen.

Und er will mich ja gar nicht! Ich balle die Fäuste. Es liegt nicht an Tim. Es liegt daran, dass ich nicht gut genug für Jay bin. Sosehr ich mir auch wünsche, dass er es anders sehen würde. Klar, die Gerüchte all die Jahre … Aber nun hat er mich kennengelernt, Weihnachten mit mir verbracht, wir haben schöne Momente geteilt – und dennoch kann er seine vorgefasste Meinung von mir nicht ablegen. Obwohl ich ihm so viel von mir offenbart habe wie niemandem je zuvor.

Es hilft nichts, dieser Abend ist verkorkst. Ich will nur noch nach Hause.

Ja, weil da Jay ist.

Nein! Nicht *weil*, sondern *obwohl* er dort ist und sich nach eigener Aussage einen ruhigen Abend macht. Die Musik dröhnt mir in den Ohren. Ein ruhiger Abend wäre jetzt schön. Ein heißes Bad. Damit wenigstens irgendwas an diesem Abend heiß ist. Ich lache auf, dann recke ich den Hals in einem letzten verzweifelten Versuch, Rachel oder Kai zu erspähen. Oder eine andere bekannte Person.

Die bekannte Person, die ich schließlich entdecke, ist eine, die ich wahrlich nicht gebraucht hätte. Sal. Sal … Der Nachname fällt mir beim besten Willen nicht ein. Wozu sollte man auch Nachnamen austauschen, wenn man eine Nacht zusammen verbringt? Eine der weniger schönen Nächte meines Lebens. Ich habe nicht grundsätzlich etwas gegen Männer, die etwas dominanter sind, aber sich so gar nicht um die Belange der Frau zu kümmern ... Und auch die sonstige Interaktion mit diesem Bilderbuch-Macho war mehr als unschön. Natürlich erkennt er mich sofort und kommt breit grinsend auf mich zu. Ich sehe mich nach einem Fluchtweg um, doch schon steht er vor mir.

»Lindsey! Ist lange her.« Er tritt dicht vor mich. Zu dicht.

Ich weiche zurück. »Sal. Hallo. Und ciao.«

Er fasst nach meiner Hand. »Du willst doch nicht schon gehen? Es ist gleich Mitternacht. In ...« Er sieht zur Wanduhr. »... zwei Minuten.«

»Doch, ich ...« Ich zerre an meiner Hand und sehe mich hektisch um, aber ich kenne niemanden außer ihm. Schon geht der Countdown los, alle Anwesenden zählen die Sekunden runter, Gläser mit Sekt werden herumgereicht, und vor lauter Verzweiflung greife ich mir eins. Wenigstens bekomme ich meine Hand wieder, aber die drei Schritte, die ich zur Seite mache, folgt mir Sal.

»... drei, zwei, eins – frohes neues Jahr!«, erklingt es vielstimmig um mich herum.

Ich stoße gezwungenermaßen mit Sal an und stürze das Glas herunter. Kaum habe ich es auf der Fensterbank abgestellt, fühle ich mich gepackt und an einen harten Männerkörper gezogen. Plötzlich wünschte ich, ich hätte den Basketballspieler nicht abgewiesen. Mit dem hätte es wenigstens eine Chance auf eine angenehmere Bekanntschaft gegeben. Bei Sal ist das ausgeschlossen. Aber ich habe die Gelegenheit verpasst. Nun ist es mein ehemaliger One-Night-Stand, der seine Lippen auf meine presst und seinen Unterleib an mir reibt. Mir wird schlecht, und ich wehre mich verzweifelt. Warum lasse ich mich nur immer mit Sportlern ein, die ich so leicht nicht wegschubsen kann? Auch dieser Kerl ist trainiert und hart wie Stein. Alles an ihm.

Irgendwann löst er sich von mir, um Atem zu holen. Die Zeit nehme ich mir nicht, sondern knalle ihm eine, nutze seine Überraschung und fliehe quer durch den vollen Saal.

»Ah, Cinderella«, ruft mir jemand nach. »Musst du fort, ehe du dich zurückverwandelst?« Gelächter ertönt hinter mir. Ich blicke über meine Schulter. Sal kommt mir hinterher. Tränen brennen in meinen Augen, doch ich laufe weiter. Nur raus, dann weiter zur Straße und hoffen, dass ein Taxi vorbeikommt. Es kostet mich mindestens fünfzig Dollar, nach Hause zu kommen, aber das ist es mir wert. So eine dumme Idee wie diese Party hatte ich schon lange nicht mehr! Und das alles ist nur Jays Schuld. Seinetwegen musste ich mir beweisen, dass ich noch attraktiv bin. Und was hat es mir eingebracht?

Sal. Der mich soeben von hinten packt und an sich reißt. Mein Herz macht einen Satz.

»Du kleines Biest«, zischt er und dreht mich zu sich herum, ohne seinen Griff zu lockern. »Wie kannst du es wagen, mich zu schlagen?«

»Wie kannst du es wagen, mich zu küssen?«, fauche ich zurück, obwohl mir die Angst beinahe die Kehle zuschnürt. Er war nicht direkt brutal damals beim Sex, aber auch weit entfernt von zimperlich.

Er lacht dreckig. »Darauf stehst du doch. Du willst doch angemacht werden, wozu sonst das Kleid?«

»Es ist egal, was eine Frau trägt! Das gibt niemandem das Recht, sie anzufassen – oder Schlimmeres! Und jetzt lass mich los!«

»Und wenn nicht?« Er drängt sich erneut gegen mich, hält mich fest wie im Schraubstock.

»Lass mich sofort los, oder ich zeig dich an!«, drohe ich.

»Weißt du überhaupt meinen Namen? Und meine Anschrift?« Er grinst höhnisch. »Und wer würde dir glauben? Es ist Silvester! Jeder küsst jeden um Mitternacht. Und, mit Verlaub, mein Ruf ist besser als deiner. Jeder im Großraum Sacramento weiß doch, dass Lindsey Severin eine Schlampe ist.« Wieder grinst er. »Und dumm noch dazu. Wieso bist du rausgerannt, wo wir allein sind? Weißt du, was ich jetzt ganz einfach mit dir machen könnte?« Er beugt sich zu meinem Ohr herunter. »Alles«, flüstert er hinein.

Ich ziehe ruckartig das Knie hoch, höre mein Kleid reißen, aber das ist mir egal. Sals Schrei dröhnt in meinem Ohr, sein Griff um mich lockert sich, und ich entkomme endlich. In diesem Moment strömen die Menschen von überallher ins Freie, und der Himmel leuchtet auf. Das städtische Feuerwerk ist entzündet, aber die Schönheit der Raketen und Fontänen lässt mich kalt. Alles verschwimmt vor meinen Augen zu bunten Schlieren, und ich weiß nicht, ob der Ekel und die Angst überwiegen oder die Wut. Auf Sal. Auf Jay. Auf alle Männer, die sich nehmen, was man ihnen nicht geben will, und zurückweisen, was man ihnen schenkt.

Ich renne zur Straße, will nur weg von hier, in die Sicherheit meines Zuhauses, doch es kommt kein Auto. Natürlich nicht. Alle sind beschäftigt, das neue Jahr zu begrüßen. Und ich wünsche mir ein Loch, das sich auftut und mich verschlingt.

Ich ziehe mich in einen dunklen Hauseingang zurück und hole mein Telefon aus der Handtasche. Wenigstens die ist mir geblieben, wenn ich schon meine Jacke nicht mehr abgeholt habe. Ich zittere in dem knappen Kleid.

»Taxizentrale, ein frohes neues Jahr«, schallt es mir fröhlich entgegen.

Tatsächlich sind es am Ende sechzig Dollar – mein gesamtes Essensbudget für die kommende Woche –, die ich der Fahrerin zahlen muss, aber ich bin froh, dass sie mir eine Frau geschickt haben, worum ich gebeten hatte. Mehr denn je brauche ich ein heißes Bad und freue mich auf Ruhe.

Schon als ich die Treppe hochkomme, höre ich allerdings Musik und Stimmengewirr. Ist der Typ von unten zurück und rächt sich nun für die Lärmbelästigung? Ich horche im Vorbeigehen an der Tür. Nein, alles still. Aber es kann ja nicht sein, dass es aus meiner Wohnung kommt – oder? Mein Nacken beginnt zu prickeln. Ich fummele den Schlüssel aus der Tasche und schließe auf.

Mich trifft fast der Schlag. Mein Wohnzimmer ist voller Männer. Sie sitzen auf dem Sofa, auf dem Boden, sogar auf meinem pinkfarbenen Sessel und meinem Ateliertisch. Es sind bestimmt zwölf, die meisten kenne ich.

Einen kenne ich besonders gut.

Tim sitzt auf dem Küchentresen, die langen Beine in den engen Jeans baumeln herab. Er runzelt die Stirn, als er mich sieht, dann wendet er sich halb um. »Hey, Alter. Hast du nicht gesagt, sie kommt erst morgen Mittag nach Hause?«

Da erst bemerke ich Jay. Er beugt sich gerade zum Gefrierfach hinab. Nun richtet er sich auf und sieht Tim an. »Wie bitte?«

Tim nickt in meine Richtung, Jay hebt den Blick, und Schock zeichnet seine Miene. Sein Mund klappt auf. Die Eiswürfeltüte fällt ihm aus der Hand.

Die Musik dröhnt in meinen Ohren, irgendein Hip-Hop-Lied, und die eindeutig angetrunkenen Männer rufen meinen Namen. Ich blende alles aus, sehe nur Tim und Jay.

Tim. In meiner Wohnung.

Er grinst mich an.

Und ich raste aus.

Ehe ich weiß, wie mir geschieht und woher ich die Kraft nehme nach diesem Abend, habe ich ihn am Hemd gepackt und vom Tresen gerissen. Er verliert das Gleichgewicht und taumelt Richtung Tür, und ich gebe ihm einen Schubs in den Rücken, damit das schneller geht. »Raus!« Meine Stimme überschlägt sich. »Verschwinde! Sofort!«

Er besitzt die Frechheit, sich umzudrehen und mich anzugrinsen. »Warum sollte ich? Jay zahlt hier Miete, und er hat mich eingeladen.«

»Tim, bitte geh«, sagt Jay hinter mir. »Lin, hör mal ...«

Ich fahre herum. »Raus, alle beide!« Jetzt nur nicht weinen. »Ihr alle!«, brülle ich über die Musik hinweg. »Verschwindet!«

Der Typ, der auf meinem Zeichentisch sitzt, springt runter und kommt auf mich zugewankt. Er zwinkert. »Hey, Lindsey. Wir wollten das von damals doch schon immer mal wiederholen.«

Ich bin so in Rage, dass mir nicht mal sein Name einfällt. Ich weiß nur, dass *das von damals* nicht mehr als ein bisschen Knutscherei gewesen sein kann. »Raus!«, knurre ich auch ihn an. Er hebt die Schultern, schlägt Jay auf den Rücken und trollt sich.

Tim steht noch immer grinsend da. Jay redet auf ihn ein, sagt ihm, er solle gehen, doch mein Ex rührt sich nicht. Ich zittere so sehr, dass meine Zähne klappern, vor Wut, vor Kälte, vor Enttäuschung. Ich bin ihm nichts wert. Nicht als Frau und nicht einmal als Mitbewohnerin. Er hat sich über meine oberste Regel hinweggesetzt. Er hat Tim in meine Wohnung gebracht, in mein Refugium. Alles fühlt sich beschmutzt an, schlimmer, als hätte er alle Flächen mit einem blutigen Steak abgewischt. Tränen brennen in meinen Augen, aber ich will nicht weinen. Nicht vor Tim. Nicht vor Jay. Er hat mich verraten. Wie alle Männer vor ihm.

Und wie mein Bruder. Petes Pokal für den besten Highschool-Spieler der Saison sticht mir ins Auge, und ich reiße ihn vom Regal und schmettere ihn in Tims Richtung. Er hat gerade nicht mich, sondern Jay angesehen, und so trifft ihn das blecherne Ding mitten auf der Wange. Er schreit auf, fasst sich ins Gesicht, dann richtet sich sein stechender Blick auf mich. »Du kleine Schlampe, was fällt dir ein?« Er kommt auf mich zu.

Jay springt ihm in den Weg. »Tim! Geh jetzt.«

»Die hat was nach mir geworfen!«

»Ja, und du solltest nicht hier sein. Das ist meine Schuld, ich weiß. Jetzt geh. Bitte. Wir reden morgen.«

»Du ziehst sie mir vor?« Tim streckt seinen Finger in meine Richtung aus, nimmt den Blick aber nicht von Jay. »Das Dreckstück, das mir das Herz gebrochen hat?«

»Du verfluchter Lügner!«, brülle ich. »Du bist hier das einzige Dreckstück! Und ich werde allen die Wahrheit sagen. Das hätte ich längst tun sollen!«

»Die Wahrheit?« Seine Stimme überschlägt sich. »Du bist doch gar nicht in der Lage dazu, nicht zu lügen.«

»Tim!«, sagt Jay scharf. »Raus jetzt!«

Mein Ex wirft mir einen letzten abfälligen Blick zu, dann geht er. Ich bin allein mit Jay. Meine Wut verpufft, und zurück bleibt eine alles verzehrende Enttäuschung.

»Du gehst auch«, sage ich matt. »Pack deine Sachen.«

»Lindsey ...«

»Nein!« Ich blinzele heftig. Meine Augen brennen höllisch. »Du hast mein Vertrauen missbraucht. Eine meiner wenigen Regeln für unser Zusammenleben gebrochen. Die wichtigste.« Krampfhaft schlucke ich.

Jay tritt vor mich. »Es tut mir so leid.«

Ich will zurückweichen, doch ich fühle mich wie festgenagelt. Die ganze Erschöpfung bricht über mich herein. Der Kampf mit Sal, die abfälligen Bemerkungen. Tim in meinem Rückzugsort. Ich spüre, dass mir die Tränen über die Wangen laufen. Ich will Jay schlagen – und ja, mir ist bewusst, dass ich ein Aggressionsproblem habe –, aber ich kann mich nicht rühren. Er legt beide Hände an meine nackten Oberarme und zuckt zusammen.

»Du bist ja eiskalt«, murmelt er und sieht aus, als wolle er mich an sich ziehen.

Das reißt mich aus meiner Erstarrung, und ich mache mich von ihm los.

»Du bist doch mit Jacke raus, wo ist die?«

»Hängt noch in der Garderobe der Location.« Aus meinem Tonfall klingt die Bitterkeit. »Ich musste unerwartet aufbrechen.«

»Warum das?« Er legt den Kopf schief.

»Weil du nicht der einzige Mann auf der Welt bist, der ständig über meine Grenzen geht.«

Jay runzelt die Stirn. »Was heißt das?«

»Muss ich das wirklich für dich buchstabieren? Ein Kerl konnte seine Finger nicht bei sich behalten.«

Jays Augen weiten sich, seine Miene wird finster, und er ballt die Fäuste.

Sein Verhalten ist so absurd, dass ich auflache. »Oh, bitte. Nun spiel dich nicht als mein Rächer auf. Was du getan hast, ist viel schlimmer. Du hast meinen schlimmsten Feind in mein Zuhause gebracht.«

»Lindsey. Ja, ich weiß, du hast ein Problem mit Tim, aber –«

Ich lache lauter. Verzweiflung schwingt mit. »Ich habe ein Problem mit Tim? Ein *Problem*?«

»Was sonst?«, fragt er.

Ich will nicht darüber reden. Will mich nicht noch verletzlicher zeigen. Nicht riskieren, dass mir wieder mal jemand nicht glaubt, von dem ich dachte, er hätte mich gern. So wie früher in den Familien. Wie damals im Heim, wenn jedes Wort der Verteidigung, jedes Leugnen immer alles nur noch schlimmer gemacht hat.

Aber mir bleibt wohl keine Wahl. Ich muss den Mund aufmachen, wenn ich wenigstens eine winzige Chance haben will, dass Jay mich versteht. Und aus irgendeinem Grund will ich, dass er das tut. Vielleicht nur, um Tim nicht die Genugtuung zu geben, weiterhin Mist über mich zu erzählen.

Ich schließe die Augen und atme tief durch. »Tim hat mich verlassen, weil ich nicht mit ihm schlafen wollte.« Ein Zittern durchläuft meinen Körper, und ich schlinge die Arme um mich. »Ich war Jungfrau, als er ging. Er fühlte sich in seiner Männerehre gekränkt und hat angefangen, Lügen über mich zu erzählen. Alle haben ihm geglaubt. Weil ich mich gern sexy anziehe. Weil ich lustig und offen bin, gern flirte – geflirtet habe.« Ich öffne die Augen und sehe Jay an. »Und wenn der Ruf erst ruiniert ist ... Du weißt schon. Leugnen hätte keinen Sinn gehabt. Zu gut passte ich in das Bild, das er von mir gemalt hat.« Ich seufze tief. »Ich habe schnell gemerkt, dass es positive Bestätigung nur von Männern gibt, mit denen ich mindestens rummache. Also hab ich das gemacht. Nicht mit jedem, der es behauptet, und noch weniger hab ich mit jedem geschlafen, der es behauptet. Aber, wie gesagt: Es zu dementieren, hätte keinen Sinn gehabt.«

Sein Gesicht spricht Bände. Die Zweifel darin zerreißen mir das Herz.

»Das sieht man ja an deiner Reaktion.«

Seine Augen weiten sich. »Lindsey, ich ...« Er unterbricht sich. Dann nickt er.

»Ob du es glaubst oder nicht: Ich habe Tim geliebt. Er ist mir in den Rücken gefallen und hat das Messer in der Wunde gedreht. Wieder und wieder. Und wieder, so wie heute. Dass du ihn reingelassen hast, in meine Wohnung, in meine Privatsphäre, dass du ihm die Möglichkeit gegeben hast, meine Sachen zu sehen, sie anzufassen ... Du hättest mir nichts Schlimmeres antun können.«

Sein Adamsapfel hüpft, als er zweimal hintereinander schwer schluckt. Er sieht aus, als wollte er etwas sagen, aber er tut es nicht. Und ich fühle mich, als würde ich jeden Moment zusammenbrechen.

»Ich gehe baden«, sage ich dumpf. »Bitte lass mich in Ruhe und pack deine Sachen.«

»Du schmeißt mich wirklich raus? Nach allem ...« Er verstummt.

»Nach allem? Was meinst du damit? Die ganzen Streitereien, die fliegenden Schuhe, die Störungen und Missverständnisse und unterschiedlichen Prioritäten? Und jetzt dieser Vertrauensbruch. Ja, Jay. Nach alldem werfe ich dich raus.« Ich wende mich ab und schlurfe zum Bad.

»Dein Kleid ist zerrissen«, murmelt er, als wäre er völlig in Gedanken.

Ich blicke über die Schulter zurück. »Kampfspuren. Ich sagte ja, ich bin angegriffen worden. Aber wahrscheinlich glaubst du, ich hätte es provoziert.«

12

Jaime

Ich stecke in einer fürchterlichen Situation und bin absolut selbst schuld daran. Sie hat recht. Ich habe Mist gebaut. Auf so vielen Ebenen. Und glaube ich ihr? Was davon soll ich glauben? Was ihr heute zugestoßen ist? Was sie über Tim erzählt? Das ist einfach alles viel zu viel, um es hier und jetzt zu verarbeiten. Ich bin einfach sprachlos. Vielleicht auch entsetzt, dass der Abend so eine Wendung bekommen hat.

»Verschwinde einfach«, krächzt sie, stürmt im nächsten Moment ins Bad und schlägt die Tür zu. Der Knall gellt in meinen Ohren.

Scham gärt in mir. Ich bin von Lindseys frühzeitigem Auftauchen völlig überrascht worden, aber ich hätte die Jungs gar nicht reinlassen dürfen, als sie plötzlich vor der Tür gestanden haben. So ist das nicht geplant gewesen, aber Tim hat darauf bestanden, da die eigentliche Location doch nicht frei gewesen ist. Und ja, ich habe sie nicht nur reingelassen, sondern bin einverstanden gewesen, dass wir die Wohnung nutzen. Lindsey hat auswärts übernachten wollen, sie hätte es gar nicht bemerkt ... *Maldito*, ich habe gewusst, dass das eine dumme Idee ist. Ich habe es gewusst und falsch gehandelt.

Ich blicke zum Badezimmer. Das kann so nicht stehen bleiben. Sie hat eine Entschuldigung verdient. Sie hat mehr verdient. Und gehen kann ich auch nicht einfach.

Wasser plätschert. Ich stoße die Tür auf. Lindsey liegt völlig nackt in der Badewanne, die sich nur langsam mit Wasser füllt. Eine Schaumkrone bildet sich, und ich befehle mir eindringlich, nur diese anzustarren.

»Was –!« Sie setzt sich ruckartig auf und zieht die Beine an. »Bist du schwer von Begriff?«, blafft sie. »Du hast hier nichts verloren, und ich habe gesagt ...«

»Es tut mir leid«, unterbreche ich sie hastig und knie mich zu ihr vor die Wanne. »Die Situation ist mir entglitten. Ich habe ihn nicht eingeladen, aber plötzlich standen sie ...« Die Tränen in ihren Augen schmerzen mich. Bin ich daran schuld? Weil ich Tim in ihre Wohnung gelassen habe? *Dios mío*, hier stimmt doch einfach etwas nicht! Wenn sie so herzlos wäre, wie Tim sie beschreibt, würde sie das doch nicht so mitnehmen. Ohnehin passt so gar nichts mehr. Sie ist ganz anders, als ich erwartet habe, und ich verstehe nicht, wie das sein kann.

Strähnen ihres Schopfes hängen ihr in das Gesicht. Die Mascara ist verlaufen. Nicht auffällig, auf den ersten Blick könnte das auch so gewollt sein, aber etwas an ihren bleichen Wangen und dem verlorenen Blick in ihren Augen sagt mir, dass sie schon geweint hat, bevor sie meinen *Betrug* bemerkt hat. Auf dem Weg nach Hause, nach dem Übergriff.

Mein Magen dreht sich um. Was ist ihr wohl zugestoßen?

»Was ist passiert?«, wispere ich und streiche ihr eine der Strähnen aus dem Gesicht. »Lindsey ...«

Sie schlägt meine Hand weg und versteckt sich hinter ihren Knien. Sie schluchzt und presst die Beine fester an sich.

»Was ist ...« Meine Stimme bricht. Ich habe ein schreckliches Gefühl. Was kann schon passiert sein, was ein verfrühtes Heimkommen *und* bittere Tränen rechtfertigt?

Ich beuge mich vor und schlinge die Arme um ihren eiskalten Körper. Ich ziehe sie zu mir, bis uns nur noch der Badewannenrand trennt, und drücke ihr einen Kuss ins Haar. »Lindsey ...«

»Ich hasse dich.« Sie stößt mich von sich. Ihr Badewasser plätschert über mich, als sie aus der Wanne steigt.

Ich springe auf und verstelle ihr damit den Ausweg. Sie steht vor der Toilette und versucht an mir vorbeizusehen. »Warte, bitte, lass uns ... Ich muss doch etwas tun können ...«

Ihr verächtlicher Blick trifft mich, dann bricht sie endgültig zusammen. Sie schlägt die Hände vor das Gesicht und schluchzt hemmungslos.

Ich mache einen Schritt auf sie zu, und sie weicht vor mir zurück.

»Ich fasse dich nicht an«, verspreche ich eindringlich. »Bitte.« Ich sehe mich gehetzt um und entdecke ihren Bademantel an der Tür. Ich reiße ihn herunter und wickele sie darin ein. »Komm, gib mir deinen Arm.«

Lindsey schüttelt den Kopf, wischt sich dabei resolut über das Gesicht und funkelt mich an. »Du sollst verschwinden! Du bist genau so ein Arsch wie Tim! Du bist ein Lügner! Du scherst dich einen Dreck um andere! Um Frauen und um mich sowieso!«

Sie schubst mich wieder, aber ich habe zu viel Masse, als dass sie mich mit ihrem *Antippen* verrücken könnte. Sie schlägt nach mir. Erst nicht fest, aber der zweite Hieb zwiebelt.

»Lindsey.« Ich weiche ihr aus, aber sie folgt mir.

»Arschgesicht! Kadaver! Unsensibler ... Fleisch–«

Ich fange ihre Faust ab und ziehe Lindsey rasch an mich, damit ich nicht mehr ihrem Angriff ausgesetzt bin. Keine Ahnung wie, aber plötzlich liegen ihre Lippen auf meinen.

Dios mío, ich glaube, es ist *mein* Mund, der sich auf *ihren* presst.

Gar nicht gut. Zumal ich doch gesagt habe, dass ich sie keinesfalls anfassen werde!

Sie entwindet mir ihre Handgelenke und schlingt die Arme um meinen Hals. Dabei rutscht der Bademantel zu Boden. Sie steht auf Zehenspitzen, also geht das hier doch von ihr aus?

Ich bin verwirrt, werde gnadenlos von der Welle mitgerissen, die ihr Kuss auslöst. Mein Shirt ist nass, die Kühle bereitet mir eine Gänsehaut. Lindsey bebt auch.

Friert sie?

Ich umschlinge sie nun doch, spüre ihr Erschauern und reibe sacht über ihren Rücken. Um sie aufzuwärmen. Ich habe hier absolut keine unlauteren Ab–

Tonterías!

Wem will ich hier etwas vormachen?

Ich übernehme die Führung, vertiefe den Kuss, indem ich in ihren Mund abtauche.

Ich spüre ihr Stöhnen, ihre Erregung ...

»*Mierda.*« Ich umfasse ihren Po und hebe sie hoch.

Lindsey quietscht, schlingt dann aber die Beine um meine Hüfte. Sie küsst mich nun ebenso leidenschaftlich wie ich sie zuvor und raubt mir den Verstand.

So nicht.

Ich wiederhole diese Worte für mich wieder und wieder, spüre dabei, wie der letzte Rest meiner Zurückhaltung bröckelt. Wie ich einmal mehr die Kontrolle darüber verliere, was ich tun und lassen sollte. Spüre, wie sich meine Weltsicht verrückt. Die Prämisse ist nun nicht mehr *Ich darf nicht*, sondern *Das muss sein*.

Ich gehe los. Lindsey klammert sich von selbst an mich. Sie verwuschelt mein Haar, zerrt am Ausschnitt meines Shirts.

Zu ihr oder zu mir?

Mit der Schulter stoße ich die Tür auf und kicke sie mit dem Fuß wieder zu, dann lege ich Lindsey auf meinem Bett ab. Sofort wandere ich ab, drücke feuchte Küsse auf ihren Hals, ihr Schlüsselbein, liebkose dann ihre linke Brust.

Sie seufzt und hebt sich mir entgegen.

Ich spüre ihren feuchten Schoß an mir und überspringe einen Teil ihres Körpers, indem ich weiter runterrutsche.

Sie stößt einen spitzen Schrei aus, als ich meinen Mund auf ihre Vulva lege, und spreizt die Beine weiter. Sie hebt sich mir wieder entgegen, während ich sie necke, meine Zunge über ihr Fleisch wandern lasse und immer mal wieder an ihrer Klitoris sauge.

Wieder stößt sie einen Schrei aus, bäumt sich mir entgegen und wispert meinen Namen. Ihr Atem kommt in abgehackten, kurzen Stößen.

»Jay. Jay.«

Das ist zu viel.

Ich weiß nicht, was ich mir überhaupt hierbei gedacht habe, aber Verzicht ist definitiv vom Tisch. Ich reiße mir das Shirt über den Kopf, während ich mich aufrichte, und streife mir ebenso eilig die Hose nebst Shorts ab.

Lindsey umschlingt mich, sieht mir mit einem Blick in die Augen, der meine Selbstbeherrschung ohnehin gesprengt hätte, und hebt sich meinem Glied entgegen, soweit es ihr unter mir möglich ist.

Sie ist wahnsinnig heiß, wahnsinnig verführerisch, wahnsinnig gut.

Ich kann mich nicht halten, kann nur hoffen, dass ich den Sex für sie jetzt nicht ruiniere, indem ich meiner Lust freien Lauf lasse.

Ihre Nägel bohren sich in meine Schultern, dann wirft sie den Kopf zurück und stößt ein gutturales Stöhnen aus. Im gleichen Moment komme auch ich und sacke auf ihr zusammen.

Eine Sekunde später bemerke ich meinen Fehler. Schnell ziehe ich mich aus ihr zurück. »*Mierda!*« Erschrocken starre ich auf sie hinab.

»Kondom?«, fragt sie verwirrt. Sie reißt die Augen auf. »Wir haben doch nicht ohne ...«

»Verdammt! Daran hätte ich denken müssen!«

Sie blinzelt und wendet das Gesicht ab. Schmerz huscht über ihre Miene.

»Tut mir leid ... ich ...« Nun bekomme ich nicht einmal mehr einen vollständigen Satz über die Lippen. Aber was soll ich auch sagen? *Ich übernehme die Verantwortung?*

Lindsey versucht, unter mir herauszukrabbeln. »Ich nehme die Pille.«

»Oh.« Also keine Verantwortung.

»Lass mich gehen.«

»Nein.« Ich rolle mich zur Seite und schlinge den Arm um sie. »Wir müssen reden.«

Sie lacht auf. »Nein. Geh doch und erzähl es herum. Ist mir doch egal!« Sie versucht, meinen Griff zu lösen, aber ich kann das so nicht stehen lassen.

»Ich wollte nicht, dass die Situation so außer Kontrolle gerät, und es tut mir leid. Das alles tut mir leid. Ich war überfordert. Tim und die Jungs hätten nie hereinkommen dürfen. Ich habe unterschätzt, wie wichtig dir diese Regel ist. Ich habe es schlicht nicht verstanden.« Und daran hat sich noch immer nichts geändert. »Wie das mit dem Gemüsebrett. Ich wollte dich damit nicht verletzen. Ich wollte auch das hier ...« Meine Stimme wird brüchig, und ich muss mich räuspern. »Wir verstehen uns einfach nicht. Das hier macht nur Ärger.«

Sie versteift sich in meiner Umarmung.

»Wir passen nicht zusammen.« Ich räuspere mich. »Wir streiten uns doch ständig.«

»Ja«, presst sie hervor. »Das war ein Fehler. Ich wollte nur nicht mehr an den Scheißkerl von der Party denken ...«

Ihr Haar kitzelt mein Gesicht, und ich vergrabe es darin. Es riecht nach ihrem Parfüm. Ich bekomme nur noch am Rande mit, was sie sagt.

»Lässt du mich jetzt los?«

»Hm?« Ihre Haut duftet noch besser.

»Jay!« Sie versucht sich in meiner Umarmung zu drehen, und ich presse meine Lippen auf ihren Hals.

Ich brumme eine Zustimmung.

»Jay!« Sie klingt verärgert, und das reißt mich aus meiner Versunkenheit.

Lindsey schiebt mich von sich und rutscht aus dem Bett.

»Warte bitte.« Ich schüttele meine Benommenheit ab, das Gefühl der Zufriedenheit. Beides passt nicht ganz und doch irgendwie. Ich bin zu durcheinander und muss dringend den Kopf frei bekommen, aber zuerst muss geklärt werden, was ihr passiert ist. »Auf der Party ... ist doch nichts Schlimmes ...?« Ich stocke. Kann ich einordnen, was in so einer Situation für eine Frau schlimm wäre? »Wir sollten zur Polizei gehen.«

Sie blinzelt heftig. »Was?«

»Der Kerl hat dich angemacht, das Kleid zerrissen und ...« Ich werde zunehmend nervöser und unterbreche mich, um zu schlucken. Soll ich fragen, wie weit der Kerl gekommen ist? Aber wie klingt das?

»Nein«, krächzt sie und reißt mich aus meinen Gedanken. Sie sieht verloren aus. »Niemand glaubt mir.« Sie steht halb abgewandt, deswegen kann ich nicht in ihrer Miene lesen.

»Ich glaube dir«, sage ich, aber sie lacht nur bitter.

»Klar.«

Ich setze mich auf. »Wir sollten trotzdem zur Polizei gehen. Der darf damit nicht durchkommen.«

»Ich müsste einräumen, dass ich mal was mit ihm hatte, und dann interessiert es keinen mehr. Ich bin nur wieder die Schlampe, die sich plötzlich ziert.« Sie legt die Arme um ihren Körper. »Es interessiert niemanden, was ich nicht will. Jeder denkt, er hätte ein Anrecht auf mich. Auf Handlungen oder Zuneigung, nur weil ich ihn anlächle. Es ist, als gäbe man sein Anrecht auf körperliche und seelische Unversehrtheit auf, wenn man gern flirtet. Das ist einfach ungerecht, dass Männer mit ihrem Bodycount angeben und gefeiert werden, aber Frauen für ein ähnliches Verhalten oder auch nur bei dem Anschein, lebenslustig zu sein, geshamt werden.«

Ha. Ich habe gleich ihren Bruder im Ohr, wie er nach einem trainingsfreien Wochenende über seine Frauengeschichten berichtet, die ich immer für maßlos übertrieben gehalten habe. Auch Tim kann sich wortreich – meist nicht sonderlich positiv – über seine Dates auslassen.

»Ich möchte immer noch, dass du ausziehst«, sagt Lindsey, ohne mich anzusehen. »Das hier ändert ...« Ihre Stimme bricht, und sie räuspert sich. »... nichts.«

Ich sauge den Atem ein. »Bitte«, beginne ich vorsichtig. »Das ist nicht passiert, weil ich dich überreden wollte, mich bleiben zu lassen. Darum kann ich nur bitten. Ich sehe meine Fehler ein. Ich will mich bessern. Ich habe wirklich nicht verstanden, wie wichtig dir diese Regel ist, und das Brett benutze ich doch auch nicht mehr. Ich achte doch auf deine Wünsche. Und als ich *nach allem* sagte, meinte ich nicht unsere Streitereien, Lindsey.«

»Sondern?« Sie schnaubt. »Ach, vergiss es. Ich weiß, dass die Streitereien nicht der Grund sind, weshalb du das hier nicht willst.« Sie deutet auf mein Bett. »Für dich bin ich auch nur eine Schlampe.« Sie marschiert los.

»Lindsey!« Ich springe auf und folge ihr hastig. »Ich bezog mich auf unsere Arrangements. Auf Weihnachten. Du hast mir geholfen, mich nicht ganz so einsam zu fühlen, und du hast mir geholfen, Cassies Abwesenheit zu verschleiern. Das bedeutet mir eine Menge. Ehrlich. Aber das mit uns ist einfach ... Das kann nicht funktionieren. Wir haben völlig andere Erwartungen an Partner, und Tim ist mein Freund. Du kannst nicht erwarten, dass ich ihm nicht glaube. Ich weiß, wie schwer ihn eure Trennung getroffen hat.« Ich hebe die Hände, da ich ihr ansehen kann, dass sie widersprechen will. »Ich will nicht schönreden, was passiert ist. Ich habe nur die Geschichten gehört. Ich war nicht dabei, und es tut mir leid, dass eure Trennung so schmerzlich war. Ich war naiv, ich habe nicht nachgedacht und war von der Situation auch überfordert. Ich hätte ihn nicht hereinlassen dürfen. Es tut mir aufrichtig leid.«

Ich möchte nach ihr greifen und sie an mich ziehen. Ich möchte diesen Streit begraben und zurück ins Bett. Ich möchte die Harmonie zurück, in der wir die Feiertage verbracht haben.

»Das sagst du nur, damit ich dich bleiben lasse.« Sie schüttelt den Kopf, ihre Miene ist schmerzerfüllt. »Ist mir egal. Bleib doch. Verschwinde. Ist mir alles völlig egal!«

»López!«, gellt der Ruf des Headcoaches mir nach, als ich meinen Teamkollegen vom Spielfeld folgen will. Ich drehe ab.

Das Letzte, was ich jetzt gebrauchen kann, ist eine Standpauke. Ich weiß, dass ich unkonzentriert bin. Das ist mir selbst aufgefallen, und ich kenne auch den Grund dafür.

Lindsey.

Sie geht mir nicht mehr aus dem Kopf, obwohl ich sie nun noch seltener zu Gesicht bekomme. Es ist, als ginge sie mir absichtlich aus dem Weg.

»Coach?«

»Komm, Junge.« Gerber bedeutet mir, ihm zu folgen. »Fühlst du dich gut bei uns?«

Ich bin gleich vor den Kopf gestoßen. »Ja«, haspele ich. »Natürlich! Ich weiß, dass ich ... nachgelassen habe. Ich werde mich bessern!« Ich kann nicht gebrauchen, dass man mich aus dem Team wirft und ich das Stipendium verliere. Zu viel hängt davon ab. Für mich. Für Cassie. Und auch für meine Eltern, die sicher enttäuscht wären, wenn ich nicht gut genug bin.

Nein, korrigiert mich eine kleine Stimme tief in meinem Herzen. Wenn sie von unserem Lügenkonstrukt wüssten, wären sie nicht enttäuscht, sondern fuchsteufelswütend. Schließlich bezahlen sie unwissentlich und damit auch unfreiwillig Cassies Archäologie-Studium, während ich durch das Football-Stipendium abgesichert bin. Ich bin mir sicher, dass sie mir die Unterstützung nicht streichen würden, aber für meine ambitionierte kleine Schwester wäre dies ein Weltuntergang.

»Ich kann mich bessern«, wiederhole ich mit mehr Inbrunst. »Ich trainiere häufiger. Ich bin ein guter Left Tackle.«

Gerber lacht und schlägt mir auf die Schulter. »Ruhig Blut, Junge. Was seid ihr alle empfindlich? Zu meiner Zeit ...«

Meine Gedanken schweifen ab, und sein nächster Schlag bringt mich zum Straucheln.

»Egal!« Wir betreten sein Büro und er deutet auf den Stuhl vor seinem Schreibtisch. Ich setze mich und lege den Helm auf meinem Schoß ab. Mein Haar hängt mir verschwitzt in die Stirn, und in der Reflexion seiner gerahmten Trainerurkunden sehe ich, dass die Farbe in meinem Gesicht, die meine Augen vor der Helligkeit der Sonne schützen soll, verschmiert ist. Ich sehe ein wenig so aus wie Lindsey in unserer Nacht ...

»López?«

»Hm?« Ich verdränge ihren verführerischen Anblick aus meinen Gedanken und richte meinen Blick auf Gerber, der mir gegenüber Platz genommen hat.

»Hörst du mir überhaupt zu?«

Super, gleich negativ aufgefallen. »Ja. Äh, nein. Entschuldigen Sie, Coach, ich bin zurzeit ... durcheinander.« Ich räuspere mich. »Ich bekomme das in den Griff.«

»Hm.« Er mustert mich eindringlich. »Das wäre wünschenswert.«

Hitze steigt mir in die Wangen. »Ich strenge mich mehr an«, verspreche ich erneut inbrünstig. »Ich hab gerade Stress zu Hause.«

Die Freude schwindet aus seinem Gesicht, und eine Sorgenfalte bildet sich auf seiner Stirn. »Hm, dann ist das wohl eine dumme Idee.«

Der Stuhl wird unbequem, und ich rutsche darauf herum. »Welche Idee?«

Gerber lehnt sich zurück. Einen Moment mustert er mich eingehend, dann atmet er tief durch. »Du bist unser stärkster Tackle. Die anderen Coaches und ich sind uns einig, dass du ein Ausnahmetalent bist.«

Mir klappt vor Überraschung der Mund auf. Gerber ist sicher kein harter Knochen, aber eben auch niemand, der leichtfertig Komplimente verteilt.

»Wir wollen dich nicht verlieren, sind aber gleichzeitig der Meinung, dass dein Talent gefördert werden sollte.« Er beugt sich vor und legt die Unterarme auf dem Tisch ab. »Du sollst deine Chance bekommen und nicht ...« Er presst die Lippen zusammen.

Ich nicke angespannt.

»Nun, wir sehen zu häufig, dass sich talentierte Spieler während ihrer College-Zeit schwer verletzen und ihre Chance auf eine Profikarriere verpufft.« Er reibt die Hände aneinander. »Und als Tackle ist die Verletzungsgefahr noch größer.«

Ich nicke, da ich nicht weiß, was ich sonst sagen soll.

»Deswegen ... Hast du dir schon mal Gedanken gemacht, ob du dich vorzeitig für den Draft anmelden möchtest?«

Es piept aufdringlich in meinen Ohren. »Für den Draft?«

»Als Underclassman.«

Ich schlucke schwer. Der Draft ist eine Veranstaltung der NFL, in der sich die Vereine die Rechte an den zur Verfügung stehenden jungen Footballspielern sichern, die ihre College-Football-Zeit abgeleistet haben. Ich bin für den Draft nicht geeignet, da ich erst drei Jahre für die UC Sacramento aufgestellt bin.

»Das birgt natürlich Gefahren.« Gerber tippt die Daumen aneinander. Er wirkt sehr ernst. »Du müsstest auf dein Spielerrecht in der College-Liga verzichten, um für den Draft zugelassen zu werden, und solltest du nicht genommen werden ...« Er hebt die Schultern. »... dürftest du auch nicht mehr für uns spielen.«

Ich schlucke schwer. Diese Chance könnte damit auch in einem Desaster enden.

»Hör zu, López. Simmons und ich sind uns einig, dass deine Aussichten jetzt am besten sind. Ich habe die Fühler ausgestreckt. Einige Teams sind auf der Suche nach talentierten Tackles, und ich sehe dich ganz vorn dabei. Ich gehe sogar davon aus, dass du zum Combine eingeladen wirst. Das kann ich dir natürlich nicht versprechen, aber mit deiner Performance müsste es schon mit dem Teufel zugehen, wenn das nicht passiert. Und dann sollte es mit dem Draft auch klappen.«

Wieder schlucke ich. Meine Wangen brennen. Eine Einladung zum Combine, diesem riesigen Trainingslager der NFL, bei dem Scouts aller Teams anwesend sind, wäre eine Sensation! So viel Lorbeeren bin ich nicht gewohnt, auch wenn mich meine Eltern schon mal über den grünen Klee loben. Coach Gerber nehme ich dabei aber ernster, als wenn meine Mutter, die mich weder lernen sieht noch bei den praktischen Prüfungen dabei ist, über meinen Fleiß und mein Können berichtet.

Gerber holt eine Pappakte aus seiner Schreibtischschublade und schiebt sie über den Tisch. »Hier sind die Formulare und eine Auflistung der Rahmenbedingungen. Lies dir alles in Ruhe durch. Nun, lass dir aber nicht zu viel Zeit, der Anmeldeschluss ist bereits nächste Woche.«

Ich klappe die Akte auf und überfliege die Anmeldung. »Wenn ich nicht genommen werde, verliere ich dann nicht mein Stipendium?«

»Du hast ein Sport-Stipendium?«, fragt Gerber zögerlich. »Hm. Möglich. Aber da lässt sich vielleicht etwas drehen.« Er reibt sich die Hände. »Ich denke, dass du dich hier wirklich entscheiden musst. Willst du spielen, oder willst du lernen? Ich kann nur wiederholen: Du hast Talent. Du kannst es weit bringen, solange du fit bleibst und dich nicht schwer verletzt. Dieses Jahr könnte das entscheidende sein, in dem du entweder den Sprung in die NFL schaffst oder dich in Sicherheit wiegst, und ... wer weiß, ob die Scouts im nächsten Jahr von unserem überraschenden Einzug in die Playoffs noch so begeistert sind wie jetzt.«

Mein Magen flattert, und die Verantwortung legt sich wie ein Eisenmantel um meine Schultern. Wer träumt nicht von einer Profikarriere? Wenn ich bei einem der großen Teams lande ... Eine überwältigende Vorstellung. Aber die Gefahr, mein Stipendium zu verlieren, beunruhigt mich immens. Was wird aus Cassie? Kann ich das Risiko überhaupt eingehen? Habe ich nicht die Verpflichtung, mich zuallererst um ihr Wohl zu kümmern?

Und meine Träume? Zählen die weniger als Cassies?

Wenn ich unter Vertrag genommen werde, ist der Ärger meiner Eltern darüber, dass ich mein Studium abbreche, finanziell kein Problem für meine Schwester. Ich kann sie dann unterstützen. Nur wenn ich nicht genommen werde ... habe ich mein Studium. Werde irgendwann Arzt sein. Und Cassie? Kann sie die Jahre irgendwie überbrücken?

Diese Entscheidung geht mir bereits jetzt an die Nieren.

13

Lindsey

Vermutlich hätte ich nicht sagen sollen, dass es mir egal ist, ob Jay geht oder bleibt. Nein, ganz sicher hätte ich das nicht sagen sollen! Natürlich ist er geblieben. Aber ... irgendwie stört es mich von Tag zu Tag weniger. Und das gefällt mir nicht!

Ich nehme noch einen Schluck von meinem Latte macchiato und lecke mir den Milchschaum von den Lippen.

Wie gut sich seine Lippen auf meinen angefühlt haben ... Und sein Mund auf meiner –

Stopp!

Diese Gedanken quälen mich bereits jede Nacht. Und jedes Mal, wenn ich ihn sehe. Wenn sich unsere Blicke ineinander verhaken, ohne dass wir es wollen. Denn eins ist sicher: Jay López will mich so wenig wie ich ihn.

Ich seufze abgrundtief.

Als ich den Kopf hebe, zucke ich zusammen. Dominic hat sich auf dem Tresen abgestützt und betrachtet mich, als wäre ich ein seltenes Insekt.

»Na, schwermütig?«

Ich zucke die Schultern.

Er nickt gewichtig. »Ja, ja, der triste Januar kann einem die Laune verhageln.«

Ich wende den Kopf und sehe hinaus in den strahlenden Sonnentag, dann zurück zu ihm und ziehe die Augenbrauen hoch.

Er lässt sich nicht verunsichern. »Weihnachten und Silvester sind vorbei, die nächste Party lässt noch auf sich warten ...«

»Ich vermisse die Feierei nicht«, brumme ich.

»Was ist dann dein Problem?«, fragt er, plötzlich ernst und eine Spur mitfühlend. »Dein Mitbewohner?«

»Du warst nicht mal in der Stadt«, platze ich heraus, »und hast trotzdem was mitbekommen?«

Dominic grinst. »Du vergisst, wer für mich arbeitet.«

»Abby? Was könnte – Oh. Der Pub Crawl.«

»Der Pub Crawl, genau. Und die nach hinten losgegangene Silvesterüberraschung.«

Ich schnaube. War ja klar, dass Tim das in der Mannschaft rumerzählt.

»Benimmt er sich denn jetzt?« Dominic schiebt die Ärmel hoch und entblößt zwar drahtige, aber im Gegensatz zu einem Footballer eher dünn geratene Unterarme. »Wenn nicht, nehme ich ihn mir vor!«

Ich muss lachen über die Vorstellung, was mir gleich leidtut, aber er nimmt es mir nicht krumm und stimmt ein. Vermutlich hat er es selbst als Witz gemeint. Um Leroy King zu zitieren: So *delulu* ist Dom sicherlich nicht.

»Ja«, gebe ich zu. »Ja, er benimmt sich. Um die Wahrheit zu sagen: Er ist zuckersüß und liest mir seit Wochen jeden Wunsch von den Augen ab.«

»Awww ...« Dominic strahlt mich an und will weiterreden, doch ich hebe die Hand.

»Spar es dir. Da läuft nichts.«

»Wie schade. Ihr seid ein schönes Paar.«

Ehe ich antworten kann, klingelt die Türglocke, und noch bevor ich mich umdrehe, sehe ich an Dominics Gesicht, wer eintritt. Zwar hat er gerade schon schwärmerisch ausgesehen, als er über Jay und mich als Paar nachgedacht hat, jetzt aber sprühen seine Augen Funken, und seine Miene wird ganz weich.

»Hey, Coop«, sage ich, ohne mich umzudrehen.

Schon lehnt sich der Ravens-Quarterback neben mich auf den Tresen und knufft mir gegen den Oberarm. »Hey, Lin.«

Am liebsten würde ich ihn treten, damit er endlich auch Dominic begrüßt, aber dann kommt er schon von allein drauf.

»Hi, Dominic.« Er nickt dem Café-Chef knapp zu, sieht ihn dabei aber gar nicht richtig an.

»Cooper«, sagt Dom heiser, dann räuspert er sich. »Was kann ich dir Gutes tun?«

»Nichts«, murmelt Coop finster, »aber einen doppelten Espresso kannst du mir machen.« Dann wendet er sich wieder mir zu.

»Bitte«, souffliere ich und nicke in Dominics Richtung.

»Bitte«, ergänzt Cooper brav und sieht den Barista nun doch an. Aber nur sehr kurz, und dabei läuft er leicht rötlich an. Ich weiß – und Dom weiß es auch –, dass das nichts mit irgendwelchen Gefühlen für den anderen Mann zu tun hat. Es ist ihm schlicht immer noch peinlich, in welcher Lage ihn Dominic vor einigen Wochen zu sehen bekommen hat. Nackt und vollgekotzt in meiner leeren Badewanne nämlich. Dom hat sich an jenem Tag bravourös verhalten und denkt sicherlich nichts Schlechtes von Coop, zumal der ja nicht mal was dafürkonnte.

»Gern«, sagt Dominic. Er klingt niedergeschlagen, und Mitleid erfasst mich.

»Lindsey, sag mal ...« Nun werden auch noch Coopers Ohren rot. »Hast du mit Pete gesprochen?«

Mein Blick huscht zu Dom, der augenblicklich anfängt, laut mit seinen Gerätschaften zu hantieren. »Kurz. Er hat mir ein frohes neues Jahr gewünscht.«

»Wo ist er?«

Ich seufze. »Warum interessiert dich das, Cooper? Er hat dich verarscht und sich insgesamt schäbig verhalten. Der Mannschaft und Abby gegenüber. Und mir.«

»Weiß ich doch«, brummt er.

»Du solltest dich wirklich nach jemand anderem umsehen.«

Diesmal ist es sein Blick, der zu dem Barista springt, aber auch gleich wieder von ihm fort. Ich grinse in mich hinein. Habe ich mich vielleicht doch geirrt, und Coop hat Interesse? Ich würde es Dom wünschen.

»Es gibt keinen anderen«, sagt Cooper fest, und sogleich verpufft meine Zuversicht. Aus dem Augenwinkel sehe ich, dass Dom zusammenzuckt, die tropfende Espressotasse abstellt und damit beginnt, das Getränk erneut zuzubereiten.

Bevor ich vollends im Mitleid versinke, geht die Tür auf, und Abbys Schwester Claire kommt herein, ihr übliches strahlendes Lächeln im Gesicht, und sprudelt gleich los, wie es ihrer Persönlichkeit entspricht. Während sie von ihrem heutigen Auftritt als Party-Überraschung bei einem Junggesellinnenabschied berichtet –

lesbisches Brautpaar, keine der mitfeiernden Freundinnen lesbisch, aber alle bis auf den einen obligatorischen konservativen Quoten-Sauertopf dennoch hellauf begeistert von ihr –, küsst sie Cooper schmatzend auf die Wange, fällt mir um den Hals und hüpft sogar hinter den Tresen, um den immer noch geknickt aussehenden Dominic liebevoll in den Hintern zu kneifen.

Warum bin ich eine Schlampe, wenn ich mich so verhalte wie sie, aber sie ist der Sonnenschein, den alle lieben? Es ist ungerecht und einer der Gründe, warum ich Claire Giroud lange Zeit ebenso wenig ausstehen konnte wie ihre Schwester. Letztendlich konnten beide nichts dafür, dass ich sie gehasst habe, und zum Glück habe ich meinen Fehler endlich eingesehen. Ich kann gar nicht anders, als zu lächeln. Claire ist eine Urgewalt. Sie richtet nicht nur beruflich Partys und Events aus und tritt auch auf solchen auf – sie allein ist schon die Party. Warum sie Single ist, ist mir unverständlich. Vielleicht hängt sie zu viel mit Cooper herum. Auch wenn der keine Gefahr darstellt, könnten sein beeindruckender Körperbau und die Tatsache, dass sie einander so gut kennen, einen potenziellen Interessenten wohl abschrecken.

»Und, Dom, wie war deine Reise?«, fragt sie den Café-Chef, der endlich den doppelten Espresso vor Cooper abstellt. Gerade rechtzeitig, denn seine Hand beginnt schon wieder zu zittern. Der Arme hat doch nicht etwa gesundheitliche Probleme?

»War okay«, murmelt er ausweichend. »Ich hole kurz …« Er spricht nicht weiter und verschwindet ins Hinterzimmer.

Claire sieht ihm nach, dann zuckt sie die Achseln und wendet sich an mich. »Alles okay bei dir und Jay?« Sie bricht in Gekicher aus. »Ha, das reimt sich aber schön.«

»Wundervoll.« Ich verdrehe die Augen, als sie fortfährt, auch noch meinen Namen in den Reim einzubauen. Als sie sich beruhigt hat, sage ich: »Tatsächlich läuft es gut in der WG.«

»WG«, brummt Cooper und schnaubt. Ich sehe ihn irritiert an. Hat Jay etwa was erzählt? Er würde doch nicht, während Tim dabei ist … Nein, sicher nicht.

»Ja, wir wohnen zusammen in einer WG«, beharre ich. »Und da läuft es, wie gesagt, sehr harmonisch. Er bemüht sich. Sein Fehler tut ihm aufrichtig leid.« Jedenfalls fühlt es sich so an. »Wir geben einander Raum und versuchen, uns nicht in die Quere zu kommen.« Und wir versuchen, nicht übereinander herzufallen. Meist klappt das auch.

Meist. Mir kommt unsere Begegnung hinter dem Küchentresen in den Sinn. Ich habe gerade in meiner Nudelsoße gerührt, er hat nur eine Cola aus dem Kühlschrank geholt. Und aus irgendeinem Grund saß ich plötzlich auf dem Tresen, er stand zwischen meinen Beinen, und wir küssten uns. Mehr nicht, dennoch wird mir heiß bei dem Gedanken.

Claire gluckst. Verdammt! Ich muss an meiner Mimik arbeiten. Es kann doch nicht sein, dass mir jeder meine lüsternen Gedanken ansieht!

»Du wolltest von Pete erzählen«, behauptet Cooper.

»Hab ich nie gesagt.«

Da sich Dom nicht mehr blicken lässt, hat sich Claire hinter den Tresen gestellt. Sie hat nicht nur sich einen Cappuccino zubereitet, sondern auch noch zwei Gäste, deren Eintreten ich über meine schmutzigen Gedanken gar nicht mitbekommen hatte, mit Kaffee to go versorgt. Jetzt tritt sie dicht vor Coop und stemmt die Hände in die Hüfte.

»Babe, hör auf damit.« Ihre Stimme klingt plötzlich streng. »Quäl dich nicht mit Gedanken an diesen Versager. Und du, Lin, lass dich nicht bequatschen. Erzähl ihm nichts. Je weniger er von deinem Bruder hört ...«

Ihre Worte dringen nicht mehr zu mir durch.

Versager.

Das Wort schneidet in mein Herz, und mir steht eine Szene vor Augen, an die ich lange nicht mehr gedacht habe. Pete, vielleicht zwölf Jahre alt. Wir waren in dem Alter fast gleich groß. Er ist erst später in die Höhe geschossen. Er hat Fußball gespielt zu der Zeit, nicht Football. Und er hatte einen Elfmeter verschossen. Seine Mannschaft hatte verloren. Und unser damaliger Pflegevater ...

Ich blinzele krampfhaft, aber das Bild geht nicht weg, und die Worte höre ich wie heute.

»Du Versager! Bist zu dumm, um einen Ball ins Tor zu schießen. Unfähig! Aus dir wird nie was. Wäre deine Schwester nicht, hätten wir dich längst weggeschickt.«

»Ja, Schätzchen.« Das Gesäusel unserer Pflegemutter verursacht mir Übelkeit, damals wie auch jetzt in der Erinnerung. »Du bist unser Star, unsere kleine Schönheitskönigin. Nun lauf, ab ins Bett, damit du morgen beim Contest hübsch ausgeschlafen bist.«

Ich weiß noch, dass ich mich nicht vom Fleck gerührt habe aus Angst um Pete. Er stand mit hängendem Kopf da, zitternd, während dieser sogenannte Vater weiter auf ihn einbrüllte.

»Aus dir wird nie ein Mann! Du bist und bleibst nichts als ein armes Würstchen! Ich wollte einen erfolgreichen Sportler zum Sohn, aber du bringst es einfach nicht.« Er wandte sich an seine Frau. »Ich ruf morgen bei der Agentur an. Die sollen uns den Versager abnehmen. Die Kleine bringt genug Geld ein.«

Die Angst von damals bricht über mich herein, die Furcht, meinen Bruder zu verlieren, allein bei diesen Leuten bleiben zu müssen. Das Schuldgefühl, Freude an den Schönheitswettbewerben gehabt zu haben, an dem Applaus und dem Lob dieser Eltern, denn ich hatte ja keine anderen. Das aber wurde mir in der Sekunde gleichgültig, als sie drohten, Pete und mich zu trennen. Ich ging brav in mein Zimmer, aber ich schlief nicht, sondern schnitt mir die Haare mit meiner Bastelschere bis auf Ohrhöhe ab. Zudem schrieb ich mir mit dickem, wasserfestem Stift Schimpfwörter ins Gesicht und auf die Arme.

Der Schrei der Pflegemutter am Morgen ist das Letzte, was ich noch weiß. Meine erste Erinnerung danach ist die an Pete und mich in einem kirchlichen Kinderheim, schimpfende ältliche Frauen um uns herum, kühle, karge Räume, harte Betten und dünne Suppe. Aber wir waren zusammen.

Was zwischen diesen beiden Erinnerungen geschehen ist, habe ich wohl verdrängt, und Pete weigert sich, es mir zu erzählen. Ist vielleicht besser so. Er hat nie wieder Fußball gespielt ...

»Lindsey!«, schreit Dom mich an, und ich tauche ruckartig aus den Gedanken auf. Er steht vor mir und hat meine Arme gepackt. »Meine Güte, Mädchen, bist du ins Koma gefallen?«

»N-nein.« Ich blinzele. »Sorry, ich hab nicht zugehört.«

Dominic atmet auf. »Das war offensichtlich.«

»Tut mir leid, Lin.« Claire sieht zerknirscht aus. »Ich
hab dich vollgetextet über deinen Bruder und dabei
nicht bedacht, dass er ... na ja, eben dein Bruder ist, den
du sicher lieb hast.«

Ich bin immer noch durcheinander und kann nur nicken.

»Ich wollte dir nicht wehtun. Und schon gar nicht,
dass du ...« Sie hebt die Schultern. »... irgendwelche ko-
mischen Flashbacks kriegst. Das war es doch, oder? Jedenfalls, sei mir nicht böse. Ich komm nur nicht drüber
hinweg, was er Coop angetan –«

»Claire, es reicht«, grollt Dominic. Er sieht an mir vorbei zur Tür. »Ah, gerade zur rechten Zeit.« Er hilft mir
vom Stuhl, und ich finde mich unvermittelt Jay gegenüber, der gerade eingetreten sein muss. »Bringst du
Lindsey bitte nach oben? Ihr geht es nicht so gut.«

Sofort legt sich Sorge auf Jays Gesicht. »Was ist denn
los?«

»Ich hab mein großes Maul nicht halten können.«
Claire kommt hinter dem Tresen hervorgehüpft und
umarmt mich. »Sorry, Lindsey.«

»Schon gut«, bringe ich heraus. »Du sorgst dich um
deinen besten Freund, das ist verständlich.« Ich meine
es so, wie ich es sage. Allerdings kann ich es auch nicht
so stehen lassen. »Pete hat sich falsch verhalten. Aber
ein Versager ist er deswegen noch längst nicht. Bitte sag
das nicht noch mal.«

»Versprochen«, sagt Claire mit Überzeugung in der Stimme, und ich quäle mir ein Lächeln ab. Dann verlasse ich mit Jay das Café. Er legt beschützend einen Arm um mich, und das tut unsagbar gut.

»Claire hat Pete einen ...« Er spricht das Wort nicht aus.

»Versager«, murmele ich. »Das hat mich irgendwie getriggert. Es ist nicht ihre Schuld.«

Wir kommen in der Wohnung an, und er bugsiert mich aufs Sofa, legt ein Kissen unter meinen Kopf und meine Füße hoch. »Ich hole dir eine Cola.«

Mit dem Getränk setzt er sich vor das Sofa auf den Boden und betrachtet mich. Langsam verblassen die Erinnerungen. Ich nehme die Dose, richte mich ein wenig auf und trinke ein paar Schlucke, dann atme ich auf. »Alles wieder gut.«

Er runzelt die Stirn. »Nicht wirklich, oder?«

Ich horche in mich hinein. »Doch, ich glaube schon.« Ich nehme noch einen Schluck. »Es ist alles nicht so leicht. Ich weiß, Pete hat großen Mist gebaut, und Claire als Coopers BFF hat allen Grund, sauer zu sein. Coop leidet nicht nur durch den Vorfall mit dem Alkohol. Wie Pete ihn vorher schon behandelt hat ...« Ich schüttele den Kopf. »Er ist mir mit seinem Alphamännchen-Macho-Gehabe auch gehörig auf den Geist gegangen, aber er ist der einzige Mensch auf der Welt, den ich habe. Ich bin hin- und hergerissen.«

Jay streicht mir eine Haarsträhne aus der Stirn und sieht mich mit schiefgelegtem Kopf an. »Das ist verständlich. Er ist dein großer Bruder.« Seine Hand rutscht ab und legt sich auf meine Schulter, dann beugt er sich zu mir herunter. »Aber er ist nicht der einzige Mensch, den du hast.« Seine Stimme klingt rau.

Ich sehe zu ihm auf, in seine schönen, sanften schwarzen Augen, und wie von allein streckt sich meine Hand aus und legt sich in seinen Nacken. Ich brauche ihn nur ganz leicht zu mir zu ziehen, und schon liegen seine Lippen federleicht auf meinen. Wenn wir bisher geknutscht haben, war es meistens genau das – wilde Knutscherei. Das hier ist anders. Viel zärtlicher. Mein Herz klopft schnell und hart. Mein Körper reagiert auf Jay, aber mehr noch meine Seele. Hat er wirklich gemeint, was er gerade gesagt hat? Dass ich nicht allein bin? Hat er sich damit gemeint, dass ich noch andere Menschen habe? Ich wünsche es mir so sehr!

Ich öffne meine Lippen, und ganz sacht gleitet seine Zunge in meinen Mund.

Er kichert leise. »Hmm, Cola«, murmelt er und vertieft den Kuss. Er schmeckt nicht nach Cola, sondern nach Pfefferminz und Schokolade. Viel zu schnell zieht er sich zurück und lächelt mich an. »Das war schön«, raunt er.

»Ja, das war es. Warum hast du aufgehört?« Wegen Tim? Ich spreche es nicht aus, will den Moment nicht zerstören.

»Du warst gerade noch in einer emotionalen Ausnahmesituation.«

»Ach, so schlimm war es nicht.«

Er schüttelt leicht den Kopf. »Lüg mich nicht an. Dominic ist ein besonnener Mann, den nichts so leicht aus der Ruhe bringt, und er sah zutiefst besorgt aus.«

»Es war nur eine böse Erinnerung.«

Jay zieht eine Augenbraue hoch.

»Okay, ein Flashback. Ich war kurz weggetreten.«

»Passiert das öfter?«

»Ab und zu.« Einer der Gründe, warum ich so oft Ablenkung suche. Auf Partys, bei Dates ... Aber das werde ich ihm sicher nicht sagen.

Wieder streicht er mir das Haar aus dem Gesicht. »Hast du schon mal über eine Therapie nachgedacht?«, fragt er vorsichtig und zieht gleich darauf die Schultern ein wenig hoch, so als befürchtete er ein Donnerwetter.

Ich muss kichern. »Keine Sorge, ich reiße dir nicht den Kopf ab, weil du eine Therapie vorschlägst. Bei Pete könnte dir das passieren, denn der harte Mann weist so eine Idee natürlich weit von sich. Tatsächlich habe ich schon Jahre der Therapie hinter mir. Es geht mir gut. Es sind nur ... Aussetzer.«

Jay nickt. »Du weißt aber, dass es nicht schadet, noch einige Sitzungen dranzuhängen, wenn du es brauchst?«

»Klar, das weiß ich. Aber eigentlich ist die einzige Therapie, die ich brauche, meine Kunst.« Und plötzlich brenne ich darauf, mich an meinen Zeichentisch zu setzen. Ich wollte schon lange mal wieder ein Aquarell malen, auch wenn es gerade gar nicht Thema des Semesters ist. Irgendwas Hübsches, Buntes. Ich setze mich auf, drücke Jay noch einen Kuss auf den Mund und sage: »Kochst du uns was?« Dann gehe ich zum Tisch hinüber und schalte das Licht ein.

»Ah, du nimmst dir gleich deine Maltherapiestunde. Sehr gut.«

Ich sehe über die Schulter zu ihm, und er lächelt erleichtert.

»Und natürlich koche ich was. Chili sin carne in Ordnung?«

»Sehr gern!« Ich öffne den Malkasten mit den winzigen Fächern und schlage meinen Aquarellblock auf. »Magst du mir vorher ein Glas Wasser bringen?«

»Zum Trinken oder für die Pinsel?«

»Pinsel natürlich, und nicht nur dafür.« Wieder sehe ich mich nach ihm um und kann nicht anders, als seinen breiten Rücken zu bewundern, während er sich nach einem Glas streckt. »Aquarellmalen ist eine sehr feuchte Angelegenheit.«

Er kommt zu mir und küsst meinen Nacken. »Ich mag feuchte Angelegenheiten«, raunt er mir ins Ohr, und ich erschaudere. Er legt das Kinn auf meiner Schulter ab und betrachtet das Chaos auf meinem Tisch. »Dass du hier noch irgendwas wiederfindest ...«

»Klar.« Ich schiebe ihn von mir weg, und er lehnt sich mit dem Hintern gegen den Tisch. Ich greife nach den letzten Bildern, die ich gemalt habe und die es noch nicht in meine Sammelmappe geschafft haben. »Hier ist die Kohlezeichnung von Coopers Cadillac. Das Gelb kommt so natürlich nicht raus, aber das Thema war Geschwindigkeit, und ich finde, das ist mir gelungen.«

»Auf jeden Fall.«

»Und hier ist das Acrylbild eines Sonnenaufgangs. Es ging um verschiedene Farbschichten ...«

Ich zeige ihm weitere Bilder und sortiere sie bei der Gelegenheit in die Sammelmappe ein, und als ich fertig bin, sieht Jay mir aufmerksam ins Gesicht.

»Weißt du, Lindsey, deine Werke werden mit jedem Tag lebendiger.«

»Ach Quatsch.« Ich winke ab.

»Doch, wirklich. Ich verstehe ja nichts davon, aber ich sehe, was ich sehe. Es steckt irgendwie mehr ... Gefühl darin.«

Ja, weil ich mehr Gefühle verspüre. Für dich.

Ich wünschte, ich hätte den Mut, es auszusprechen. Doch die Angst ist zu groß. Zwar spüre ich, dass er Tim und den Gerüchten über mich nicht mehr vollständig glaubt. Dennoch bleiben die Zweifel. Ich will nicht verletzt werden.

»Keine Ahnung, woran das liegt«, bringe ich mühsam hervor, wobei ich versuche, die Emotionen aus meiner Stimme herauszuhalten. Was mir natürlich kein bisschen gelingt.

Jay schaut noch einmal über den Tisch, dann fängt er an zu lachen. »Ah, das Beweisstück wurde noch nicht vernichtet.« Er streckt sich und deutet auf das Blatt meines Malblocks, auf das er vor Wochen die spanischen Wörter geschrieben hat, die ich seiner Mutter vorgelesen habe. Er zieht es zu uns herüber.

Ich kichere. »Oh, ja, das hatte ich ganz vergessen. Es muss irgendwo unter meinen Bildern gelegen haben.« Ich betrachte die Wörter. »Was hab ich damals eigentlich gesagt?«

»*Por favor*, das heißt: bitte. Und *Mamá* heißt natürlich Mom.« Er zögert kurz. »*Quiero dormir* bedeutet: Ich möchte schlafen.« Er verstummt.

»Ah. *Bitte, Mom, ich möchte schlafen.* Sehr gut.« Ich tippe auf die letzten zwei Wörter. »Und was heißt das? *Te amo.*« Irgendwie klingt das schön. Die unbekannten Wörter rollen mir geradezu von der Zunge. »*Te amo.*« Ich sehe Jay an, während ich sie ein weiteres Mal ausspreche, und sein Gesicht nimmt einen ganz seltsamen

Ausdruck an. Verwundert, erschrocken, beinahe ängstlich. Verwirrt. Verzaubert. Ich meine, sogar Schmerz zu erkennen. Sehnsucht. Er schluckt schwer.

Unvermittelt stößt er sich vom Tisch ab und stapft in die Küche. »Reis oder Maisbrot zum Chili?« Seine Stimme klingt rau.

Was ist hier gerade passiert?

Ich folge ihm, trete dicht an ihn heran, und obwohl er aussieht, als wollte er zurückweichen, tut er es nicht. »Was heißen diese Worte, Jay?«

Wieder hüpft sein Adamsapfel. Er zögert. »Ich liebe dich«, sagt er dann und senkt den Blick.

Wie vom Donner gerührt erstarre ich. Mein Kopf schwirrt.

Jay blickt auf, sieht mir in die Augen. »*Te amo*. Das heißt: Ich liebe dich. Es war ... seltsam, dich das aussprechen zu hören. In meiner Muttersprache.« Er atmet zittrig ein. »Tut mir leid. Ich war nicht darauf gefasst ...«

Er führt nicht näher aus, ob er meint, dass ich die Worte gesagt habe, oder seine Reaktion darauf. Die alles andere als neutral war.

Kann es sein? Hat Jay López Gefühle für mich?

Ich trete noch dichter an ihn heran. »Ich bin gern mit dir zusammen«, wispere ich. »Zu gern.«

Er nickt. »Ich auch mit dir.« Dann räuspert er sich. »Die Situation ist nicht ideal ...«

»Ich weiß.«

Seine Hände heben sich wie von allein und legen sich an meine Oberarme, dann rutschen sie in meinen Rücken. Ich erschaudere. Er beugt sich herab und küsst meine Halsbeuge. Mein Zittern verstärkt sich. Seine

Zunge gleitet meinen Hals hinab zu meinem Schlüsselbein, und er knabbert an mir. Ein Stöhnen entkommt
meinem Mund, und ich vergrabe die Hände in seinem
Haar.

»Jay?«, krächze ich.

»Ja?« Sein Murmeln an meiner Haut ist kaum zu hören.

»Ich weiß, du hast Vorbehalte gegen mich ...«

Er atmet tief durch, dann hebt er den Kopf. »Nicht
mehr«, sagt er fest. »Oder ...«

Jetzt kommt die Einschränkung.

»Jedenfalls will ich dagegen ankämpfen.«

Ist das gut? Es klingt nicht gut. Aber auch nicht
schlecht.

»Vielleicht dauert es etwas, die alten Glaubenssätze
abzulegen«, gibt er zu.

»Vielleicht dauert es auch etwas, bis ich dir vertrauen
kann, dass du nicht mit allem, was zwischen uns passiert, zu Tim läufst.«

»Das tue ich nicht, aber ich verstehe, dass du zwei-
felst.« Seine Mundwinkel heben sich minimal.

Ich erwidere das schwache Lächeln. »Und ich verstehe, dass du Jahre der Beeinflussung nicht von heute
auf morgen ablegen kannst.«

»Wir reden zu viel. Sollen wir uns nicht lieber küssen?« Er betrachtet meinen Mund, und ich lecke mir
unwillkürlich die Lippen.

Ich habe das »Gern« noch nicht ausgesprochen, da
sind wir schon in einem tiefen Kuss versunken. Nein,
unsere Situation ist nicht ideal. Weit entfernt davon.
Aber das ist kein Grund, der Leidenschaft zwischen uns

keinen Raum zu geben. Unterdrücken lässt sie sich ohnehin nicht.

Halb ziehe ich Jay mit mir, halb drängt er mich in mein Zimmer, und schon fallen wir aufs Bett. Das Chili muss warten, denn das, was zwischen Jay und mir passiert, ist viel besser. Und schärfer. Ich muss kichern bei dem Gedanken, und er küsst mir das Geräusch von den Lippen. Eine Spur der Zärtlichkeit von vorhin ist noch da, aber der Hunger aufeinander übernimmt schnell. Alles an Jay ist groß, schwer, hart. Und ich bin Wachs in seinen Händen. Ich zerfließe, schmiege mich an ihn, in ihn. Er umfängt mich mit seinem ganzen Körper, hält mich, streichelt mich. Ich streichele ihn. Unser erstes Mal war schnell und ein bisschen grob und auf jeden Fall unüberlegt. Dieses Mal ist alles anders. Es hat sich angebahnt, schon lange abgezeichnet, und es fühlt sich richtig an. Wie die logische Konsequenz aus ... allem. Wir ziehen einander schnell aus, dann aber lassen wir uns Zeit, unsere Körper gegenseitig zu erkunden. Er nimmt nacheinander meine Brustwarzen in den Mund, leckt und saugt daran, bis sich meine Mitte zusammenzieht und ich nur noch stöhnen kann. Die Empfindungen sind so stark, dass ich befürchte, es könnte zu rasch vorbei sein. Ich muss es ihm nicht einmal sagen. Er scheint es zu spüren und lässt von mir ab, sieht mich fragend an. Ich senke den Kopf auf seine Brust und tue mit seinen Brustwarzen dasselbe wie er zuvor mit meinen, und seine Reaktion überrascht mich, denn sie ist fast so stark wie meine. Ich hatte ja keine Ahnung, dass Männer dort auch so empfindlich sein können!

Es bereitet mir übermütige Freude, nun auszuprobieren, wie Jays Körper auf verschiedene Berührungen reagiert. Wie er den Kopf in den Nacken wirft, wenn ich seine Halsbeuge lecke. Wie er erzittert, wenn ich mit den Lippen seine Seite hinabfahre bis zu seinem Hüftknochen. Er legt sich auf den Rücken, und seine starken Arme werden ganz weich und willig, als ich sie über seinen Kopf nach oben strecke, um freien Zugang zu seinem ganzen Leib zu haben. Ich streiche mit den Lippen seine andere Seite hinab bis zur Hüfte, dann verlasse ich diese und küsse weiter zur Mitte hin bis zu dem Streifen schwarzer Haare, der sich hinab bis zu dem dichten Haar um seinen Penis herum zieht. Sein Körper spannt sich, und er hebt das Becken an. Seine Augen sind geschlossen, der Mund leicht geöffnet, und das Stöhnen, das zwischen seinen Lippen hervordringt, klingt so lustvoll, dass ich alle Konzentration aufbringen muss, um nicht zum Höhepunkt zu kommen, ohne dass er mich überhaupt berührt.

Ich knie mich zwischen seine gespreizten Beine, umfasse seine Pobacken und küsse erneut seinen Bauch. Dann folge ich dem Weg der Haare, bis meine Lippen sein hartes Glied erreichen, und sanft nehme ich die Spitze in den Mund. Er stöhnt meinen Namen, der nie süßer geklungen hat. Ich schiebe seinen Penis tiefer in meinen Mund, sauge kräftig daran, und Jay keucht auf und drängt mir sein Becken entgegen. Ihn im Mund zu haben, zu spüren, wie er noch größer und noch härter wird durch das, was ich mit ihm anstelle, ist ein unglaubliches Gefühl.

Auch ich weiß, wann es Zeit ist, aufzuhören, ehe es zu spät ist. Keuchend liegen wir einige Sekunden lang nebeneinander, sehen uns an, und in Jays Augen glüht dieselbe Lust, die ich verspüre. Ich will ihn in mir haben, tief in mir, und ich kann mich nicht entscheiden, in welcher Position.

Er scheint meine Gedanken lesen zu können, denn er kichert leise. »Du darfst aussuchen. Willst du diesmal oben sein? Unten? Oder möchtest du dich umdrehen?«

All diese Vorschläge sehe ich bildhaft vor mir, und jeder einzelne steigert die Anspannung in meiner Mitte. Ich befürchte, der bloße Gedanke wird mich jeden Moment über die Klippe stürzen.

»Was möchtest du denn?«, frage ich heiser. »Ich ... kann mich nicht entscheiden.«

Erneut gluckst er. »Es ist egal, was du wählst. Es wird so oder so großartig. Und wir können es jederzeit wiederholen und alle anderen Positionen ausprobieren.«

Das gibt den Ausschlag. Ja! Wir können das immer wieder tun. Ich kann plötzlich nicht mehr warten, will nicht mehr warten, habe keine Zeit, mich mit dem Rücken zu ihm zu drehen oder mich unter ihn zu legen. Blitzschnell drücke ich ihn auf den Rücken, schwinge ein Bein über seinen Körper, knie mich über ihn und greife nach seinem Penis. Sein flackernder Blick verfolgt jede meiner Bewegungen, und sein Atem geht rasend schnell. Ich zögere noch eine Millisekunde, er nickt fast unmerklich, und ich bringe seinen Penis vor meinen Eingang und lasse mich aufseufzend auf ihn niedersinken.

Jays Keuchen wird zu einem lustvollen Stöhnen, während ich ihn immer tiefer in mich aufnehme. Die Dehnung ist köstlich. Ich komme hoch, senke mich wieder hinab, zuerst langsam, dann schneller und schneller. Es fühlt sich an, als würde er in mir noch härter und größer werden. Wie ist das überhaupt möglich? Er hält mich an der Hüfte, wölbt sich mir entgegen, um noch tiefer in mir zu sein, und dann löst er eine Hand und presst die Knöchel an die Stelle, an der sich unsere Körper vereinen. Der plötzliche Druck auf meine Klitoris lässt mich vor Verlangen aufschreien, und dann ist alles zu viel, und alle Empfindungen explodieren in einer bunten Wolke des Wohlgefühls. Das Zucken und Pulsieren will gar nicht mehr nachlassen, und wie durch Watte höre ich Jay lang gezogen stöhnen.

Ermattet sinke ich erst auf ihn, rutsche dann an seine Seite. Er umfängt mich und betrachtet mich mit verhangenen Augen.

Wir reden nicht, so als hätten wir beide Angst, die Worte auszusprechen, die in der Luft liegen.

Te amo.

Ich liebe dich.

Es wäre zu früh, überhaupt völlig falsch. Es kann nicht sein. Darf nicht sein? Ich weiß es nicht. Weiß nichts mehr, nur dass ich nirgendwo anders sein will als hier. Mit ihm.

Wir küssen uns, wieder und wieder, und ich weiß nicht, wie viel Zeit vergangen ist, als die Anspannung in mir wieder zunimmt.

»Sag mal«, raune ich ihm ins Ohr, »wie war das mit der Wiederholung und den anderen Positionen?« Ich beiße sanft in sein Ohrläppchen.

Er lacht leise. »Welche darf es denn sein? Oder darf ich diesmal aussuchen?«

14

Jaime

Das ständige Tuten in meinem Ohr macht mich fertig. Seit Tagen versuche ich das Komitee zu erreichen, um zu erfahren, ob ich zur Teilnahme am Combine ausgewählt worden bin. Aber bisher ist einfach kein Durchkommen. Kein Wunder, sicher rufen Tausende Personen seit Wochen aus dem gleichen Grund an.

Plötzlich ist die Leitung frei, und als abgenommen wird, bin ich so überrascht, dass ich kein Wort hervorbringe.

»Hallo?«, fragt die Frau aus dem Komitee.

»Jaime Carlos López«, krächze ich und räuspere mich dann. »Ich habe mich als Underclassman zum Draft gemeldet ...«

Lindsey dreht sich an der Küchenzeile zu mir um. Ich trete zu ihr und stütze mich ab. Das Blut rauscht so laut in meinen Ohren, dass ich die Worte aus dem Telefon kaum verstehe.

»Herzlichen Glückwunsch, Sie sind zum Combine eingeladen. Wir schicken Ihnen alle weiteren Informationen zeitnah zu.«

»Danke«, bringe ich hervor und verabschiede mich, bevor ich auflege, dann schreie ich meinen Jubel heraus. Die erste Hürde ist geschafft. Ich fasse nach Lindsey, schwinge sie im Kreis und drücke ihr einen überschwänglichen Kuss auf den Mund.

»O wow!« Sie kichert. »Hast du im Lotto gewonnen?« Sie lehnt sich an mich und kuschelt sich an meine Brust.

Ich fahre zum Combine nach Indianapolis! Das ist meine große Chance. Verrückt, dass mir alle prophezeit haben, dass ich auch als Underclassman eingeladen werden würde. Selbst Cassie, die keine Ahnung vom Football hat, ist sich gleich sicher gewesen, dass wir das Risiko eingehen sollten.

»Nein, besser.« Ich lege mein Kinn auf Lindseys Scheitel ab und wiege sie sacht. »Viel besser. Ich wurde eingeladen, an einem Elite-Trainingslager teilzunehmen, das ist eine Bombenchance.« Obwohl die Einladung bedeutet, dass ich bis zum Combine hart trainieren muss, um die körperlichen und taktischen Anforderungen mit Bravour zu meistern. Das bedeutet gleichzeitig weniger Zeit für Lindsey, aber das erzähle ich ihr besser nicht, um die Stimmung zwischen uns nicht wieder kippen zu lassen.

»Das ist toll, Jay, ich freue mich für dich. Sag mal, machen wir nächste Woche Freitag was?«

Ich murmele abgelenkt eine Zustimmung.

»Hast du schon einen Tisch reserviert?«

Wie bitte?

Sie schiebt sich leicht von mir fort und schaut zu mir auf. Ich sonne mich in ihrem Blick. Sie schafft es, dass ich mich einfach zufrieden fühle. Ein Blick in ihre strahlenden Augen genügt, und der Stress schwindet. Selbst die Schuldgefühle, dass ich meine Eltern permanent anlüge, werden in ihrer Gegenwart beinahe bedeutungslos.

»Nein, warum?«

Sie boxt mich sacht auf die Brust. »Na, glaubst du, wir werden am Valentinstag irgendwo einen freien Tisch bekommen, ohne reserviert zu haben?«

Valentin–

Maldito!

Ihre Mundwinkel ziehen sich nach oben. »Du hast vergessen, dass Valentinstag ist.«

»Schon, ja«, gebe ich zerknirscht zu, dass ich diesen Pseudo-Feiertag nicht im Kopf hatte. »Da macht man was Großes, oder?«

Sie zuckt die Achseln. »Tja, da wir kein Paar sind ...« Sie zwinkert verschmitzt. »... brauchen wir auch kein Tamtam darum zu machen.«

»Ist das der Code für: Ich erwarte aber etwas Großes?« Um nicht wieder ein Drama zu provozieren, frage ich lieber nach.

Sie lacht. »Nein. Ich kann verstehen, dass du das mit uns nicht an die große Glocke hängen willst.« Sie löst sich von mir, und meine Welt wird gleich etwas grauer. Ich bin selbst überrascht von dieser Feststellung. Ich hole sie zurück und presse sie an mich.

»Was können wir denn machen?«, frage ich, abgelenkt von meiner Zufriedenheit. »Zu Hause bleiben ist sicher keine Option, obwohl ich ...«

Sie kichert. »Du kannst nur an Sex denken, hm?«

Ich zucke die Achseln. »Nein, aber hier mit dir ist es am schönsten.«

»Wie du willst, dann bleiben wir eben im Bett.«

»Oder ...« Vielleicht verrät sie mir, was sie sich wünscht, und beides lässt sich irgendwie verbinden.

»Vielleicht bekommen wir, wenn ich ganz lieb frage, noch einen Tisch im Coffee&Dreams. Dominic hat sich da etwas einfallen lassen. Kaum zu glauben, wie hoffnungslos romantisch er ist.« Lindsey streichelt meine Brust. »Kannst du dich ein oder zwei Stunden von deinem Bett trennen?«

Ich schnaufe vor Lachen. »Na, das tue ich jeden Tag für wesentlich längere Zeit!«

Sie stellt sich auf die Zehenspitzen und küsst mich. »Dann frage ich«, wispert sie nach einem Moment. Sie entwindet sich meiner Umarmung und tänzelt zur Tür. »Ich muss los. Wir sehen uns später!« Sie wirft mir noch eine Kusshand zu.

Meine Watch piept und erinnert mich an das angesetzte Zusatztraining. Gerber ist darauf fixiert, dass wir in diesem Jahr nicht nur in die Playoffs kommen, sondern auch den Sieg erlangen! Oder eher die Ravens, denn durch meine Anmeldung für den Draft bin ich kein Raven mehr. Das beunruhigt mich ein bisschen. Das Team ist meine Familie, und jedes Mal, wenn einer der Jungs weggeht, fühlt es sich an, wie einen Bruder zu verlieren. Und nun gehe ich. So oder so.

Ich schnappe mir meine Tasche und mache mich auch auf den Weg.

In der Umkleidekabine ist bereits der Teufel los, Aufregung liegt in der Luft.

»Yeah, Dudes, hier ist der Beweis!«, ruft Rashid und wedelt Papiere herum, während ihn die Defense-Spieler feiern. »Ich habs geschafft! Ich bin drin! Ich habe eine Einladung zum Combine und rocke das Ding!«

Tim stellt seine Tasche neben meiner ab und setzt sich auf die Bank. »Traumtänzer«, sagt er keineswegs leise. »Gut, dass wir ihn los sind, aber er hat keine Chance, dass ihn irgendwer unter Vertrag nimmt.«

Ich will mir eigentlich das Shirt über den Kopf ziehen, stocke aber mitten in der Bewegung. »Das ist gemein«, stelle ich fest und reiße das Shirt runter. »Rashid ist ein guter Guard.« Außerdem gibt es für ihn tatsächlich Grund zum Jubeln, denn Spieler der zweiten College-Liga bekommen nicht oft die Chance, überhaupt zum Combine eingeladen zu werden. Sicher hat unser Gewinn-Streak genug Aufmerksamkeit geliefert, dass Rashid und ich zumindest aufgefallen sind. Er hat seine vier Jahre College-Spielzeit ohnehin beendet und verlässt das Team so oder so. Ich finde es wundervoll, dass er die Chance bekommt, sich zu beweisen, und war nur etwas neidisch, dass er nur bis Anfang des Monats hatte warten müssen, um seine Zusage zum Combine telefonisch abfragen zu können. Und jetzt hat er es endlich auch schriftlich bekommen und zeigt die Einladung stolz herum.

Tim schnaubt und verzieht die Miene. Er zieht sich die Schuhe aus und stellt sie unter der Bank ab. »Jeder Gorilla ist ein guter Guard.«

Irgendwie fühle ich mich beleidigt, schlucke aber jede Erwiderung herunter. Die Aussage ist ja nicht völlig an den Haaren herbeigezogen. Jemand mit Masse eignet sich gut als Guard. Und wenn man eine Extraportion besitzt, steht man als Center vor dem Quarterback. Logisch. Je schwerer man umzuhauen ist, desto besser für die Position.

Ich ziehe die Schutzausrüstung aus meinem Spind, um sie mir überzustreifen.

»Aber Rashid ist langsam und denkt nicht im Voraus.« Tim ächzt, als er aufsteht und sich auszieht. »Nächstes Jahr sind wir dran.« Er schlägt nach meiner Schulter. »Und dann mache ich meinen Traum wahr und spiele für die Dolphins.«

Mein Blick springt zu Rashid, obwohl meine Gedanken bei meinem Freund bleiben. Wie soll ich anbringen, dass ich mich ebenfalls für den Combine qualifiziert habe? Vermutlich hätte ich zumindest Tim von dem Gespräch mit Gerber berichten sollen, dann würde er nun nicht aus allen Wolken fallen, aber ich habe befürchtet, dass ich eben nicht genommen werde. Oder habe ich befürchtet, dass Tim meine Entscheidung zerreißt? Und ich Ähnliches zu hören bekommen würde wie Rashid?

»Die Lackfresse kann froh sein, dass sie vier Jahre mit uns spielen durfte.« Er steht auf. »Hey, Rashid, ich verwette meinen Helm darauf, dass du als Erster aus dem Combine fliegst.«

Was gar nicht geht. Ich schüttele den Kopf. Zwar werden etwa dreihundertdreißig Spieler aus den – in der Regel – Erstliga-College-Mannschaften eingeladen und es gibt nur etwa zweihundertachtzig Picks, also Möglichkeiten, von den zweiunddreißig Teams der NFL ausgewählt zu werden, aber es ist trotzdem nichts, wobei man ausscheidet. Man bleibt eher übrig, weil man eben nicht ausgewählt wird.

»Behalte deinen Helm, Tim.« Obwohl der halbe Umkleideraum zwischen uns liegt, mustert Rashid Tim belustigt. »Ich bin unter den ersten Picks, du wirst schon sehen.«

Athletikcoach Malik betritt den Umkleideraum. »Was sitzt ihr hier rum? Raus mit euch! Ich will von allen hundert Push-ups sehen, dann geht es in den 40-Yard-Dash, gefolgt von Jumps! Raus mit euch, Saubande!«

Ich laufe los, Tim schließt zu mir auf.

»Zeigen wir Rashid doch, was ein Drill ist«, sagt er und lacht mit einem unangenehmen Unterton.

»Rashid, Chris, Cooper, Jay!«, ruft Malik uns hinterher. »Ihr macht einen Special Drill! Kommt her.«

Ich mache kehrt und laufe zurück in Richtung Malik. Tim bleibt auf dem Platz zurück, aber seine Worte bekomme ich trotzdem mit: »Was zum Teufel ...«

Damit ist die Katze wohl aus dem Sack, und mein schlechtes Gewissen meldet sich. Ich hätte besser schon mal angemerkt, dass ich das Team so oder so verlassen werde. Tim wird sauer sein, dass ich weitere Geheimnisse vor ihm habe.

»Jungs, Gratulation zur Einladung.«

Cooper bleibt neben mir stehen. »Coach, das ist ein Missverständnis. Ich habe mich nicht vorzeitig für den Draft angemeldet.« Er wirft mir einen irritierten Blick zu, als wolle er mich auffordern, ebenfalls der erfolgten Einladung zu widersprechen. Mein Schulterzucken lässt ihn die Augen aufreißen. Er pfeift. »Viel Glück, Jay.«

»Danke.«

Malik überfliegt seine Liste. »Stimmt.«

Cooper tippt sich grüßend an die Stirn und wendet sich ab. Wohl, um sich dem Rest des Teams anzuschließen.

»Aber«, hält Malik ihn zurück, »dir kann das Extra nicht schaden.«

Cooper lässt den Kopf hängen. Mit der Schutzausrüstung wirkt er wie eine Schildkröte.

»Von euch will ich zweihundert Push-ups sehen ...«

»Jay!«, ruft Tim mir nach, als ich die Duschräume verlassen will. »Du hast dich vorzeitig für den Draft angemeldet?«

Ich strecke die Hand nach der gekachelten Wand aus und lehne mich an. »Ja.«

»Davon hast du nichts gesagt.«

»Ich habe nicht erwartet, dass ich zum Combine eingeladen werde, und ich erwarte auch nicht, gedraftet zu werden.« Ich sehe in den Umkleideraum und hadere mit mir. Ich möchte eigentlich nach Hause. Das Training ist anstrengend gewesen, und ich sehne mich nach einem heißen Bad. Und einer heißen Nacht. Ich muss grinsen und erinnere mich dann daran, dass ich mit ihrem Ex spreche. Dem sie das Herz gebrochen hat – oder andersherum. Und schlimmer: Ich weiß schließlich, was er über Lindsey zu sagen gehabt hat, und vieles davon wäre eben selbst dann gemein gewesen, wenn sie ihn tatsächlich betrogen und gedemütigt hätte.

»Das ist ein Fehler, Jay. Du verbaust dir deine Chance im nächsten Jahr, und wofür? Dein Ego? Musst du unbedingt besser sein als andere? Besser als ich? Fickst du Lin jetzt eigentlich? Das ist schon erbärmlich.«

Jedes Wort ein Angriff unter der Gürtellinie. Wow.

»Nein«, sage ich fest. »Ich denke nicht, dass ich Lindsey *ficke*. Die Teufelsbraut, die jeden und alles nimmt, richtig?« Ich presse die Fingerspitzen gegen die Kacheln. »Deine große Liebe, die dich betrogen hat.«

Tim stellt das Wasser ab, wischt sich über das Gesicht und schnauft dabei. »Richtig, Jay.«

Ich drehe mich zu ihm um. »Bin ich ein mieser Tackle?« Ich bin mir nicht sicher, warum ich ihn herausfordere. Die ganze Situation ist verfahren. Tim. Lindsey. Ich. Irgendwie hat sich alles verdreht, und es fällt mir schwer, an das zu glauben, was ich von Tim gehört habe. Je mehr Zeit ich mit Lindsey verbringe, desto größer klaffen die Lücken zwischen Tims Erzählung, Lindseys Version und dem, was ich mit eigenen Augen erlebe. Ja, sie ist explosiv, ja, sie wird handgreiflich, wo sie es bei Worten belassen sollte, aber bei all den Dingen, die ich über ihre Vergangenheit – über ihre Kindheit – erfahren habe, kann ich dafür Verständnis aufbringen.

Tim lacht. »Du bist nicht so gut, wie du denkst, *J.Lo.*« Er klingt abfällig. »Du wirst auf die Fresse fliegen. Beim Draft. Mann, wer will einen Mexikaner in seinem NFL-Team sehen? Oder einen *effing* Inder?«

»Rashid ist US-Amerikaner. Er ist hier geboren. Keine fünfzig Kilometer von Sacramento entfernt. Was ist dein Problem, Tim?«

Wieder lacht er meine Worte fort. »Ich habe kein Problem. Du hast eines. Du bist größenwahnsinnig. Du bist ein Blender und wirst schon sehen, wer am Ende in der NFL spielt.«

»Warum kannst du dich nicht einfach für mich freuen?«

Er mustert mich. »Weswegen? Lindsey? Du wirst schon sehen, was du von ihr hast. Und der Combine?« Er feixt, aber es wirkt gehässig. »Das wird nichts.

Rashid und du, ihr gehört zu dem Drittel, das leer ausgeht. Kapier das doch. Du kannst bei Schlampen landen, aber nicht im Herzen unseres Volkssports.«

Ich balle die Fäuste. »Weil ich Mexikaner bin.« Aber das ärgert mich weniger als seine Seitenhiebe gegen Lindsey.

Habe ich all die Jahre übersehen, was für eine Art Mann Tim ist?

»Du wirst sehen, Jay.« Er schnappt sich sein Badetuch und tupft sich damit trocken. »Es geht beim Combine nicht um Körpermasse oder -ausmaß. Es geht um Finesse und Verstand.« Sein Blick wandert über mich. »Sieh es ein. Du bist nicht NFL-tauglich.«

»Ich denke, ich sehe einiges ein«, murmele ich. Meine Freundschaft mit Tim basiert auf einer Lüge. Ich habe angenommen, dass er mich schätzt. Dass wir Gemeinsamkeiten haben und einander unterstützen, egal, worum es geht. Nun zweifle ich daran, dass es irgendjemanden gibt, den Tim unvoreingenommen *mögen* kann.

»Ich meine es nur gut«, behauptet Tim, kommt auf mich zu und boxt mir in die Schulter. Es schmerzt, aber ich lasse mir das nicht anmerken. »Schau, ob du da rauskommst, ohne deine Restspielzeit bei uns zu verlieren.«

Zu spät, und das weiß er garantiert auch. Trotzdem schaue ich ihm nach, nicht sicher, ob er es nicht doch einfach gut meint. Dieses Hin und Her zerrt an meinen Nerven. Ich muss wissen, woran ich bin. Ich folge ihm, um ihn zur Rede zu stellen, aber wir sind in der Umkleidekabine nicht allein. Tim verwickelt sich erneut in ein Streitgespräch mit Rashid, und mir wird alles zu viel.

Anstatt auf eine Aussprache zu pochen, fliehe ich vor dem Problem. Vielleicht will ich es gar nicht wissen. Vielleicht will ich gar nicht erfahren, dass ich dazu beigetragen habe, Lindseys Ruf und damit auch ein Stück weit ihr Leben zu ruinieren.

»Fertig?«, fragt Lindsey und taucht in meiner Zimmertür auf.

Ich sehe zu ihr rüber und blinzele heftig. Ihr Kleid ist eng und tief ausgeschnitten, zeigt ganz deutlich, dass sie eine begehrenswerte Frau ist. Körperlich. Um einschätzen zu können, ob auch ihr Charakter angenehm ist, darf man sich nicht von ihrer Aufmachung blenden lassen.

Sie verschränkt die Arme vor der Brust. »Gefalle ich dir nicht?« Ihre Stimme geht am Ende in die Höhe.

»Du bist wunderschön und verdammt sexy.«

Sie runzelt die Stirn. »Aber?«

Ich suche nach den passenden Worten, finde sie aber nicht. Sie ist, wer sie ist. Sie mag es, sich zu zeigen, das muss ich akzeptieren. Also stehe ich auf und gehe zu ihr. Ich nehme sie in den Arm und küsse sie zärtlich. Der Funke fliegt nicht über. Meine Gedanken kreisen um all die Möglichkeiten, um all die Dinge, die passiert sind und die keinen Sinn ergeben. Wer lügt, wer sagt die Wahrheit? Liegt die womöglich irgendwo dazwischen?

Ich weiß einfach nicht, was ich denken soll, und das macht mich fertig. Dabei wälze ich meine Gedanken bereits seit gut einer Woche, ohne einen Schritt weiterzukommen. Vermutlich brauche ich einfach ... Hintergrundinformationen?

»Jay?«, wispert sie und schaut mir tief in die Augen. »Stimmt was nicht?«

Ich seufze und küsse sie noch einmal. »Gedanken«, weiche ich aus. »Wir wollen uns den Abend nicht ruinieren.«

»Jay.« Sie hält mich auf, als ich an ihr vorbei möchte. »Was für Gedanken? Möchtest du lieber nicht mit mir gesehen werden?« Ihre Augen weiten sich.

»Lin«, murmele ich und umfasse sacht ihr Gesicht. »Mir ist egal, was andere denken. Wir haben gesagt, dass wir ausgehen, dann machen wir das auch.«

»Man wird denken ...« Sie befeuchtet sich die Lippen, und ihre Wangen färben sich rot. »... dass wir ein Paar sind. Jay, du solltest dir sicher sein, dass du damit umgehen kannst.«

Ich verstehe nicht ganz, worauf sie hinauswill. »Womit umgehen? Mit den Spekulationen über unseren Beziehungsstatus? Der geht niemanden etwas an.« Ich habe gleich Tim vor Augen, wie er eben den kommentiert.

»Es wird Sprüche hageln. Es wird unangenehm werden. Ich kann verstehen, wenn du ... Wir können sagen, dass ich versetzt worden bin und du freundlicherweise ...« Sie zuckt die Achseln, spricht aber nicht weiter.

Ich bin nun noch verwirrter. Ja, ich habe Vorbehalte, Lindsey als meine Freundin vorzustellen. Ich kann mir auch ausmalen, was meine Teamkollegen, ganz besonders Tim, dazu zu sagen haben, aber das ändert nichts daran, dass wir irgendwie etwas miteinander haben.

»Nein«, murmele ich. Das ist falsch, und es ist an der Zeit, Dinge richtig zu machen. Die Situation ist nicht ideal, aber ich will auch nicht noch ein Lügengerüst aufbauen und aufrechterhalten müssen. Es reicht, dass ich meinen Eltern verschweige, dass Cassie studiert und derzeit immer noch in Peru an einer Ausgrabung teilnimmt. Das ist harte Arbeit, und ich muss meinen Fokus auf wichtige Dinge richten. »Nein, wir erzählen keine Lügen. Wir sind ein Paar.«

Sie blinzelt heftig und fällt mir dann um den Hals. Sie schnieft. »Wirklich?«, höre ich sie zart fragen.

»Ich habe dich gern«, sage ich und lausche in mich hinein. Ein Understatement, aber irgendwie will ich lediglich klarstellen, dass ich Gefühle für sie habe, ohne zu viel Druck aufzubauen. Egal in welche Richtung. Eine Beziehung zwischen uns wird schwierig werden. Ich fühle mich schuldig, weil ich ihr noch nicht erzählt habe, was der anstehende Combine für uns bedeutet. Ich hoffe, dass sie weiß, worum es geht, immerhin war ihr Bruder mein Teamkollege. Er wird ihr doch von den Regeln und Möglichkeiten erzählt haben, die er sich ganz bestimmt auch erträumt hat.

»Ich dich auch«, flüstert sie.

»Gut. Dann lass uns runtergehen und dem Sturm trotzen.« Ich schiebe sie sacht von meiner Brust fort und hebe ihr Gesicht an. »Wir ignorieren dumme Sprüche einfach. Keiner hat das Recht, uns zu kritisieren, und wir lassen uns den Abend nicht kaputtmachen.«

Sie lächelt mich an, und mein Herz stockt. Was ist, wenn ich gedraftet werde? Wenn mich ein Team auswählt, das nicht in Kalifornien angesiedelt ist? Mein Traumteam zum Beispiel, die New York Jets.

»An deiner Seite schaffe ich das. Wir schaffen alles, oder?«

»Ja.« *Das verspreche ich dir.*

Die Verantwortung, die ich mir hier auferlege, ist riesig. Meine Freundin Lindsey. Sie ist kompliziert genug, dass ich völlig damit beschäftigt wäre, den Fettnäpfchen auszuweichen. Den Gemüsebrettern, Fleischpfannen und ähnlichem Drama. Ich weiß, dass auch Lindsey sich bemüht, Rücksicht zu nehmen. Sie macht ihre laute Musik aus, wenn ich nach Hause komme. Sie lässt nicht mehr alles liegen, sodass ich über Schuhe und BHs falle, wenn ich im Halbschlaf zum Badezimmer torkele. Wir strengen uns an. Wir können alles schaffen, wenn wir nur wollen.

Lindsey küsst mich zart. »Danke.« Sie fasst nach meiner Hand und zieht mich mit sich.

Das Coffee&Dreams platzt aus allen Nähten, und ich schaue mich irritiert um. Offenbar erwartet mich kein Büfett oder eine Kuchenplatte –eben etwas, das das Coffee&Dreams gewöhnlich anbietet –, sondern ein Dinner in schauriger Atmosphäre. Herzgirlanden schmücken die Wände, Engel hängen von der Decke und zielen mit Pfeilen auf die zahlreichen Gäste.

»Keine Sorge.« Lindsey kichert. »Du bekommst auch Fleisch.«

Sie hat meine Blicke auf die Teller der anderen Gäste missverstanden, trotzdem bin ich für den Hinweis dankbar.

Lindsey hakt sich bei mir ein und winkt dem Inhaber des Lokals zu. Er winkt zurück und zwinkert ihr zu.

»Komm, wir haben einen Tisch im hinteren Bereich.«

Sie rutscht auf die Bank und legt ihre kleine Handtasche neben sich ab. Der Tisch ist ebenso geschmückt wie all die anderen. Herzkonfetti und Kerzen in Engelform grüßen uns. Das Besteck ist ebenfalls passenderweise in Form geschwungen. »Ich habe etwas anderes erwartet.«

»Dominic hat einen Freund überredet, heute seine Crew kochen zu lassen. Wir werden die slawische Küche kennenlernen.« Sie kräuselt die Nase. »Ich bin gespannt.«

»Slawisch?« Damit kann ich gar nichts anfangen. »Ich auch.«

Abby taucht neben mir auf. »Hallo.« Sie grinst mich an. »Möchtet ihr einen Blick in die Karte werfen, oder nehmt ihr das Special? Was möchtest du trinken, Lindsey?«

»Passt Wein zu dem Special?« Lindsey sieht Abby an.

»Passt«, stellt diese fest. »Dann einmal veggie, einmal piggy und eine Flasche Rotwein?«

»Piggy?« Das klingt jetzt nicht appetitlich.

»Lass dich überraschen«, verlangt Abby und verschwindet.

Lindsey schiebt die Hand über den Tisch, um meine zu berühren. »Ich bin zu glücklich, dass wir hier sind.«

Ich möchte lächeln, bekomme die Lippen aber nicht in die Höhe gezogen. Sie merkt das sofort, zieht die Hand zurück und blickt sich hastig um.

»Lindsey.« Wie soll ich ihr erklären, was ich selbst nicht so richtig verstehe?

»Schon gut«, haspelt sie. »Ich verstehe das.«

»Ich möchte den Abend nicht ruinieren.«

Sie lacht auf. »Oh, nein, wir haben einen schönen Abend. Es war ja meine Idee. Ich bin mir sicher, dass das Essen spitze sein wird. Dominic schwärmt bereits die ganze Woche von den Beanies.«

»Du missverstehst mich.« Ich fasse nach ihren zittrigen Fingern. »Da ist etwas ...« Da ist einiges, was ich ansprechen sollte, nur weiß ich eben nicht, wie!

»Blinis«, ruft Abby.

Ich zucke vor Überraschung zusammen, da sie neben mir auftaucht und einen Teller mit gerollten Mini-Pfannkuchen vor mir abstellt.

»Und die Veggie-Variante.« Sie reicht Lindsey ihre Portion, und schon ist sie wieder weg.

Lindsey taucht eines ihrer Röllchen in die daneben befindliche Creme. »Was wolltest du sagen?« Sie schaut mich nicht an.

»Ich hab dich lieb, Lindsey«, stelle ich absichtlich laut fest. »Ich möchte hier mit dir sein.«

Sie runzelt die Stirn. »Aber?«

»Es gibt kein *Aber*.«

Sie verengt leicht die Augen. »Aber?«

Ich muss lachen. Die Anspannung fällt von mir ab, und ich beuge mich über den Tisch, um sie zu küssen. Dann probiere ich mein Essen. Die Creme ist auf Frischkäsebasis und schmeckt leicht pfeffrig. Lecker!

»Wir müssen wirklich über einige Probleme sprechen«, gebe ich zu. »Aber vielleicht nicht unbedingt heute. Dir bedeutet der Valentinstag doch viel.«

Sie entlässt den Atem in einem langen Seufzen. »Nein, lass uns gleich darüber sprechen.«

»Bist du dir sicher?« Es fühlt sich nicht richtig an, einen romantischen Abend mit ernsten Themen zu beginnen.

»Es wird nicht schlimm, oder?«

»Ich weiß nicht«, gestehe ich. Immerhin steht eine räumliche Trennung an, und was sein wird, wenn ich tatsächlich von einem Team der NFL gedraftet werde ... Nicht auszudenken. »Die Zukunft ist unberechenbar.«

Sie schmunzelt und senkt den Blick. »Dich interessiert die Zukunft?«

»Ja. Ich habe Ziele. Ich kann es mir nicht leisten, die Zukunft aus den Augen zu lassen.«

»Das klingt vernünftig.« Ein Runzeln huscht über ihre Stirn. »Ich habe das Gefühl, dass für mich immer die Vergangenheit im Vordergrund steht.«

»Tim?«, frage ich vorsichtig. Ich habe es in der letzten Woche nicht geschafft, ein Gespräch mit ihm zu führen, das über subtile Beleidigungen hinausgegangen wäre. Dabei ist es mir wichtig, die Sachlage auch mit ihm zu besprechen. Ganz gleich, wem ich letztlich glaube, beide haben verdient, dass ich ihnen zuhöre.

Auch wenn ich nicht mehr ganz so scharf darauf bin, mir Tims Worte anzuhören, da ich befürchte, dass ich dabei viel zu hören bekommen werde, was ich eben nicht hören will. Oder Dinge, die mich in einen Zwiespalt bringen, nun, da Lindsey und ich zusammen sind.

Lindsey zuckt die Achseln und verspeist ihren letzten Blini. »Das steht mir immer im Weg.«

Ich schlucke. Hier ist die Gelegenheit, ihre Seite der Geschichte zu hören. In Ruhe, nicht während eines Streits, bei dem man Dingen schließlich nicht auf den Grund gehen kann.

Sie schaut mich an. »Hast du Fragen?«

Mein Nicken deute ich nur an, aber sie bemerkt es dennoch. Sie seufzt und schaut sich um. »Wo bleibt

Abby mit dem Wein?« Sie grinst schief und richtet ihren Blick wieder auf mich. »Es ist keine schöne Geschichte.«

»Das denke ich mir.«

Sie atmet tief durch. »Er war meine erste ernsthafte Beziehung. Wir sind in meinem Sophomore Year der Highschool zusammengekommen. Ich war tierisch in ihn verliebt und habe geglaubt, dass er für mich ebenso empfindet. Ich dachte, dass wir heiraten werden. Eine Familie gründen ...« Ihre Wangen werden tiefrot, und sie senkt den Blick. »Ich war sechzehn und ziemlich fixiert darauf, endlich eine eigene Familie zu haben. Ich habe ja immer nur Pete gehabt, und er war in der Zeit auch ziemlich wild. Er war schon an der Uni, im Ravens-Team und bei den Mädchen wahnsinnig beliebt ...« Lindsey seufzt. »Pete hat mich oft allein gelassen, und Tim ... Er ist für mich da gewesen. Er war toll.« Sie senkt den Blick, und ihre Miene verzieht sich. »Am Anfang.«

»Möchtest du lieber nicht darüber reden?«, frage ich. »So dringend ist es nicht.«

Sie lächelt mich an. »Besser, wir haben das hinter uns.«

Ich nicke vorsichtig. Zum Glück bin ich nicht leicht aus der Bahn zu werfen. Ich vertrage, was auch immer ich zu hören bekommen werde.

»Ich habe oft darüber nachgedacht, wann sich sein Verhalten geändert hat. Lange Zeit dachte ich, es lag allein daran, dass ich nicht mit ihm schlafen wollte.« Sie beißt sich auf die Lippen. »Ich meine, ich wollte schon, aber nicht ...« Sie runzelt die Stirn. »Ich wollte, dass es was Besonderes ist. Für uns beide, aber für ihn war es ...« Sie schüttelt den Kopf. »Ich weiß nicht, wie ich das erklären soll. Ich fühlte mich einfach nicht bereit, trotz meiner Gefühle für ihn. Ich wollte warten. Ich wollte, dass es der richtige Moment war und alles stimmte.«

»Er konnte nicht warten?«

»Nein. Er baute Druck auf. Sagte, dass ich ihn nicht liebe, wenn ich nicht mit ihm schlafe, und ging ständig über meine Grenzen hinweg.« Sie zieht die Finger zurück und nimmt einen großen Schluck von ihrem Wein. »Ich wurde irgendwann bereits nervös, wenn er mich nur küsste, weil ich befürchtet habe, dass er wieder zu weit geht, dass er wieder versuchen würde ...« Sie bricht ab und räuspert sich.

»Etwas zu tun, was du nicht willst«, spreche ich es also aus. »Musstest du ihn physisch davon abhalten ...« Das bleibt besser unausgesprochen.

Sie nickt. »Mehr als einmal. Wir stritten uns immer häufiger, und schließlich drohte er, mich zu verlassen, wenn ich nicht augenblicklich Sex mit ihm hätte.« Sie leert ihr Glas. »Er warnte mich, dass er nicht zurückkäme, und ich ...« Sie sieht mich unglücklich an. »Ich war schockiert und wütend, Jay. Ich meinte das gar nicht ernst, aber ich sagte, dass ich lieber mit der gesamten Mannschaft der Ravens ins Bett ginge als mit ihm.«

»Wow«, murmele ich überrascht. Es erschreckt mich, dass ihre Seite der Geschichte so völlig anders ist als Tims, und ich weiß nicht, wie ich beide Seiten in Einklang bringen soll. Geht das überhaupt? Ist nicht deutlich, dass einer von beiden lügen muss?

Lindsey zuckt die Achseln und senkt den Blick. »Ich habe es wirklich nicht so gemeint, und ich schwöre dir, dass ich ganz sicher nicht mit der ganzen Mannschaft geschlafen habe.«

»Ich glaube dir«, sage ich leise und horche dabei in mich hinein. Sie tut mir leid. Aber Tim hat mir damals auch leidgetan. Ich bin verwirrt.

Sie schaut auf, Überraschung in der ansonsten starren Miene. »Wie bitte?«

»Ich glaube dir«, wiederhole ich fester. Vermutlich brauche ich nicht nach der absoluten Wahrheit zu suchen, die es womöglich auch gar nicht gibt. Vielleicht ist das alles eine Art Missverständnis, aus dem beide andere Schlüsse gezogen haben.

Sie blinzelt heftig und wischt sich über die Augen. »Trotzdem machte das die Runde. Überall bekam ich zu hören, was für ein Flittchen ich sei, und ich ertrug es nicht, dass Tim meine Gefühle für ihn so in den Dreck stieß.«

»Warum hast du nicht widersprochen?«, frage ich verwundert. »Warum hast du ihn damit durchkommen lassen?« Zwar kann ich mir vorstellen, dass es schwer ist, so etwas über sich selbst zu hören, aber ich hätte niemals zugelassen, dass man Lügen über mich herumerzählt.

»Niemand glaubte mir und ... es war einfacher ...«

»Und dein Bruder? Es wäre seine Pflicht gewesen, dich zu verteidigen. Ich fasse es nicht, dass er nicht ein einziges Mal eingeschritten ist!«

Sie blinzelt Tränen weg und schüttelt den Kopf. »Er hat mich gewarnt, aber ich habe ihm gesagt, dass ihn mein Liebesleben nichts angeht und er sich raushalten soll. Er meinte damals, dass ich bloß nicht heulend bei

ihm ankommen soll, wenn sich Tim als Arsch heraus-
stellt.«

»*Cariña*«, wispere ich und beuge mich wieder über
den Tisch. »Wir werden jetzt stark sein und der üblen
Nachrede die Stirn bieten.«

»Was?«, flüstert sie überrascht.

»Zum einen sollten gleiche Voraussetzungen für alle
Geschlechter gelten. Weißt du, mit wie vielen Frauen
Tim so rummacht?« Ich verdrehe die Augen. »Selbst
wenn du deine Drohung wahr gemacht hättest, geht
das niemanden etwas an, und niemand hat das Recht,
dich zu verurteilen.«

»Das ist zu spät«, murmelt sie.

»Nein. Lin, du hast es bereits mit dem Ignorieren der
Gerüchte versucht. Es hat deine Situation nur schlimmer gemacht. Lass uns versuchen, die Dinge richtigzustellen.«

15

Lindsey

Seit zwei Wochen sind Jay und ich jetzt offiziell ein Paar, und ich war noch nie so glücklich in meinem Leben. Unser Gespräch am Valentinstag hat mir das Gefühl gegeben, dass er uneingeschränkt zu mir steht, und er beweist es mir auch. Wenn er Zeit hat, bringt er mich zu meinen Vorlesungen, und wir halten sogar öffentlich Händchen. Einmal hat er dabei einen fiesen Spruch von einem Typen nachgerufen bekommen, und er ist direkt zu ihm und hat ihn zur Rede gestellt. Offensichtlich hat er ernst gemeint, dass wir die Gerüchte über mich richtigstellen werden.

Das alles fühlt sich beinahe unwirklich schön an. Meine Unabhängigkeit ist mir immer wichtig gewesen, und ich habe seit Tim niemanden mehr an mich herangelassen, aber ich war nie wirklich einsam. Pete war da. Seit er gegangen ist, habe ich mich gefühlt, als würde ein Teil von mir fehlen. Jay hat mir diesen Teil zurückgegeben. Ich habe in mich hineingehorcht, ob ich mich nur deshalb verliebt habe, weil ich mich so allein gefühlt habe, aber nein. Jay bedeutet mir wirklich etwas.

Nicht nur etwas, sondern unsagbar viel.

Und nun geht er fort. Meine Kehle ist schon den ganzen Morgen wie zugeschnürt, und jetzt, am Flughafen, muss ich gegen die Tränen kämpfen. Er ist so aufgeregt, freut sich so sehr auf die Reise nach Indianapolis und dieses Trainingslager, das eine so große Chance für seine Zukunft bedeutet.

»Hey.« Er legt den Kopf schief und sieht mir ins Gesicht. »Es ist nur eine Woche.«

Ich schlucke schwer. »Ich weiß.«

Er küsst mich sanft, streicht mir eine Haarsträhne aus der Stirn, dann küsst er mich wieder, und die Zärtlichkeit lässt die Tränen nun doch überlaufen. Jay zieht mich an sich, ich presse mein Gesicht in sein Shirt und atme tief seinen Geruch ein.

»Ich muss zum Gate«, murmelt er in mein Haar. »Mein Flug wurde schon aufgerufen.«

Mühsam reiße ich mich von ihm los, greife aber nach seiner Hand. In der anderen hält er die prall gefüllte Reisetasche. Ich begleite ihn ins Terminal und zum Sicherheitsbereich, wo wir uns verabschieden müssen. Ein letzter Kuss, dann winkt er mir noch einmal zu und verschwindet. Genau wie Cassie vor zweieinhalb Monaten. Mir fällt erst jetzt auf, wie ähnlich sich die beiden sehen, trotz ihrer augenfälligen Unterschiede von mindestens fünfunddreißig Zentimetern und bestimmt sechzig Kilogramm. Das aufgeregte Winken, das vorfreudige Lächeln, die gestrafften Schultern und der feste Gang – die beiden sind Abenteurer.

Und mich lassen sie zurück.

Noch einmal reibe ich mir mit dem Ärmel meiner Sweatjacke über das Gesicht und dränge die Tränen zurück. Ich freue mich für Jay. Ebenso, wie ich mich für Cassie gefreut habe. Ich habe nicht das Recht, ihnen ihr Glück zu missgönnen. Ich wünschte eben nur, sie würden mich darin einbeziehen. Ich möchte nicht nur einen Platz in Jays Leben haben, auch Cassie ist mir in den wenigen Wochen eine Freundin gewesen, wie ich sie nie zuvor gehabt habe. Und dass sie Single ist, hat es einfacher gemacht. Mir graut davor, nur noch von Paaren umgeben zu sein. Jetzt, da ich selbst für kurze Zeit einen Partner an meiner Seite hatte, umso mehr. Abby und Ethan, Keisha und Leroy, all die glücklich verliebten Frauen in meinem Studiengang, und selbst die unvermeidliche Renée hockt nicht mehr im Coffee&Dreams, sondern hat jetzt einen festen Freund, mit dem sie Zeit verbringt. Ich werde mich an Claire Giroud heften müssen.

Oder an Cooper und Dominic. Ich verziehe das Gesicht, verlasse das Terminal und gehe zum Auto, das mir Dom wieder einmal für diese Flughafen-Tour geliehen hat. Diesmal mache ich keinen Abstecher zum Folsom Lake. Der Tag ist grau, genau wie meine Stimmung. Dabei ist doch gar nichts los! Jay kommt in einer Woche zurück. Wir können telefonieren, auch wenn er meinte, das Trainingslager sei physisch und mental so anstrengend, dass er abends vermutlich tot ins Bett fallen würde. Dann müssen eben Textnachrichten ausreichen. Ich halte das aus, ganz sicher! Zumindest rede ich mir das ein.

Ich warte nicht, bis das Flugzeug abhebt, sondern fahre zurück in die Stadt, parke Dominics Wagen vor dem Café und gehe hinein. Der Laden ist voll, und auch hier sehe ich nur glückliche Menschen. *Crap!*

Na ja, bis auf einen vielleicht. Dominic ist mit seinen Bemühungen um Cooper noch immer nicht weitergekommen, und auch wenn er ein gestandener Mann mit eigenem Geschäft und Angestellten ist, wirkt er manchmal elendig verloren. Besonders seit er von seinem

Weihnachtsurlaub zurückgekehrt ist. Ich traue mich nicht, ihn zu fragen, was währenddessen passiert ist, aber irgendetwas ist passiert, da bin ich sicher.

»Hey, Dom.« Ich bemühe mich um ein Lächeln.

»Schon zurück?« Er streckt die Hand nach dem Autoschlüssel aus, und ich lege ihn hinein.

»Jep. Diesmal kannst du mir keine Schicht fürs Benzingeld aufdrücken.«

Er seufzt. »Schade. Ich könnte einen freien Nachmittag gut gebrauchen.«

»Wo sind denn Shona und Abby?«

»Shona.« Er verdreht die Augen.

»Schon wieder krank?«

»Stellt sich raus, sie war in letzter Zeit gar nicht krank, sondern ist fremdgegangen.«

Fragend ziehe ich die Augenbrauen hoch.

»Sie hat gekündigt und arbeitet jetzt bei Starbucks. Ist angeblich cooler.« Er verdreht die Augen. »Na ja, irgendwie verständlich. Cool bin ich alter Sack ja nun wirklich nicht.«

»Ach Dominic, rede doch nicht solchen Unsinn.«

Unglücklich verzieht er das Gesicht. »Ist doch wahr. Ich kann mich wahrscheinlich glücklich schätzen, dass ihr jungen Leute überhaupt mit mir redet.«

»Hey, jetzt hör aber auf.« Ich gehe um den Tresen herum und ziehe ihn in meine Arme.

Erst erstarrt er, dann aber wird sein schlaksiger Körper weich, und er erwidert die Umarmung. Der Mann ist zu dünn! Ich spüre jeden seiner Knochen.

»Du bist ein paar Jahre älter als wir, aber noch lange kein Greis. Bist du überhaupt schon dreißig?« Ich streiche ihm über den Rücken. »Und selbst wenn: Du bist cool. Dein Laden ist cool. Wir lieben es hier. Keiner hat so gute Kaffeebohnen wie du, und die Bunny-Bagels sind der Hammer!«

Er seufzt tief, dann macht er sich von mir los und lächelt. »Danke, Lindsey. Das habe ich gebraucht.«

»Sehr gern. Und jetzt gehst du nach Hause und ruhst dich aus. Ich übernehme die Schicht.« Das Lächeln rutscht mir vom Gesicht. »Ich muss mich eh ablenken.«

Das lässt er sich nicht zweimal sagen. Er nimmt die Schürze ab und stülpt sie mir über. »Danke. Schaffst du die Kassenabrechnung und die Endreinigung?«

»Klar. Und wenn ich Probleme habe, frage ich Abby.«

»Tu das besser. Sie hat morgen die Frühschicht, und wenn die Milchdüse nicht gereinigt ist, die Tische noch kleben und die Kasse eine Differenz aufweist, kommt sie nach oben und macht dich einen Kopf kürzer.« Er zwinkert mir zu. »Und dann wärst du wirklich etwas zu winzig für deinen Footballstar. So geht es gerade noch.«

»Haha.« Ich verdrehe die Augen, muss aber kichern. Ich verkneife es mir, seine körperlichen Differenzen zu Cooper anzumerken. Das wäre gemein. Schließlich scheint es unmöglich, dass die beiden je ein Paar werden. Coop macht echt einen Fehler. Ja, mein Bruder ist der Inbegriff des heißen Kerls, aber er hat nun so gar keine schwulen Vibes. Dominic dagegen … Ich mustere meinen Teilzeit-Chef. Hm. Ganz sicher bin ich mir nicht, ob er nicht vielleicht eher bi ist. Ob das ein Problem für Cooper wäre?

Was ist los mit mir? Warum ist mir anderer Leute Liebesleben auf einmal wichtig? Ich hab ja nicht mal mein eigenes im Griff.

Dom holt seine Jacke aus dem Hinterzimmer, bedankt sich noch einmal und ist verschwunden. Die Tür ist noch nicht zugefallen, da kommt ein Schwung Studierende herein und verteilt sich auf die wenigen freien Tische. Sie ordern ihre Getränke, dann vergraben sie sich hinter ihren Büchern. Es ist die Zeit zwischen Semesterbeginn und Spring Break und einer der wenigen Zeiträume im Jahr, in denen Studieren richtig stressig ist. Alle bereiten sich auf die nahenden Prüfungen vor. Das sollte ich vielleicht auch tun, wobei meine Prüfungen ja eher praktischer Natur sind, abgesehen von meinem Nebenfach Kunstgeschichte. Da sollte ich vielleicht ein bisschen was zur Vorbereitung lesen. Zeit habe ich ja jetzt. Ich seufze und stürze mich in die Arbeit an den Kaffee- und Teegetränken. Ich gerate ins Schwitzen, während ich mit Dampf hantiere, Namen durch den Raum brülle und den Wasserkocher bediene.

Kaum bin ich halbwegs durch, geht die Tür auf, und Cooper kommt herein. Er grinst mich an, dann setzt er sich an den Tresen und sieht sich um.

»Falls du Dominic suchst, der ist nicht hier.«

»Quatsch!«, behauptet er. »Warum sollte ich den suchen? Er ist nicht mein Typ.«

»Und du bist eine Knalltüte. Wichtiger, als einem bestimmten Typ zu entsprechen, sind die inneren Werte.«

Cooper lacht schallend. »Das sagt die Richtige! Dass du seit fünf Minuten in einer festen Beziehung bist, macht nicht deinen vorherigen Lebenswandel ungeschehen.«

Mein erster Impuls ist, nicht darauf zu reagieren, so wie ich es jahrelang getan habe. Dann aber muss ich an Jays Worte denken.

Wir werden jetzt stark sein und der üblen Nachrede die Stirn bieten.

Ich straffe die Schultern. »Mein Lebenswandel ist ein Konstrukt, das dein Kumpel Tim errichtet hat. Zumindest war er das am Anfang. Ich bin nie dagegen angegangen, was die Leute über mich denken, denn ich habe nicht geglaubt, dass es Sinn hätte. Und irgendwann habe ich angefangen, mich entsprechend zu verhalten. Aber ich habe nichts getan, wofür ich mich schämen muss.«

Cooper starrt mich an. »Echt jetzt?«

»Ja. Und es ist mir egal, ob du mir glaubst oder nicht. Ob mir irgendwer glaubt. Mein Freund glaubt mir.«

»Wow.« Er streicht sich durch die Haare. »Ich ... weiß nicht, was ich sagen soll.«

Ich verdrehe die Augen. »Das ist mir klar. Deshalb meine ich auch, dass ein, sagen wir, intellektuell etwas weiter entwickelter Partner dir ganz gut bekommen würde.«

»Willst du sagen, dein Bruder ist dumm?«

Soll ich ihm sagen, dass ich meinte, *er* wäre dumm? Vielleicht nicht. Vielleicht wechsele ich besser das Thema.

»Ich möchte nicht über Pete reden. Was willst du trinken?«

»Irgendwas, was mir hilft, dieses Zeug in den Kopf zu bekommen.« Er tippt auf das dünne Büchlein, das er vor sich abgelegt hat.

»Ist das alles, was du für deine Prüfungen lernen musst?«

Cooper seufzt abgrundtief. »Das ist nur der Anfang. Ich wünschte, ich hätte mich auch vorzeitig für den Draft angemeldet. Dann könnte ich jetzt mit deinem Liebsten im Trainingslager schwitzen und hätte die Chance, schon bald für ein NFL-Team zu spielen.«

»Warum hast du es nicht getan?«

»Ist mir zu riskant.« Er hebt die Schultern. »Machst du mir einen Eiskaffee?« Er deutet auf die Maschine aus durchsichtigem Kunststoff, in der eine karamellfarbene Masse pausenlos herumgewälzt und dabei zu einer eiscremeartigen Konsistenz gefroren wird. Ich zapfe ein Glas voll von der dicken Pampe ab, kippe noch einen Espresso rein, rühre um und schiebe es Cooper rüber. »Wieso riskant?«, greife ich auf.

»Wenn Jay nicht gedraftet wird, darf er zwar zurückkommen und weiterstudieren, aber am College nicht mehr spielen. Sein Stipendium wäre vermutlich weg. Er riskiert also seine sportliche und seine berufliche Zukunft.«

Ich sehe das Problem, aber mein Kopf hält sich an einem Wort fest. »Zurückkommen? Aber er geht für den Draft doch gar nicht weg.«

»Nee, so meinte ich das nicht. Körperlich ist er natürlich noch in Sacramento. Aber wenn man sich für den Draft anmeldet und dann auch noch zum Combine eingeladen wird, ist man gedanklich schon weit fort.«

»Wo denn?«, frage ich. Meine Stimme klingt heiser. Mein Kopf schwirrt.

»Na, bei dem Team, bei dem man seine sportliche Zukunft sieht. Auf das man seine Hoffnungen setzt. Jeder von uns, der eine Profikarriere anstrebt, hat Hoffnungen auf ein bestimmtes Team. Oder zumindest eine bestimmte Region.« Cooper trinkt einen Schluck und leckt sich die Lippen. »Gutes Zeug, danke.«

»Welche ... Region wäre das?«

»In meinem Fall? Schwierig. Sportlich möchte ich zu den Dallas Cowboys, nur glaube ich nicht, dass Texas der richtige Staat für mich ist. Wegen ... du weißt schon.« Er räuspert sich. »Ist halt konservativ da. Vielleicht wäre New York besser für mich, so wie Jay es für sich auch erhofft. Wenn er es dorthin schafft, wären wir nächstes Jahr wieder im selben Team. Was nicht schlecht wäre, wir harmonieren immerhin gut in der Offense.« Er kratzt sich am Kopf. »Wobei es natürlich darauf ankommt, ob er zu den Jets oder den Giants geht und ob die mich dann auch nehmen.«

Er redet noch weiter, doch ich höre nicht mehr zu. Eine Frau kommt an den Tresen und bestellt, und mechanisch bereite ich ihren Latte macchiato to go zu.

New York. Einmal quer durchs ganze Land. Mir wird flau im Magen.

Ich reiche der Kundin den Pappbecher und sehe Cooper an.

»... Daumen drücken, dass er nicht zu dem knappen Drittel der Combine-Teilnehmer gehört, die dann doch nicht gedraftet werden.«

Drittel. Eine Chance von dreiunddreißig Prozent, dass mein Freund nicht die Stadt verlässt, um am anderen Ende des Landes zu leben. Ohne mich.

Ich weiß nicht, welcher Gedanke mich schwindliger macht: der, Jay zu verlieren, oder der, die einzige Stadt zu verlassen, in der ich mich je zu Hause gefühlt habe. Beides erscheint mir unmöglich.

Cooper schlürft sein Getränk und schlägt halbherzig das Buch auf. Er liest kurz, dann klappt er es schwungvoll wieder zu. »Boah. Sportrecht. So langweilig!« Er seufzt abgrundtief. »Ich hätte mich doch zum Draft anmelden sollen. Dann hätte dieser Käse schon ein Ende.«

»Du würdest das Studium abbrechen, wenn ein Team dich unter Vertrag nehmen würde?« In meinem Nacken kribbelt es unangenehm, und ich hab das Gefühl, dass ich bisher etwas übersehen habe. Oder einfach nie richtig zugehört.

»Natürlich.« Cooper sieht mich seltsam an. So als wäre *ich* intellektuell nicht ganz auf der Höhe. »Wenn du NFL spielst, bleibt keine Zeit für andere Dinge. Ist auch nicht nötig. Die Gehälter sind so gut, da brauchst du keinen anderen Job. Vielleicht im Anschluss an deine Karriere.«

»Das ist mir klar. Ich meine nur ... Ich dachte, dass ...« Ja, was dachte ich?

Er lacht auf. »Du dachtest, man macht brav sein Studium zu Ende und geht dann im Anschluss in die NFL?«

Ich hebe die Schultern.

»Nee, das ist eine schnelle Angelegenheit. Der Draft ist Ende April, und am besten sitzt man da schon auf gepackten Koffern. Das neue Team will die Spieler natürlich so schnell wie möglich haben.« Cooper schüttelt den Kopf. »Ja, rede ich denn mit der Wand? Ich hab doch gesagt, Jay und ich könnten nächstes Jahr schon wieder zusammen spielen. Er geht diesen Sommer und ich nächsten. Mit Glück natürlich.«

Er geht diesen Sommer. Jay. Geht diesen Sommer. Ich starre Cooper an. Seine Miene verändert sich, wird erst verwirrt, dann bedauernd.

»Das hast du nicht gewusst, oder?«, fragt er erstaunlich sanft. »Dass das alles so schnell geht?«

Ich will den Kopf schütteln, aber selbst das bringe ich nicht fertig. Ich bin zu Eis erstarrt.

Keine Zeit, unsere Beziehung zu festigen. Keine Zeit, Vertrauen zu lernen. Keine Zeit ...

Pete ist weg.

Jay ist bald weg.

Und ich bin wieder allein.

»Hey.« Cooper legt seine Hand auf meine, die schlaff auf den Tresen herabgesunken ist. »Vielleicht geht er ja gar nicht so weit weg. Wer weiß? Vielleicht draften ihn die Rams oder die 49ers.«

Ich nicke mechanisch. Immerhin dazu bin ich wieder in der Lage.

»Nun warte erst einmal ab.« Cooper tätschelt meine Hand, dann rutscht er vom Hocker und nimmt sein Buch. »Lass den Mann erst mal den Combine hinter sich bringen. Und dann redet ihr über alles.«

Wieder nicke ich, meine es jedoch nicht ernst. Was gibt es zu reden? Ich werde Jay kein schlechtes Gewissen machen für seine Träume, die er lange vor meiner Zeit schon hatte. Ich werde mich zusammenreißen, ein großes Mädchen sein und ihm das Leben gönnen, das er sich für sich wünscht.

So der Plan.

Wenn da nur nicht die kleine, fiese Stimme in meinem Hinterkopf wäre, die mir sagt, ich solle für unsere Beziehung kämpfen. Irgendetwas unternehmen, damit er nicht geht. Ihn an seine Verantwortung Cassie gegenüber erinnern zum Beispiel. Versuchen, Cassie auf meine Seite zu ziehen. Sie will sicher auch nicht, dass Jay die Stadt verlässt.

Ich bringe die Stimme vehement zum Schweigen. Ich liebe diesen Mann! Ich werde ihm nicht wehtun. Ich will, dass er glücklich ist.

Krampfhaft schlucke ich gegen den Kloß in meiner Kehle an. Wenn er doch mit mir glücklich wäre ... Wenn ich ihm doch wichtiger wäre als der Sport ... Aber das ist nach so kurzer Zeit wohl zu viel verlangt.

Und vielleicht bin ich einfach nie gut genug.

16

Jaime

Fluchend renne ich durch den Gang. Ich komme direkt vom Weaver, dem Agility Drill, bei dem der Spieler in einer vorgegebenen Route in engen Schleifen an Hütchen vorbeilaufen muss und dabei den Ball von der linken Körperseite zur rechten wandern lässt. Damit soll die Geschicklichkeit demonstriert werden, aber eben auch die Schnelligkeit, denn natürlich wird die Zeit gestoppt.

Ich renne fast einen anderen Spieler um, der ebenfalls zum Wonderlic Test will. Er sieht gehetzt aus, und ich hoffe, dass man mir meinen Stress nicht so deutlich vom Gesicht ablesen kann. »Sorry, Dude.«

Ich sehe mich um und finde den richtigen Raum. Die Tür ist bereits geschlossen, trotzdem trete ich selbstbewusst darauf zu und öffne sie. Tische stehen in geringem Abstand zueinander. Ein Packen Papier liegt auf jedem, ein Stift darauf. Ich weiß, was auf mich zukommt. Der Test dauert genau zwölf Minuten, in denen die Teilnehmer 50 Fragen beantworten sollen, und ist mit Sicherheit so knapp zu dem Agility-Test gelegt worden, um das Stresslevel der Teilnehmer zu erhöhen. Ich bin nicht der Letzte, der ankommt, denn die meisten Tische sind noch unbesetzt.

»Tür zu!«, blafft mich ein älterer Herr an, und ich folge der Aufforderung in aller Ruhe. »Hinsetzen und Finger weg vom Papier. Sehe ich Sie spicken ...«

»Verstanden.« Ich nehme demonstrativ den Platz genau vor ihm, um meine Gemütsruhe zu unterstreichen. Ich setze mich hin, falte die Hände auf dem Bauch und schließe die Augen.

Ich vermisse Lindsey. Mehr als hin und wieder eine Textnachricht schaffe ich nicht, so voll ist das Programm des Combine. Ich muss ständig aufmerksam und leistungsfähig sein, und das zerrt so sehr an meiner Konstitution, dass ich einnicke, sobald mein Ohr das Kissen berührt.

Der Raum füllt sich. Jeder Eintretende wird angepflaumt. Unruhe macht sich breit.

»Hey, Jay.«

Ich blinzele. Rashid steht neben mir. Auch er wirkt etwas neben sich.

»Setz dich.« Ich deute auf den Stuhl neben mir. »Schließ die Augen und atme tief durch.«

Er lacht gehetzt, lässt sich aber auf den Platz fallen. »Ich dachte, Malik sei ein Monster.«

Ich schmunzele, denn ich weiß genau, worauf er hinauswill. »Er weiß offenbar, was er tut.«

»Wenn die Fragen hier genauso knifflig sind ...« Rashid stöhnt leise. »... behält Tim recht!«

»Wird er nicht«, halte ich dagegen. Ärger brodelt in mir. »Konzentrier dich auf deine Atmung. Überspringe Fragen, auf die du nicht gleich antworten kannst. Bleib ruhig.«

Rashid lacht wieder, klingt dabei aber bereits gelassener. »Wenn du es nicht schaffst, wartet eine steile Karriere als Coach auf dich.«

»Ich werde Arzt«, halte ich dagegen. »Für den Fall, dass ich tatsächlich nicht gedraftet werde.«

»Wow. Dass du das so locker nehmen kannst.«

Mein Schmunzeln ist echt. »Das hier ist mein Traum, aber mein Leben endet nicht, nur weil ich hier versage. Ich habe eine süße Freundin, ein gut laufendes Studium ...« Nur Cassies Leben wäre augenblicklich in Trümmern. Nein, korrigiere ich mich. Unser Leben wäre schwieriger, aber wir können das sicher irgendwie schaffen. Wenn wir beide arbeiten und Geld verdienen, schaffen wir es, weiterhin zu studieren. Ich schiebe meine kleine Schwester aus meinem Fokus.

Der Test beginnt, und wir dürfen die erste Seite umblättern. Stifte kratzen über Papier, meine Augen fliegen über den Text, und ich kreuze, ohne groß zu überlegen, die Auswahlmöglichkeiten an.

»Und stopp!«, brüllt die Aufsicht. »Griffel vom Tisch.«

Ich sehe auf, lasse wie befohlen meine Hände abrutschen und versichere mir, dass ich gut durchgekommen bin. Die Fragen waren nicht sonderlich knifflig, und sicher hat das Lesen mehr Zeit gebraucht, als die Antworten zu finden.

Rashid ist grau im Gesicht. Er torkelt neben mir her ins Freie.

»Alles in Ordnung?«

»Das lief grauenvoll.«

»Lass es dir nicht anmerken. Du gehörst nicht zu dem Drittel, das übrig bleibt, verstanden?« Ich schlinge den

Arm um ihn und ziehe ihn weiter mit. »Wo musst du jetzt hin?«

»Block-Routine.«

»Wundervoll, da muss ich auch hin.« Ich grinse schief, atme die klare Luft ein und bereite mich mental schon mal darauf vor, kleinste Veränderungen im Stand meines Gegenübers zu analysieren.

»O Gott, ich hoffe, du stehst mir nicht gegenüber!« Er lacht gehetzt. »Dann bin ich sicher raus.«

»Darüber denken wir nicht nach«, befehle ich fest. »Konzentrier dich! Zeigen wir Tim, was in uns steckt, und machen den Scout der Dolphins auf uns aufmerksam.«

Dieses Mal klingt Rashids Gelächter befreit. »Das würde mir gefallen, aber du ... Seit wann schießt du gegen deinen Buddy Tim?«

»Seit mir aufgefallen ist, was für ein Arschloch er ist.« Der Typ Mann, mit dem man nur befreundet sein kann, wenn man nichts auf sein Gerede gibt, und das kann ich mir nicht mehr leisten. Mein Versuch, ihn auf die Lügen über Lindsey festzunageln – oder zumindest eine glaubhafte Version präsentiert zu bekommen –, ist an seiner Attitüde gescheitert. Ob ich ihm nicht glaube. Ob sie mir das Hirn rausgefickt habe ...

»Ah.« Rashids Seitenblick ist vielsagend. »Wegen *Hot-Chick*-Lindsey?«

Ich atme tief ein. »Nenn sie nicht so.«

Er hebt die Hände. »Hey, jeder, wie er mag.«

»Nein«, widerspreche ich verärgert. »Du kennst Lindsey nicht, mach dir also kein Bild von ihr. Und quatsche keinen Scheiß nach, den du irgendwo gehört hast.«

Ich spüre seinen verwunderten Blick auf mir. »Jay«, fängt er an. »Jeder weiß doch ...«

»Ich weiß«, unterbreche ich ihn und lasse den Arm von seinen Schultern gleiten, »dass Tim ein Lügner ist und Lindsey nicht halb so verrucht, wie sie dargestellt wird.«

Rashid nickt. »Okay«, sagt er zögerlich. »Aber hatte sie nicht auch was mit ... Chris? Und A. J., Steve, Ricardo ...«

»Selbst wenn sie den einen oder anderen gedatet hat, geht das niemanden etwas an. Mit wie vielen Frauen hat Tim sich getroffen, seit er Lindsey fallen gelassen hat?«

Rashid räuspert sich. »Da habe ich nicht mitgezählt.«

»Aber Lindseys vermeintliche Kontakte kannst du namentlich auflisten?« Ich schüttele den Kopf. »Merkwürdig, meinst du nicht?«

Ich reiße mir den Helm vom Kopf und wische mir den Schweiß vom Gesicht. Einige Teilnehmer laufen an mir vorbei vom Feld, andere lassen sich an Ort und Stelle zu Boden fallen. Der Combine ist wahnsinnig anstrengend, und ich bin froh, dass der letzte Abend ansteht und ich nach Hause fahren kann. Ich brauche dringend Urlaub. Ich schmunzele, beschatte mir die Augen und sehe mich um. Ich brauche Strand und Sonne, nicht City-Life und Smog, und Entspannung anstatt der ständigen Anspannung und des Dauerstresses.

»Mr. López?«

Immer noch grinsend drehe ich mich zu dem Mann mit Nickelbrille und Halbglatze um, der mir knapp zur Brust reicht. »Ja?«

Er streckt mir die Hand entgegen. »Gustav Morrowitz.«

Ich schüttele die schlaffen Finger und begrüße ihn höflich.

»Sie sind Underclassman, richtig?« Er verengt die Augen.

»Ja.«

»Und Sie haben ein Sport-Stipendium?«

Wieder bestätige ich seine Annahme.

»Riskant, oder?«

Ich zucke die Achseln. »Manchmal muss man was riskieren.«

»Wie Ihr Tackling gegen den Defensive Corner, anstatt dem eigenen Quarterback den Rücken zu stärken?«

Ich schlucke. »Das war die richtige Entscheidung.« Schließlich sind alle anderen beim Quarterback geblieben, um seinen Wurf zu schützen. »Es bringt nichts, dem Quarterback im Weg zu stehen, wenn es keinen Wide Receiver gibt, der sich freilaufen kann, um das Ei zu fangen und den Punkt zu machen.«

Mr. Morrowitz' Augen werden noch kleiner. »Sie spielen in der zweiten Liga?«

»Ich bin ein Raven der UC Sacramento.«

»Ein Raven.«

»Mein Team ist mir heilig.«

Er nickt, und ich werde langsam unruhig.

»Sacramento ist nicht gerade um die Ecke.«

»Von Indianapolis?« Ich schüttele den Kopf. »Richtig.«

»Ich bin mir nicht sicher, ob Sie nicht zu jung sind, um das Ausmaß Ihrer Entscheidung zu verstehen. Sie sind Mexikaner, richtig?«

»Ich bin in Mexiko geboren«, bestätige ich. »Aber keineswegs zu jung, um meine Handlungen einzuordnen und zu verantworten.« Immerhin lebe ich seit Jahren kilometerweit von meiner Familie entfernt auf eigenen Füßen und trage dazu seit einiger Zeit auch die Verantwortung für meine Schwester. »Ich denke, Sie unterschätzen mich.«

»Hm«, macht Morrowitz. »Möglich. Ich möchte Sie gern zu einem Training mit unserem Team einladen. Nur um zu schauen, ob Sie zu uns passen.«

»Okay.« Da er mich nicht korrigiert hat, gehe ich von den Indianapolis Colts aus. Nicht mein Favorit, aber dennoch eine Riesenchance.

Er reicht mir seine Karte. »Wenn Sie mir Ihre Kontaktdaten zukommen lassen, machen wir einen Termin.«

»Gern.« Ich nicke. »Ich melde mich.«

Mr. Morrowitz zieht die Brauen hoch. »Das hoffe ich doch.«

»Wenn Sie noch einen Defensive Guard brauchen, mein Teamkollege Rashid –«

»Morgan«, unterbricht Morrowitz mich. »Du bist zu spät, der Bursche gehört mir.«

Ich fahre überrascht herum. Clive Morgan kenne ich. Natürlich nicht persönlich, aber sein Name ist mir bekannt, schließlich habe ich ein genaues Ziel vor Augen: für die New York Jets zu spielen. Clive Morgan ist der Talent-Scout, der Träume möglich machen kann.

Morgan nickt erst Morrowitz zu, dann mir. »Jaime López, Sacramento Ravens. Ich bin beeindruckt.«

»Er hat noch einen Defensive Guard, den du dir ansehen solltest, Clive. Mr. López hier spielt für mein Team.«

Morgan feixt. »Das werden wir sehen, Gustav.« Er wendet sich an mich. Er ist größer als Morrowitz und deutlich behaarter. »Haben Sie heute Abend bereits etwas vor, Mr. López? Ich würde Sie gern mit einer Auswahl anderer Combine-Teilnehmer näher kennenlernen.«

»Noch habe ich nichts vor.« Soll ich Rashid noch einmal erwähnen?

»Fein, dann kommen Sie doch um sieben ins St. Elmo Steak House. Sie wissen, wo das ist?«

»Ich werde es finden.« Ich schüttele ihm wieder die Hand und verabschiede mich auch von Morrowitz. Ich spüre ihre Blicke auf mir, während sie sich freundliche Beleidigungen zuwerfen, und bemühe mich um absolute Gelassenheit. Erst in der Umkleidekabine schreie ich meine Freude heraus. Die *effing* Jets!

Rashid sieht zu mir rüber und runzelt die Stirn. »Ich freue mich ja auch, dass der Horror hier ein Ende hat.« Er schmunzelt müde. »Warum kann man nicht ewig für die Uni spielen?«

»Weil wir uns weiterentwickeln müssen, Rashid.« Ich schlage ihm freundschaftlich auf die Schulter. »Na komm, wir haben uns etwas Ruhe verdient. Gehen wir ...«

Mein Teamkollege lacht. »Ich gehe ins Bett! Mir tut alles weh!«

»Lass uns lieber ein paar Bahnen ziehen, das entspannt die Muskeln.« Und dann muss ich mich auch bereits auf mein Abendessen vorbereiten. Ich grinse sicher wie ein Honigkuchenpferd, während ich mich abdusche, anziehe und dann fröhlich pfeifend das Stadion verlasse.

Lindsey wedelt mit den Armen und strahlt über das ganze Gesicht. Endlich zu Hause. So aufregend und erfolgreich die letzte Woche gewesen ist, so sehr hat mir das hier gefehlt. Die stille Freude, einfach da zu sein, wo ich hingehöre.

Sie fällt mir um den Hals, kaum dass ich die Absperrung des Ankunftsbereiches verlasse, und küsst mich stürmisch. »Ich habe dich wahnsinnig vermisst!«

»Ich dich auch«, versichere ich ihr, lasse die Tasche fallen und drehe mich mit ihr im Kreis. Wir küssen uns noch, nachdem ich sie wieder abgestellt habe. »Wie war deine Woche?« Zwar haben wir telefoniert, aber viel gesprochen haben wir nicht, dazu war ich zu müde.

Lindsey verzieht das Gesicht. »Einsam.« Sie seufzt und senkt das Kinn. »Ich habe nicht geahnt, wie schwer mir das Alleinsein fällt.«

Ich streichele ihren Rücken und fühle mich schuldig. Sie wird viel allein sein, wenn mich die Jets unter Vertrag nehmen.

Lindsey streckt sich und sieht vorwitzig zu mir auf. »Du lässt mich einfach nicht mehr allein, dann ist das Problem auch gelöst.« Sie lacht unsicher und legt mir die Hände auf die Wangen. »Schön, dass du zurück bist.«

Ich schlucke schwer und zwinge mich, ebenfalls zu lächeln. »*Cariña* ...«

»Später! Ich habe eine Überraschung für dich!« Sie fasst nach meiner Hand und bückt sich gleichzeitig nach meiner Tasche. »Uff.«

Ich nehme sie ihr ab und schultere sie. »Was für eine Überraschung denn?« Mit meiner Freundin im Arm schlendere ich los.

»Ich habe einen Tisch reserviert ...«

Mein Lachen unterbricht sie. »Wieder osteuropäische Delikatessen?«

»Nein«, antwortet sie mit glänzenden Augen. »Ich dachte, wir versuchen es mexikanisch. Ich habe zu meinem Grauen festgestellt, dass ich absolut nichts über dich und deine Kultur weiß.«

»Ah.« Das ist doch süß.

»Ich kann auch kein Spanisch.« Sie verzieht die Miene. »Ziemlich peinlich, oder?«

»Nein, Lindsey. Ich finde das nicht peinlich, aber vielleicht ...« Ich stocke und stelle mir vor, wie ein Zusammentreffen meiner Eltern mit Lindsey ablaufen würde. Grauenvoll. Und verflixt, wie soll ich das auf lange Sicht verhindern?

Ihre Hand legt sich auf meinen Bauch. »Jay?«

»Meine Mutter ... hat Erwartungen.« Ich hadere mit mir. Wie soll ich all die Klippen umschiffen, die sich in den letzten Jahren aufgebaut haben? All die Lügengeschichten, die sich um meinen Sport, Cassies Studium und alles drum herum aufgebaut haben? Wo fange ich da an, und wie soll ich Lindsey verständlich machen, dass dieses Schauspiel nötig ist?

»Hohe Erwartungen an dich«, sagt Lindsey. »Cassie erwähnte das.« Sie kichert. »Deine Mutter muss stolz auf dich sein.« Sie schaut zu mir auf, und ich bringe es nicht über mich, sie zu korrigieren. Ja, früher oder später muss ich über meine Familie sprechen. Besonders über den Druck meiner Eltern, der vorrangig auf meiner

Schwester liegt, aber eben auch in gewisser Weise auf mir. Aber momentan möchte ich nur ihre Nähe genießen, sie an mir spüren und vergessen, dass unsere Zukunft nicht so einfach sein wird.

Aber es wird eine geben.

Ich atme befreit auf.

Ja. Ich grinse auf sie nieder. Lindsey schaut ebenso innig zu mir auf.

»Du hast recht«, sage ich. »Da gibt es einiges, was du über meine Familie und mich wissen musst, bevor du meine Eltern kennenlernst.«

Sie nickt eifrig. »Ich werde mich anstrengen, die perfekte Freundin zu sein.«

»Musst du nicht. Ich liebe dich, wie du bist.«

Sie stolpert, und ich schaffe es gerade noch, sie auf den Füßen zu halten. »Wi–wirklich?«

»*Sí, mi amor.*«

»Ich liebe dich auch.« Sie drückt sich an mich und besiegelt ihre Worte mit einem süßen Kuss. »Und jetzt erzähl mir, wie es gelaufen ist.«

Zwar lächelt sie noch immer, aber ich sehe ihr an, dass etwas nicht stimmt. Einen Augenblick hadere ich, ob ich nicht nachfragen soll, aber der Druck in mir steigt stetig an, und ich muss ihr einfach von den Scouts berichten, die sich mir förmlich in den Weg geworfen haben. Nicht nur Morrowitz und Morgan, denn kaum in meiner Unterkunft angekommen, habe ich gleich drei weitere Anrufe und Einladungen zu Gesprächen erhalten.

»Ich bin eingeladen worden, die Colts zu besuchen, und war mit einigen der anderen Teilnehmer mit dem Talent-Scout der Jets unterwegs!«

»Das klingt ...« Sie runzelt die Stirn.

»Ich wollte immer zu den Jets!«, bricht es aus mir hervor, und ich ziehe sie an mich. »Lindsey, du musst mir die Daumen drücken!«

Sie nickt. »Ja, nat– New York Jets.« Ihre Stimme quietscht, und sie wird blass.

»*Cariña*«, wispere ich. »Siehst du nicht, was das für eine Chance ist?«

»Diesen Sommer schon.« Es klingt nicht nach einer Frage.

»Lindsey ...«

»Das klingt wundervoll«, behauptet sie tonlos. Auch ihr Lächeln ist eher fad. »Es ist nur sehr weit weg.«

»Lindsey, das ändert doch nichts an uns.« Natürlich stimmt das nicht unbedingt, denn eine Fernbeziehung ist etwas völlig anderes, als zusammenzuwohnen. »Wir schaffen das.«

Sie nickt. »Wir lieben uns.«

Mein schlechtes Gewissen meldet sich. Ich verlange da eine Menge, aber meinen Traum aufgeben, wenn er doch in greifbare Nähe rückt?

»Vielleicht nehmen sie mich gar nicht«, sage ich in der Hoffnung, dass sich ihre Laune wieder hebt. »Vielleicht ... werden es die 49ers.«

Ihre Miene hellt sich auf, und ein kleines Lächeln legt sich auf ihre Lippen. »Das wäre wundervoll«, flüstert sie. »Das ist nicht so weit und wir könnten uns oft sehen.«

»Ja«, bestätige ich. »San Francisco ist eine machbare Entfernung.« Allerdings hat mich kein Scout einer kalifornischen Mannschaft angesprochen ...

17

Lindsey

Wieder allein.

Jay ist lieb, ja. Er meldet sich alle paar Stunden bei mir, schreibt mir Nachrichten, wir telefonieren. Er ist mit den Jungs unterwegs. Ethan ist dabei, und Abby macht sich offenbar nicht die geringsten Sorgen. Sogar Leroy durfte mit! Und seine Keisha ist total relaxt. Wenn sie telefonieren, droht sie nicht mal, ihm die Nase zu brechen. Meine Freundinnen vertrauen ihren Männern. Ich dagegen … offenbar nicht. Sosehr ich mich bemühe.

Die ganzen Spring-Break-Geschichten klingen mir in den Ohren. Wilde Partys, den ganzen Tag Alkohol und jede Menge leicht bekleidete Frauen und Männer. Jay versichert mir, dass an den Gerüchten nichts dran ist – jedenfalls nicht in der Location, die sie gewählt haben –, und er erinnert mich täglich daran, dass ich doch am besten wissen müsste, wie Gerüchte entstehen und wie wenig sie manchmal wahr sind.

Stimmt ja alles. Trotzdem starre ich die Wand an. Oder vielmehr den Zeichenblock und kann mich nicht konzentrieren. Die letzten Blätter sind voll von deprimierendem Zeug. Wieso ist meine Stimmung so abhängig von einem Mann? Das ist nicht gut!

Gar nicht gut.

Aber ich kann es nicht ändern. Wenn Jay bei mir ist, habe ich die Ängste halbwegs im Griff. Die Sorge, was aus uns wird, wenn er tatsächlich im Juni fortgeht. Wie diese Fernbeziehung laufen soll. Wenn er da ist, schaffe ich es, mir einzureden, dass er vielleicht doch nicht zu den Auserwählten gehört. Oder ich fantasiere darüber, wie er zwar die Chance erhält, zu seinem Traum-Team an die Ostküste zu gehen, sie aber sausen lässt, damit wir uns nicht trennen müssen. Dann glaube ich ihm, dass die Möglichkeit besteht, dass die 49ers ihn anfragen, obwohl seine Körpersprache deutlich sagt, dass das nicht der Fall ist.

Wenn er nicht bei mir ist ... Ich schlucke krampfhaft, versuche, die Gedanken zu verdrängen. Ich greife zu meinem Telefon und tippe eine Nachricht. Nun starre ich auf das Display. Innerlich zerreißt es mich. Ich brauche den Kontakt und schäme mich für meine Abhängigkeit. Wenn Jay nur einen Smiley schickt, bin ich bereits zufrieden, fühle mich weniger isoliert, weniger allein ...

Der Text geht nicht durch. Es bleibt bei einem grauen Haken. Mein Magen hebt sich, kribbelt. Mein gesamter Körper spielt verrückt.

Hat er erzählt, was sie heute vorhaben? Wollten sie irgendwohin, wo es keinen Empfang gibt? Ich scrolle hoch, lese die letzten Nachrichten. Nein, da steht nichts.

Macht er doch irgendwas, wobei er nicht gestört werden will? Mir wird übel. Vielleicht ist er auch nur gerade im Wasser. Aber warum sollte er dafür das Handy ausgeschaltet haben? Oder ist es ihm vielleicht ins Meer oder in den Pool gefallen und kaputt? Sollte ich

Ethan schreiben und nachfragen? Nein, das wäre peinlich. Aber was, wenn Jay etwas passiert ist? Vielleicht wurde er überfahren und sein Telefon dabei zerstört …

Schluss mit diesen absurden Gedanken! Ich stoße mich vom Zeichentisch ab und springe auf. Normalerweise hilft mir das Malen, aber heute kann ich mich einfach nicht auf die Arbeit konzentrieren, jeder Versuch endet darin, dass ich mir vorstelle, wie meine Beziehung mit Jay den Bach runtergeht. Wie er eine hübschere Frau kennenlernt, eine, die weniger kompliziert und mit Altlasten beladen ist.

Ich werde noch verrückt hier! Hat das Coffee & Dreams noch geöffnet? Dominic wäre der Richtige, um zu reden.

Wobei ich den schon seit Tagen belästige und ihm anmerke, dass seine Geduld am Ende ist. Wenn ich sogar ihn in die Flucht schlage, mache ich wirklich was falsch. Das Café ist eh schon geschlossen.

Soll ich Abby anrufen?

Und dann? Ich schnaube. Am Ende stecke ich sie noch an mit meinem Misstrauen. Sie hat doch eben erst Vertrauen zu Ethan gefasst. Es wäre grausam, da reinzupfuschen.

Ich gehe eine Weile im Wohnzimmer auf und ab. Werfe mich aufs Sofa. Springe wieder auf. Starre auf mein Telefon. Ein grauer Haken.

Ich kann das nicht! Ich bin nicht bereit für eine Fernbeziehung. Das ist nichts für mich, das ist doch offensichtlich. Petes Weggang war furchtbar, Cassies Abflug ein weiteres Tief. Ich muss einsehen, dass ich einfach klammere und nicht allein sein kann. Ich fühle mich schrecklich, ich bin angespannt, könnte wüten,

schreien und um mich schlagen und hasse mich dafür.
Wenn ich mich ständig so fühlen müsste ... unerträg-
lich! Besser, wenn wir uns gleich trennen. Weniger
Herzschmerz, weniger Frust, weniger dieses innerliche
Zerreißen.

Der Schmerz, der bei diesem Gedanken in mich fährt,
lässt mich jedoch zusammenzucken. Ich keuche. Das
ist nicht das, was ich will. Ich will keine Trennung, aber
wie soll ich dieses Gedanken- und Gefühlskarussell
ständig ertragen?

Und Jay wird das auch nicht wollen! Er hat gesagt,
dass er mich liebt. Dass er möchte, dass wir zusammen-
bleiben, was auch geschieht. Aber dann tue ich ihm
doch auch einen Gefallen, indem ich ihm Gründe gebe,
in Sacramento zu bleiben, oder nicht?

Ich nehme meinen Lauf wieder auf. Welche Gründe
könnten das sein? Cassie. Das könnte funktionieren.
Aber was, wenn sie sagt, er solle ruhig gehen? Kann ich
mir sicher sein, dass sie ihn hierbehalten will? Am Ende
ist sie froh, seiner Kontrolle entkommen zu sein. Nein,
das ist zu riskant.

Ich komme am Küchentresen vorbei, auf dem Jays
Post liegt. Etwas Goldenes lenkt meinen Blick auf sich.
Ein Aufkleber auf einem Umschlag. Ich nehme den
Brief auf und muss lächeln. Es ist so GenX, sich Adres-
saufkleber drucken zu lassen und sie auf jeden Umschlag zu klatschen, ob er ein Schreiben an die Kran-
kenkasse oder an den Sohn enthält.

Diego & Alejandra López
C. Manuel Ascencio 74
78450 Ahualulco del Sonido 13, San Luis Potosí

Mexico
+52 444 768 55597

Ich starre die Telefonnummer an.

Jay hat erzählt, dass seine Eltern so stolz darauf seien, dass er Arzt wird. Als ich nachgefragt habe, wie sie zu seinem Sport stehen, ist er mir ausgewichen. Ich wette, sie wären nicht begeistert, dass er das Medizinstudium aufgibt. Aber reicht »nicht begeistert«, um mir zu helfen, ihn zum Bleiben zu überreden? Er kann doch sicherlich später immer noch in die NFL gehen. Später, wenn unsere Beziehung gefestigt ist. Wenn ich es aushalte, von ihm getrennt zu sein. Oder es über mich bringe, Sacramento den Rücken zu kehren. Wenn ich meinen Abschluss in der Tasche habe. Wir brauchen doch nur etwas Zeit!

Und es ist doch ganz logisch. Cassie ist noch minderjährig und braucht ihn. Ich brauche ihn. Und er sollte wenigstens sein PreMed-Studium abschließen. Darauf könnte er dann nach seiner Football-Karriere aufbauen. Sonst stünde er am Ende mit leeren Händen da. Auch im Falle einer Verletzung, die ihn spielunfähig machen würde. So etwas passiert! Ich denke da an Ethans früheren Freund Brandon, der nach dem Ende seiner Rugby-Karriere keine Perspektive mehr hatte und straffällig wurde. Das kann Jay doch nicht wollen!

Wieder betrachte ich die Telefonnummer, dann schaue ich auf mein Handy. Es zittert in meiner Hand. Die Nachricht an Jay ist immer noch nicht durchgegangen. Ich wähle seine Nummer, auch wenn es peinlich ist, ihm hinterherzutelefonieren, aber ich mache mir schließlich Sorgen! Das wird er schon verstehen.

Diese Rufnummer ist vorübergehend nicht erreichbar ...
Seufzend lege ich auf.

Ich googele den Exit Code, den ich für ein internationales Gespräch wählen muss, und tippe ihn ein. Dann die nächsten Zahlen der Nummer auf dem Aufkleber.

Und lege wieder auf. Ich spreche kein Spanisch! Ja, ich habe angefangen, mit einer App ein paar Ausdrücke zu lernen, aber das reicht vielleicht für eine Bestellung im Restaurant, aber nicht für komplexe Themen. Wie sollte ich Jays Eltern die Sache erklären?

Ich schlage mir an die Stirn. Natürlich! Dafür gibt es Programme. Simultanübersetzungs-Software. Erneut googele ich und werde schnell fündig.

Tief sauge ich den Atem ein. Was tue ich hier?

Dafür sorgen, dass Jay und ich zusammen glücklich werden. Das ist schließlich auch in seinem Interesse. Wenn er geht, wäre ich gezwungen, mich zu trennen – ich kann einfach nicht in einer Fernbeziehung stecken –, und dann wären wir beide todunglücklich.

Ich hole meinen Laptop, setze mich aufs Sofa und tippe in die Übersetzungssoftware, was ich den López sagen will. Die ersten Wörter – die Begrüßung und die Erklärung, wer ich bin – werde ich selbst sagen, den Rest lasse ich ihnen von der Software vorlesen. Ihre Antwort wird dann direkt für mich übersetzt erscheinen. Ich kann dann erneut eine Erwiderung eintippen und vorlesen lassen. Und immer so weiter. Ja, das sollte funktionieren.

Noch einmal sehe ich aufs Handy. Ein grauer Haken. Wenn die Nachricht in drei Minuten nicht durchgegangen ist, rufe ich die López an.

Drei Minuten vergehen. Ich warte weitere drei Minuten. Dann nehme ich meinen Mut zusammen. Für Cassie. Für Jays Zukunft. Für unsere Liebe. Ich kneife die Augen zu, während es durchklingelt.

»Digame!«, ertönt schließlich eine Frauenstimme, und ich reiße die Augen auf.

»Buenos dias, yo soy ...« Ich muss mich räuspern. *»Soy Lindsey, la ... la amiga de Jay. Jaime.«*

Schweigen am anderen Ende. Mir bleibt wohl nichts anderes übrig, als weiterzumachen. Ich klicke auf den Button, und meine englischen Worte werden auf Spanisch übersetzt und erklingen überlaut in dem stillen Zimmer.

Ihr Sohn will das Studium abbrechen und an der Ostküste Football spielen. Bitte helfen Sie mir, ihn zu überzeugen, dass er in Sacramento bleibt.

Noch immer bleibt es still, aber dann bricht unvermittelt der Sturm los. Ein Sturm an spanischen Wörtern, so schnell, so kreischend, beinahe aggressiv ausgesprochen, dass mir die Ohren dröhnen. Meine Software ist komplett überfordert, schreibt nur unverständliche Wort- und Satzfetzen und hängt sich schließlich ganz auf. Ich starte sie neu, um eine Erwiderung einzutippen, aber bis ich so weit bin, ist aufgelegt worden. Ich nehme mein Telefon vom Ohr und starre es an. Und mir schwant, dass ich gerade den Fehler meines Lebens begangen habe.

Am liebsten hätte ich mich geohrfeigt. »Lindsey Severin, du bist so eine blöde Pute!«, schimpfe ich.

»Lindsey Severin, *eres un pavo tan estúpido!*«, quäkt die Software-Stimme, und ich breche in haltloses Gelächter und gleich darauf in Tränen aus.

Was habe ich getan? Wieso habe ich mich eingemischt? Noch ist gar nichts passiert, aber ich habe das dumme Gefühl, dass dies ein Nachspiel haben wird. Mir ist auf einmal eiskalt, und ich ziehe die Wolldecke über mich.

Plötzlich kommt mir ein Gedanke. Könnte es sein, dass die López gar nichts von Jays sportlichen Ambitionen wissen? Auch wenn ich die Worte nicht verstanden habe, war die Fassungslosigkeit in der Stimme nicht zu überhören. Aber kann er so etwas Wichtiges vor ihnen verheimlicht haben? Und wenn ja? Dann werden die López doch direkt bei Jay anrufen und ihn mit meiner Aussage konfrontieren! Ich öffne wieder den Messenger, und diesmal spüre ich beim Anblick des einzelnen grauen Hakens Erleichterung. Sie werden ihn so wenig erreichen wie ich. Das erkauft mir aber höchstens Zeit. Die Frau am Telefon klang nicht, als würde sie sich so schnell beruhigen. Meine Gedanken rasen. Ich muss ihm beichten, was ich getan habe. Aber das kann ich ja nicht, denn dann ... Ich mag nicht über die Konsequenzen nachdenken.

Mein Klingelton erschallt überlaut, und vor Schreck fällt mir das Telefon aus der Hand. Mein Herz rast, und ich wühle in der Decke herum. Als ich das Gerät endlich finde, hat das Klingeln aufgehört.

Entgangener Anruf: Cassandra López, heute, 19.23 Uhr

O nein. Sie haben Jay nicht erreicht und Cassie angerufen. Und jetzt erwartet mich ein Donnerwetter. Vielleicht bereitet mich das darauf vor, was ich von Jay zu hören bekommen werde.

Seufzend drücke ich auf Rückruf.

Und erkenne innerhalb von einem Wimpernschlag, dass Cassie ganz die Tochter ihrer Mutter ist. Der Wortschwall, der über mich hereinbricht, enthält zwar zumindest auch englische Wörter, aber er unterscheidet sich von dem rein spanischen in keiner Weise, was Wut und Fassungslosigkeit angeht.

»Was hast du dir nur dabei gedacht?«, endet Cassie mit sich überschlagender Stimme.

Ich blinzele, während ich versuche, mir auf all ihre Worte einen Reim zu machen. »Cassie ... es tut mir leid. Ich weiß jetzt, dass es ein Fehler war.«

»Und ob! Ist dir klar, in was für eine Lage du mich gebracht hast?« Jetzt klingt sie, als würde sie weinen, und es zerreißt mir das Herz.

»Darüber habe ich nicht nachgedacht«, sage ich leise. »Ich hab nur solche Angst, Jay zu verlieren, und ich dachte, dass eure Eltern mir helfen könnten, ihn zu überzeugen, hierzubleiben.« Ehe sie antworten kann, setze ich schnell hinzu: »Das wäre schließlich für uns alle das Beste!«

»Für uns alle?« Ich höre ihr das Stirnrunzeln an. »Wie sollte es für Jay das Beste sein, seinen Traum aufzugeben?«

Mühsam krame ich in meinem Gehirn nach den Argumenten, die mich dazu gebracht haben, seine Eltern anzurufen. Warum nur klingt jetzt plötzlich alles so lahm? »Er ... müsste doch von dir weg. Von allen Menschen, die er kennt.« Ich atme tief durch. »Von mir. Er hat mir gesagt, dass er mich liebt. Und ich kann keine Fernbeziehung führen. Es wäre also das Ende. Das kann er nicht wollen!«

Es dauert einige Sekunden, bis Cassie antwortet. »Hast du ihm das so gesagt? Dass du dich trennst, wenn er geht?«

»Nein ...«

»Aber das wirst du tun?« Erneut wird ihre Stimme schrill. »Du willst ihn erpressen, sich gegen seinen Traum und für dich zu entscheiden? Ja, glaubst du denn, das überlebt eure Beziehung?«

»Ich will ihn doch nicht erpressen!«, verteidige ich mich. »Nur zeigen, dass er gute Gründe hat, hierzubleiben. Was, wenn er das Studium ohne Abschluss aufgibt und sich verletzt und nicht mehr spielen kann? Was wird aus dir, wenn du keinen Vormund mehr in der Stadt hast, der deine Entscheidungen absegnen kann?«

»Das geht alles online«, zischt sie. »Hör auf, deinen Egoismus rechtfertigen zu wollen!«

Ist das wirklich die kleine, liebe Cassie, die mich hier zur Schnecke macht? Habe ich sie falsch eingeschätzt?

Nein, habe ich nicht. Ich habe nur einen offenbar unverzeihlichen Fehler begangen. Den ich immer noch nicht ganz verstehe.

»Es war falsch von mir, mich einzumischen«, sage ich bemüht ruhig. »Das sehe ich ja ein. Aber ... Cassie, was genau ist so schlimm, dass jetzt die Welt zusammenbricht?«

Ich höre sie mehrfach tief durchatmen, dann sagt sie: »Hoffentlich bricht sie nicht zusammen. Ich denke, es ist mir gelungen, meine Eltern zu beruhigen.«

»Was haben sie dir überhaupt erzählt?«

»Dass sie gerade einen Anruf von einer Lindsey hatten, die behauptet hat, Jay würde sein Studium abbrechen, an die Ostküste ziehen und Footballprofi werden.«

Na, immerhin hat die Software da funktioniert. Vielleicht wäre es besser gewesen, sie hätte es nicht ...

»Und dass sie ihn selbst nicht erreichen können und deshalb von mir wissen wollen, was das alles zu bedeuten hat.«

»Ich konnte ihn auch nicht erreichen –«

»Lindsey!«, fällt sie mir ins Wort. »Hast du dir nicht denken können, dass sie augenblicklich versuchen würden, mit einem von uns zu sprechen? Zum Teufel, sie wissen doch nicht, dass ich in Peru bin! Weißt du, wie schwer es war, ihnen klarzumachen, warum ich Jay jetzt gerade nicht ans Telefon holen kann?«

»Na ja, dass er auf Spring Break ist, werden sie doch wissen.«

»Nein, verdammt! Das wissen sie nicht! Sie würden sofort ihre finanzielle Unterstützung einfrieren, wenn sie wüssten, dass Jay die Ferien nicht nutzt, um zu lernen.«

Mir schwirrt der Kopf. »Jay hat doch ein Stipendium ...«

»Ja!« Ihre Stimme überschlägt sich. »Er schon, aber ich nicht!«

Das verwirrt mich nun noch mehr. »Es tut mir leid, dass sie dich da jetzt mit reingezogen haben –«

»Mich jetzt mit reingezogen? Ich stecke schon lange genauso tief drin wie Jay, wenn nicht tiefer! Verdammt, Lindsey, sie wissen es doch nicht!«

»Was wissen sie nicht?«

»Alles! Nichts! Dass ich studiere, dass Jay Football spielt, dass er ein Stipendium hat. Sie denken, sie finanzieren sein Medizinstudium. Dabei nutzen wir ihr Geld, das Jay nicht benötigt, um mein Studium zu finanzieren. Um dir die Miete zu bezahlen und damit ich was zu essen habe! Damit ich nicht arbeiten muss, damit ich auf diese Ausgrabung gehen konnte, die mir alles bedeutet!«

Mir wird so übel wie noch nie zuvor in meinem Leben. Habe ich hier gerade ungewollt und unbewusst ein Kartenhaus aus Lügen einstürzen lassen?

Da ich nicht weiß, wie ich mich für diese Ungeheuerlichkeit entschuldigen soll, und da ich über die Maßen verwirrt bin, picke ich mir einen Punkt heraus, um etwas mehr Klarheit zu erlangen. »Was denken sie denn, was du tust, wenn sie nicht wissen, dass du studierst?«

»Eine Ausbildung zur Krankenschwester«, sagt sie mit Grabesstimme. »Das war das Einzige, was wir ihnen schmackhaft machen konnten. Eigentlich wollten sie überhaupt nicht, dass ich was lerne. Wenn es nach ihnen geht, soll ich heiraten und Kinder bekommen. Als Krankenschwester könnte ich aber wenigstens Jay später assistieren, wenn er seine eigene Praxis hat. Der Gedanke hat ihnen gefallen, denn dass man sich innerhalb der Familie hilft, ist selbstverständlich.« Sie seufzt. »Nur leider will ich keine Krankenschwester werden und auch nicht heiraten. Ich will Ausgrabungen leiten, ich will die Aufregung, wenn ich eine Tonscherbe oder einen Knochen entdecke. Wenn der Blick ins Mikroskop oder auf die Laborergebnisse offenbart, mit welcher Epoche ich es zu tun habe, welchem Menschen der Knochen gehört haben könnte, wie er gestorben ist ... Das ist meine Welt!« Ihre Stimme schwankt, und sie schnieft. »Wenn ich das verliere, kann ich mich gleich begraben lassen.« Plötzlich klingt sie sehr jung. Oder genauer, sie klingt nach ihrem eigentlichen Alter. Es zerreißt mir das Herz, sie so zu hören.

»Das wusste ich nicht«, bringe ich mühsam hervor.

»Was wusstest du nicht?«

»Dass ihr eure Eltern ... dass ihr ihnen nicht die Wahrheit sagt.«

»Jay hat dir nichts von alldem erzählt?«

»Nein! Nur dass sie nichts von der Ausgrabung wissen. Alles andere wusste ich nicht. Sonst hätte ich sie doch niemals angerufen!«

»Wirklich nicht?« Der Zweifel in ihrer Stimme tut mir weh.

»Natürlich nicht. Ich würde doch nicht absichtlich euer Leben zerstören.«

Ihr Schweigen bohrt das Messer noch tiefer in mein Herz. Erst nach langen Augenblicken spricht sie wieder. »Das hast du vielleicht auch nicht. Ich habe sie beruhigt. Ihnen gesagt, dass es ein Missverständnis sein muss, da du kein Spanisch sprichst. Dass du mit ihnen vermutlich über eine Überraschung für Jay sprechen wolltest, die du zu Ostern planst. Weil er sich so in sein Studium reinkniet und eine Belohnung verdient hat.«

»Und das haben sie geglaubt?«

»Zumindest haben sie das am Ende gesagt. Sie haben keine Ahnung von Technik. Ich habe behauptet, die Software hätte Osten und Ostern verwechselt. Aufgeben und aufmuntern. Dass du um Hilfe gebeten hast, wenn sie zu Ostern nach Sacramento kommen. Nicht dabei, ihn in Sacramento zu halten.«

»Eure Eltern kommen in die Stadt?«

»Ja, am Samstag vor Ostern. Sag mal, redet Jay und du überhaupt nicht? Was tut ihr denn den ganzen Tag, wenn ihr … Ach, vergiss es. Ich will es lieber nicht wissen.«

»Vielleicht hat er es einfach nicht als wichtig genug angesehen, mit mir über eure Eltern zu sprechen.« Oder vielleicht hat er *mich* nicht als wichtig genug angesehen, diese Geheimnisse mit mir zu teilen. Ich schlucke krampfhaft. »Schließlich sind wir erst kurz zusammen.«

»Eure Beziehung ist ihm immerhin wichtig genug, unseren Eltern von dir zu erzählen. Sie wussten, mit wem sie es am Telefon zu tun hatten.«

»Oh, toll …« Obwohl es mich erleichtert, dass Jay ihnen von mir erzählt hat, weiß ich nicht, ob das eine gute Sache ist. Ich atme tief durch. »Wir müssen ihm sagen, was ich getan habe. Ihn vorwarnen, falls sie ihn anrufen.«

»Ich habe ihnen gesagt, sie sollen ihn auf keinen Fall auf irgendwas ansprechen und ihm um Himmels willen nicht sagen, dass du sie angerufen hast. Er sei in einer wichtigen Phase seines Studiums und brauche dringend Ruhe. Und sie würden damit ja deine geplante Überraschung kaputtmachen.«

»Dennoch kann ich ihm doch nicht verheimlichen –«

»Doch, das kannst du!«, sagt Cassie eindringlich. »Das musst du sogar. Die Sorgen würden ihn um den Schlaf bringen, und das kann er nicht gebrauchen. Er muss fit bleiben. Und er macht sich schon genügend Gedanken, wie er den Draft vor unseren Eltern geheim halten kann, wenn sie doch zu der Zeit in der Stadt sind. Zum Glück haben sie ein Ferienhaus etwas außerhalb gemietet. Sie sind keine Großstadtmenschen.«

»Und wenn er gedraftet wird? Gehen die Lügen dann weiter? Wollt ihr verheimlichen, dass er nicht mehr in der Stadt wohnt?«

»Ja, so der Plan. Zumindest bis ich volljährig bin und er sich eingelebt hat. Sein Gehalt sollte dann für uns beide ausreichen.«

»Das ist doch Wahnsinn.«

»Ja. Aber es hat bisher funktioniert.« Auch wenn sie ihn nicht ausspricht, höre ich den Vorwurf in ihrer Stimme. Bisher ... Bis Lindsey Severin kam und ihre Ängste nicht unter Kontrolle bekommen hat.

»Ich weiß nicht, ob ich Jay anlügen kann«, sage ich leise. »Die Schuldgefühle bringen mich jetzt schon um.«

»Es gibt keinen Grund, ihn aufzuregen«, entgegnet Cassie fest. »Sag ihm nichts. Bitte. Ich bin nächste Woche zurück, dann reden wir zwei in Ruhe. Zwei Wochen bleiben uns dann noch vor ihrer Ankunft, um alle Spuren von Jays Footballkarriere und meinem Studium zu verbergen. Das hätten wir eh gemusst. Vielleicht sind sie jetzt ein wenig misstrauischer als vor deinem Anruf, aber im Grunde ist nichts passiert. Ich kenne meine Eltern. Sie glauben ihrer braven Tochter, wenn die ihnen versichert, dass es ein Missverständnis war. Wir müssen uns nur diese Überraschung ausdenken, bei der du ihre Hilfe brauchst.« Cassie klingt überzeugt, und ich möchte ihr gern glauben, kann es aber nicht.

»Das kann doch alles gar nicht funktionieren. Wie willst du ihnen zum Beispiel vormachen, dass du als

Krankenschwester arbeitest? Du kennst dich damit doch gar nicht aus. Und werden sie nicht deinen Arbeitsplatz sehen wollen?«

Cassie gluckst. »Ich bin vorbereitet. Du kennst doch Keisha Adams, oder? Die Verlobte von Jays Mannschaftskumpel Leroy? Die ist Krankenschwester.«

Mir entfährt ein Lachen. »Oh, das passt. Dann kann sie ihre Opfer gleich versorgen, denen sie mit ihren Kickboxtechniken Schaden zufügt.«

»Ja, das dachte ich auch.« Cassie kichert. »Jedenfalls hat sie mir ein Buch mitgegeben, das sie für ihre Ausbildung benutzt hat, und ich hab hier einiges an Freizeit, um zu lesen. Einen Verband anzulegen, das schaffe ich schon. Und Keisha wird mich auch decken, falls sie darauf bestehen, das Krankenhaus zu besuchen.«

»Ihr habt wirklich an alles gedacht.« Ich seufze tief. »Nur nicht an menschliches Versagen. Meine Einmischung tut mir so leid, Cassie. Ehrlich.«

»Weiß ich doch. Mach dir nicht zu viele Sorgen. Es wird schon alles gut gehen. Und denk daran: Kein Wort zu Jay, auch wenn es dir schwerfällt und du dich schuldig fühlst. Wir sehen uns nächste Woche.«

»Bis dann, Cass. Und danke.«

Ich lege auf. Auf dem Display des Telefons werden Nachrichten und entgangene Anrufe angezeigt. Von Jay. Verzweifeltes Lachen überkommt mich. Hätte der Kerl nicht eine halbe Stunde früher reagieren können? Vielleicht wäre dann dies alles nicht passiert. Wobei es nicht richtig ist, jemand anderem die Schuld zu geben. Ich allein habe Dummheiten gemacht. Vor meinem inneren Auge sehe ich ein deckenhohes Kartenhaus und dann mich, die eine der untersten äußeren Karten wegzieht. Das Gebilde schwankt teuflisch, stürzt aber nicht in sich zusammen. Noch nicht. Ich blinzele, um das Bild zu verscheuchen, und rufe Jay zurück. Er geht sofort dran, entschuldigt sich und erzählt begeistert von einer spontanen Bootstour inklusive Tauchgang. Natürlich hatte er dort keinen Empfang. Eine ganz logische Erklärung, und ich glaube sie ihm auch. Das macht das, was ich getan habe, nur noch schlimmer.

Ich halte mich an Cassies Rat und schweige zu dem fatalen Telefonanruf, und es scheint, als würde sie recht behalten. Jay ist fröhlich und guter Dinge vom Spring Break zurückgekehrt, und auch in den Tagen danach kippt die Stimmung nicht. Er telefoniert einmal mit seinen Eltern, und mein Herz setzt fast aus, als er mir davon erzählt, aber offensichtlich ist das Gespräch weder auf seine Zukunftspläne noch auf mich gekommen. Sollte der Kelch noch einmal an mir vorübergegangen sein?

Andererseits ... Das Problem, weswegen ich überhaupt angerufen habe, bleibt. Der Tag des Drafts rückt näher. Es sind nur noch drei Wochen. Dann entscheidet sich, was aus unserer Beziehung wird. Ich zwinge mich dazu, jeden Tag zu genießen, fröhlich zu sein, mich für Jay zu freuen. Das muss ich schon wegen meiner Schuldgefühle tun.

Falls er mir anmerkt, dass etwas nicht stimmt, spricht er mich zumindest nicht darauf an. Er erzählt mir endlich, dass seine Eltern kommen, und wir reden über unsere Wohnsituation, wenn Cassie in ein paar Tagen zurück sein wird. Ich möchte nicht, dass er auszieht, und das möchte er auch nicht. Für Cassie etwas anderes zu suchen, würde aber zementieren, dass wir tatsächlich als Paar zusammenleben und nicht nur als Verliebte in einer WG. Auch wenn mein Herz schneller schlägt bei dem Gedanken, fest mit Jay zusammenzuleben, fürchte ich, dass es ihm dafür zu früh sein könnte. Deshalb schlage ich vor, dass er zu mir in mein Zimmer und Cassie in ihr altes zieht. Mein Bett ist breit genug, um bequem darin Sex zu haben, warum sollte es dann nicht auch für die Nachtruhe genügen? Es wäre ja nicht für lange ...

Der Gedanke lässt mein Herz schwer werden, aber dann sehe ich Jay an und tue das, was ich in letzter Zeit besonders gut kann in seiner Gegenwart: verdrängen.

18

Jaime

Cassie und Lindsey stehen am Herd, während ich versuche, mich auf das wieder startende Semester vorzubereiten. Allerdings hängt mir der Spring Break noch nach, und ich bereue es ein wenig, dass ich ihn nicht habe ausfallen lassen.

Lindsey ist seitdem schweigsam und nervös. Manchmal sitzt sie vor der Leinwand und rührt stundenlang keinen Finger. Seit Cassies Rückkehr ist sie aktiver, aber ganz die Alte ist sie trotzdem nicht, und das besorgt mich.

Es klingelt, und ich stehe seufzend auf.

»Ich gehe schon!«, bietet meine Schwester fröhlich an. Sie hat Farbe bekommen und ist ebenfalls verändert – selbstbewusster, eigenständiger. Ich fühle mich ein wenig, als hätte mich der Spring Break in eine andere Realität versetzt.

»Danke«, murmele ich und setze mich wieder. Organische Chemie ist zwar spannend, aber auch komplex, und ich brauche absolute Abgeschiedenheit, um mich durch die Vorbereitungslektüre zu arbeiten.

»¡*Mamá*!«, ruft Cassie hörbar entsetzt, aber ich schalte nicht gleich, hebe lediglich den Kopf und starre den Flur entlang. Unsere Mutter drängt sich an meiner Schwester vorbei und segelt im nächsten Moment auf mich zu.

»Jaime!« Ihr feuriger Blick brennt sich in mich.

Ich stehe auf, bin mit kaltem Schweiß getränkt und völlig überfahren. Ich hebe in Zeitlupe den Arm, vergewissere mich mit meiner Watch, dass ich weder träume noch die Wochen bis Ostern verpasst habe.

»Was geht hier vor?«, fragt sie und bleibt vor mir stehen.

»O mein Gott«, höre ich Lindsey wispern, aber es klingt eher nach Pistolenschüssen. Laut, durchdringend und nach Gefahr.

Mutter richtet ihren Blick nun auf Lindsey. Ihre Miene verzieht sich bei der schnellen Musterung. »Gehen Sie!«, befiehlt sie, natürlich auf Spanisch. »Sofort!«

Lindseys Mund klappt auf.

»Cassandra, sag deiner Freundin, dass sie gehen muss.«

Meine Schwester hat unseren Vater im Schlepptau und ist ebenso überwältigt wie ich. Sie ist regelrecht grau im Gesicht und wirkt apathisch.

»Ich bin ...«, krächzt Lindsey und tritt auf uns zu. Sie streckt die Hand aus. »*Hola, soy ...*«

»Was tut ihr denn schon hier?«, piepst Cassie. »Ihr wolltet doch erst nächste Woche kommen!« Sie verstellt unserer Mutter den Blick auf Lindsey, die mit ihrem Schlafzeug nicht gerade angemessen bekleidet ist, um unseren Eltern vorgestellt zu werden.

Mutter schiebt Cassie zur Seite, fasst nach Lindseys Arm und zerrt sie in den Flur. »*¡Se van ahora! ¡Andale!*«

»*¡Mamá!*«, quietscht Cassie und eilt ihnen nach. »Warte, du kannst nicht ...« Sie schaut zu mir zurück, vermutlich als Aufforderung, einzuschreiten. »Du kannst sie doch nicht rauswerfen!«

»Wir haben dringende familiäre Angelegenheiten zu klären, dabei brauchen wir keine Fremden!« Mutter reißt die Tür auf und schubst Lindsey hinaus. Ich fange ihren überraschten Blick auf, aber da steckt mehr drin. Panik?

»*Mamá.*« Ich eile ihnen nach und hindere Mutter daran, Lindsey die Tür ins Gesicht zu schlagen. »Cassie hat recht, du kannst Lindsey nicht einfach rauswerfen.« Immerhin ist dies ihre Wohnung, aber das habe ich natürlich verschwiegen. Unglaublich, dass unser Kartenhaus so mir nichts, dir nichts in sich zusammenfällt!

»*¿Lindsey? ¿Tu amiga?*«

Hitze schießt mir in die Wangen. »*Sí. Mamá*, was ist denn los?«

»Hast du vor, dein Studium abzubrechen, um Fußball zu spielen?«

Mein Herz geht auf Talfahrt und rast schneller die zwei Stockwerke ins Coffee&Dreams hinab als ein aus dem Fenster geworfener Football. »*¿Perdona?*« Wo hat sie das her?

»O nein«, wispert Cassie mit Grabesstimme. Sie reißt die Augen auf, und ihr Blick springt zu Lindsey. »Das ist doch Unsinn.«

Mutters Zeigefinger streckt sich anklagend in Richtung Lindsey aus. »*Tu amiga me llamó y ...*«

»Bitte was?«, unterbreche ich sie entgeistert. »Wer hat dich angerufen?«

»Ich gehe runter.« Lindsey tapst von einem nackten Fuß auf den anderen. »Denk dran: Der Herd ist noch an.«

Ich starre sie an. »*¿Lindsey te llamó?*« Warum sollte sie? Das ergibt doch keinen Sinn.

Ich schließe die Augen. Meine Gedanken drehen sich wild im Kreis, und ich weiß tief in meinem Inneren, dass soeben die Welt untergeht. Meine Welt. Und sie reißt all meine Träume mit sich. O Gott, bitte lass nicht Lindsey schuld daran sein.

»Du hast meine Mutter angerufen?«, frage ich sie. Meine Stimme ist rau und klingt ungewohnt aggressiv. Ich hebe die Lider gerade rechtzeitig, um ihre Reaktion zu verfolgen: Sie zuckt zusammen. Das ist doch ein klares Schuldeingeständnis!

Ich wende mich ab, balle die Fäuste, um die aufbrausende Wut in mir zu kontrollieren.

Warum?

»Jay …«

»Warte«, mischt sich Cassie gehetzt ein. »Wir klären das. Kannst du ins Coffee&Dreams gehen? Wir … brauchen etwas Luft und … tatsächlich keine Zuhörer.« Meine Schwester klingt entschuldigend. Ich stapfe in den Wohnbereich, wünsche mir, mich in Luft aufzulösen. Vater steht am Fenster und schaut raus. Sobald er mich bemerkt, dreht er sich zu mir um. In seiner Miene steht seine Enttäuschung geschrieben.

»Hijo mío, asegúrame que no has traicionado nuestra confianza.«

Das kann ich ihm nicht versichern, ohne zu lügen, denn ich habe ja ihr Vertrauen missbraucht. Ich kann nur schlucken und mich dem Sturm stellen. Vielleicht lässt sich irgendetwas retten. Cassies Zukunft.

Ich lasse den Kopf hängen.

»*¡Dios mío, Jaime!*« Die Tür knallt zu, und unsere Mutter schiebt Cassie in den Raum. »Ich will eine Erklärung!«, donnert sie und streckt mir den Zeigefinger entgegen. »Und wage es nicht, mich anzulügen!«

»Eine Erklärung zu was?« Ich wechsele einen schnellen Blick mit meiner Schwester, die ähnlich schuldbewusst wirkt wie Lindsey zuvor. Was ist hier los?

»Hast du dein Studium abgebrochen?«, fragt Vater ernst, wenn schon nicht aufgebracht. »Hast du all unser gutes Geld für … *Vergnügungen* ausgegeben?« Er wedelt mit der Hand herum. »Für Frauen, Alkohol und andere Laster?«

»Selbstverständlich nicht.«

»Und dieses Mädchen?« Seine buschigen Brauen wandern höher. »Hältst du sie aus?«

Cassie legt sich die Hände vor den Mund. Ihre Augen sind riesig, und sie schwankt leicht.

»Nein, *Papá*, Lindsey ist nicht so ein Mädchen.«

Mama schnaubt abfällig und verdreht die Augen. »*Hijo*, du weißt nicht, was für ein Mädchen sie ist.«

»Sie ist …« Ich muss schlucken und mir Mut zusprechen. »Sie ist meine Freundin, *Mamá*, bitte bringe ihr Respekt entgegen.« Ich strecke die Schultern. »Und es muss ein Versehen gewesen sein, dass sie dich angerufen hat.«

Hoffe ich. Hoffe ich inständig. Aber macht das wirklich einen Unterschied? Mein Magen dreht sich.

»Sie spricht kein Spanisch, daher wirst du, was immer sie gesagt hat, falsch verstanden haben.«

Unsere Mutter fixiert erst mich, dann meine Schwester. »Das hat Cassie auch behauptet, aber ihre Worte waren deutlich. *Ihr Sohn will das Studium abbrechen und an der Ostküste Football spielen. Bitte helfen Sie mir, ihn zu überzeugen, dass er in Sacramento bleibt.* Da gab es nichts misszuverstehen.«

Ich will alles abstreiten, aber tief in mir weiß ich, dass ich mich nicht selbst belügen kann. Das klingt nach Lindsey. Cassie weicht meinem Blick aus, ringt die Hände.

»Mach Sport, wenn es dir Freude bereitet, Jaime, aber verliere nicht dein Ziel aus den Augen. Du musst Arzt werden! Wir haben uns jeden Peso vom Mund abgespart, damit es dir einmal besser geht als uns.« Mutter streckt die flehentlich erhobenen Hände nach mir aus. »Lass dir von niemandem einreden, dass du etwas anderes tun willst!«

Cassie schnieft. »Das ist nicht fair.«

Ich bin innerlich erstarrt. Warum hat Lindsey das verraten? Warum ist sie mir so in den Rücken gefallen?

»Jaime opfert sich doch schon auf!« Meine Schwester klammert sich an meinen Arm. »Er lernt doch wie ein Besessener, warum dürfen wir nicht auch etwas Spaß haben?«

»Spaß?«, greift unsere Mutter schrill auf. »Bist du des Teufels?«

»Indem er Football spielt!«, begehrt Cassie auf. »Indem er seinem Herzen folgt. Was ist das denn für ein Leben, wenn man immer nur … gehorcht?«

Mama keucht und legt sich die Hand an den Hals. *»Dios mío,* was ist in dich gefahren?«

»Sie hat recht«, ziehe ich die Aufmerksamkeit meiner Eltern auf mich. Ich bin nervös. Ich weiß, was für Cassie auf dem Spiel steht, schließlich finden Gespräche über ihre festgelegte Zukunft häufiger statt als über meine. Nun, vielleicht ist das Wort *Gespräch* dabei auch irreführend, denn eigentlich werden weder Cassie noch ich wirklich in diese integriert. Wir sind eigentlich nur Befehlsempfänger.

»Jaime!«, schnauft unsere Mutter und lässt die Hand fallen, um beide zu Fäusten zu ballen. »Was redest du da? Wie oft muss ich wiederholen, wie wichtig es ist, dass du eine gute Ausbildung erhältst? Dass du lernst und fleißig bist, damit du dein Ziel erreichst und Arzt sein kannst?«

»*Mamá*, ich war fünf, als ich sagte, dass ich Arzt werden will.« Zwar ist es immer noch ein Beruf, den ich mir für mich vorstellen kann, aber ich brenne eben nicht für Knochen, Organe und Medikamentenwirkungen!

»Jaime, so sprichst du nicht mit deiner Mutter!«, mischt sich Vater ein und schiebt sich zwischen uns, als hätte ich sie bedroht. »Du wirst Respekt zeigen! Wir opfern uns auf für dich!«

Ich atme tief durch und trete zurück. »Ich habe Respekt.« Auch wenn ich ihn sicher nicht immer so zeige, wie ich sollte. Mit devotem Gehorsam zum Beispiel. »Aber ich habe auch Träume.«

»*Dios mío!*«, murmelt Mama verächtlich. »Dieses Mädchen? Sie ist doch nichts, was man heiraten sollte. Wir haben bereits ...«

»O nein!«, falle ich ihr ins Wort. »Da lasse ich mir nicht reinreden! Ich heirate, wen ich will!«

Mutter schnauft. »Wenn du nicht gehorchen willst, dann sieh doch zu, wo du ohne Familie landest!«

Cassie saugt erschrocken die Luft ein und schlägt sich wieder die Hände vor das Gesicht.

»Was wirst du dann tun? In Amerika Müll einfahren?«

»Football spielen«, wispert Cassie und fasst nach mir. »Ich weiß, dass du das schaffst!« Ihr Zuspruch tut gut. »Jay, du musst auf dein Herz hören!«

Das ist kein guter Rat. Ich habe auf mein Herz gehört, als ich eine Beziehung mit Lindsey eingegangen bin, und was hat mir das gebracht? Einen Familienstreit!

»Cassandra«, zischt Mutter giftig und packt ihr Handgelenk. »Du kommst mit.«

»*¿Qué?*«, keucht sie und wird zur Tür gezerrt.

»Diego, bring deinen Sohn zur Vernunft!«

»Warte!« Ich eile den beiden nach. »Was soll das? Wo soll Cassie ...«

Der Blick meiner Schwester lässt mich verstummen. Wir wissen beide, was hier passiert. Wir haben gewusst, dass unser Lügenkonstrukt jederzeit zusammenbrechen kann. Und die Konsequenzen kennen wir auch.

»Du kannst sie nicht mitnehmen!« Cassie würde ihr Studium abbrechen müssen, zurückkehren in unseren kleinen Heimatort Ahualulco del Sonido, und dort ist es nur eine Frage der Zeit, bis das Ehejoch über sie gestülpt wird. Vermutlich am Tag ihres achtzehnten Geburtstags, denn Eheschließungen davor sind in Mexiko verboten, um Kinderehen entgegenzuwirken.

Das ändert aber nichts daran, dass Cassie gezwungen sein wird, zu heiraten, und das alles nur, weil ...

Lindsey.

Lindsey ist schuld.

Lindsey hat das alles hier losgetreten.

Sie denkt immer nur an sich. Ihr elendes Gemüsebrett. Sie kann nicht schlafen und terrorisiert andere mit Musik ...

Bin ich ungerecht?

Nein!

»Ich tue ja, was du willst!«, brülle ich bebend vor Zorn. »Lass Cassie selbst entscheiden, was sie tun will!«

»Jaime!«, übertönt mich Vater. »Wie redest du denn mit deiner Mutter?«

»Cassie muss ihre Schule abschließen!« Ich hebe flehentlich die Hände. »Bitte. Lasst sie hierbleiben.« Keine Ahnung, wie das weitergehen soll. Solange meine Schwester minderjährig ist, kann sie sich nicht gegen die Wünsche unserer Eltern stellen, und ohne finanzielle Unterstützung ebenfalls nicht. Sie ist – war es schon immer – die eigentlich Leidtragende an allem, was ich tue. Ich hätte schon viel früher für sie eintreten sollen. Schon viel früher einen Weg finden, sie finanziell unabhängig zu machen. Aber natürlich vergesse ich den eigentlichen Punkt: Selbst finanziell unabhängig und volljährig müsste sie sich gegen die Wünsche unserer Eltern stellen, und dies könnte bedeuten – wie sie es eben angedeutet haben –, aus der Familie ausgeschlossen zu werden.

»Du kannst nicht auf allen Hochzeiten tanzen, Jaime«, stellt Mutter fest. »Entscheide dich, was dir wichtig ist: Fußball und das Mädchen oder deine Zukunft und die Familie.«

Ich fange Cassies Blick ein, aber er ist zu kurz, als dass die Botschaft ankommen könnte.

Das Coffee&Dreams ist gut besucht, als ich die Tür aufziehe. Ich sehe Lindsey nicht gleich, obwohl ich die Menge mühelos überblicken kann. Ich fange Dominics Blick auf, seine Brauen schießen in die Höhe, und seine Hand macht einen Schlenker zum hinteren Bereich des Tresens. Dort gibt es eine Tür, die in den Mitarbeiterbereich des Cafés führt.

»Ich hoffe, du hast einen Mopp dabei.« Es klingt nach einem Spaß, aber seine Miene bleibt ernst.

Ich schüttele den Kopf und umrunde den Tresen. Im Personalraum sitzt Lindsey zusammengesunken auf einem der beiden Stühle und schnieft. Neben ihr hockt Abby Giroud und redet leise auf sie ein.

Ich kämpfe mit mir. Einerseits ist es wahnsinnig schwer, sie traurig zu sehen, und ich will sie trösten, aber andererseits hat sie ein Riesenunheil angerichtet.

Meine Eltern haben Cassie mitgenommen und mir ein Ultimatum gestellt.

Abby sieht zu mir auf. Ihre Augen werden groß.

»Was hast du getan?«, spreche ich Lindsey an und ignoriere die andere Frau. »Warum musstest du alles kaputtmachen?«

Wir sind so lange damit durchgekommen, haben unser Lügenkonstrukt hervorragend ausgebaut, und in neun Monaten hat Cassie auch die Wahl. Wenn sie volljährig ist, hat sie endlich die Wahl, auch wenn es finanziell und emotional schwierig werden würde, sich gegen unsere Eltern zu stellen.

Lindsey zuckt zusammen, ihr Blick schießt zu mir, und sie zieht die Schultern noch höher. Sie wirkt wie ein verschrecktes Häschen, und ich balle die Fäuste. Ich bin wütend, versichere ich mir. Ich muss mich auf meinen Ärger konzentrieren, nicht auf ihre Verletzlichkeit.

»Was hast du erzählt?«

Soll ich breittreten, dass Cassie nun zurück nach Ahualulco del Sonido muss und sehr wahrscheinlich in diesem Jahr noch mit irgendeinem Cousin x-ten Grades verlobt wird? Wozu? Sie versteht unsere Kultur nicht, sie versteht nicht, wie wichtig der Gehorsam gegenüber den Eltern ist und dass wir in gewisser Weise gezwungen sind, auch Dinge zu tun, die wir nicht wollen.

»Ich wollte doch nur …«

»Ja«, unterbreche ich sie rüde. »Ich weiß, was du wolltest, aber es ging nicht um dich! Die Welt dreht sich nicht allein um Lindsey Severin!«

Ein Stich fährt mir ins Herz. Ich ertrage es nicht, sie anzusehen. Wenn Lindsey ihre Bedürfnisse einmal zurückgestellt hätte, wenn sie einfach mal nicht nur an sich gedacht hätte … Tim liegt doch richtig mit seiner Einschätzung! Sie ist egoistisch und zerstört Menschen. Herzen. Träume. Wo ist der Unterschied?

»Es ist aus!«

Es ist mucksmäuschenstill im Hinterzimmer, und ich kann meinen eigenen Herzschlag wie einen Orkan in meinen Ohren poltern hören.

»Ich habe gleich gewusst, dass wir nicht zusammenpassen, aber das … das ist unverzeihlich. Mir so in den Rücken zu fallen. Alles kaputtzumachen.«

»Ich wollte nicht …«, krächzt sie und bricht in wilde Schluchzer aus. Abby umarmt sie. Ihre Miene ist völlig entgeistert.

»Ich weiß nicht, wie wir die Wohnsituation schnell lösen sollen, jetzt, da das Semester wieder angefangen hat und die Wohnheime voll belegt sind. Aber Cassie wird mit Sicherheit mit meinen Eltern nach Hause fliegen müssen.«

Es sei denn …

Ich muss schlucken und weiß bereits, dass ich absolut keine Wahl habe. Ich kann damit leben, nicht in der NFL zu spielen. Ich kann mein Studium ernster nehmen, abschließen und irgendwann als Allgemeinmediziner nach Mexiko zurückkehren. Mein Leben ist nicht vorbei, lediglich …

»Ich wünschte, ich wäre dir weiterhin aus dem Weg gegangen.« Meine Worte hallen zwar in meinen Ohren wider, sind aber sicher nicht verständlich hervorgebracht worden. Ich mache kehrt, stapfe starr aus dem Personalbereich, an Dominic vorbei, aus dem Café hinaus. Dann renne ich los.

Meine Gefühle zerreißen mich. Ich will schreien und wüten, aber die Vernunft sagt mir, dass ich stärker sein muss. Jemand muss Verantwortung übernehmen. Jemand muss ein Opfer bringen. Meine Eltern sind dazu nicht bereit. Ich kenne sie zu gut, um mich dahingehend belügen zu können. Sie knicken nicht ein. Sie lassen Cassie nicht vom Haken. Ihre geborgte Zeit läuft aus, aber ich will sie nicht in Mexiko, in unserem kleinen Ort, in der Ehe mit einem konservativen Mann zugrunde gehen sehen. Dafür ist sie zu clever, zu lebenslustig und viel zu zart.

19

Lindsey

»Er lässt absolut nicht mit sich reden? Immer noch nicht?« Abby sieht mich über den Tresen hinweg mitleidig an.

Ich schüttele den Kopf. »Nein«, krächze ich und kämpfe wieder gegen die Tränen an.

»Ich mag mir nicht vorstellen, wie schlimm euer Zusammenleben ist.« Ethan fährt sich durch die Haare. »Und das so kurz vor Ostern und dem Draft.«

»Ich mache mir ... nichts aus ... Feiertagen.« Sofort muss ich an Weihnachten denken, an den Spaß, den wir beim Pub Crawl hatten, unseren ersten Kuss, auch wenn er seltsam war, und die kuscheligen Abende auf dem Sofa bei *Ist das Leben nicht schön?* und *Eine Weihnachtsgeschichte*. An das schwere Gespräch am Valentinstag, der aber dennoch untermauert hat, dass wir ein Paar sind. Waren. Ich schniefe und reibe mir über das Gesicht. Es ist alles wie früher. Wie in den sogenannten Familien, die uns besonders an Feiertagen stets haben spüren lassen, dass wir nicht so viel wert sind wie ihre leiblichen Kinder. Oder die uns sogar kurz vorher zurückgegeben haben, weil sie doch keine Lust hatten, uns Geschenke zu kaufen. Alles wie früher. Kurz wurden wir geliebt, Pete und ich – manchmal auch nur einer von uns –, und dann, gleich nach dem ersten Fehler, so klein er auch sein mochte, wurde uns die Liebe wieder entzogen.

So wie auch Tim mir seine Liebe entzogen hat nach meinem ersten Fehler – und dabei war es nicht mal falsch, nicht mit ihm zu schlafen. Es war einfach das, was sich richtig angefühlt hat.

Mein Fehler Jay gegenüber war gewiss einer, und klein war er auch nicht. Dennoch ... War es überhaupt je Liebe, wenn sie so einfach wieder entzogen werden kann?

»Gib das her«, sagt Dominic sanft und nimmt mir das Geschirrtuch aus der Hand, mit dem ich mir die Tränen getrocknet habe. »Abs, schließ die Tür ab und dreh das Schild um. Heute ist Krisensitzung.« Er zieht mir die Schürze über den Kopf, als wäre ich ein Kind, und wirft sie und das Tuch achtlos in Richtung Hinterzimmer, dann legt er den Arm um mich und führt mich zum hintersten Tisch im menschenleeren Gastraum. Er setzt sich mit mir hin, und es fühlt sich seltsam gut an, mich an ihn lehnen zu können.

»Danke, Boss«, murmele ich in sein Hemd. »Es tut mir leid, dass ich mich nicht im Griff habe.«

»Ach, Kleine.« Er streicht mir durchs Haar. »Du hast dich lange genug im Griff gehabt. Du hast für zwei gearbeitet in den letzten Tagen. Lass dich gehen. Ist schon in Ordnung.«

Durch die auf seine Worte folgende Tränenflut bekomme ich nur undeutlich mit, dass sich Abby und Ethan uns gegenüber hinsetzen. Keiner sagt etwas, alle warten, dass ich mich wieder einkriege. Es dauert, aber schließlich habe ich keine Tränen mehr. Ich richte mich auf, rücke ein winziges Stück von Dominic ab und mustere sein nasses Hemd.

»Sorry«, sage ich und wische halbherzig darüber.

»Kein Problem. Möchtest du dir auch noch die Nase daran putzen?« Er hält mir grinsend den Ärmel hin.

Ich lache schluchzend auf, greife aber lieber zu dem Papiertaschentuch, das Abby mir reicht. Dann schlucke ich schwer. »Danke, dass ihr alle da seid.« Ich sehe Ethan an. »Ich hoffe, das bringt dich Jay gegenüber nicht in eine unmögliche Lage.«

Ethan räuspert sich. »Jay geht es schlecht. Er leidet unter eurer Trennung. Schon die Sache mit Tim hat ihn fertiggemacht, immerhin waren sie lange eng befreundet. Aber das jetzt ... Ich will so gern helfen. Doch auch mit mir redet er nicht. Mit niemandem.«

»Vielleicht mit Cassie«, wirft Abby ein. »Ich habe sie vorhin hochgehen sehen.«

»Weißt du denn, wie der Stand der Dinge mit seinen Eltern ist?«, fragt Dominic. Sein Arm liegt noch immer um meinen Rücken und gibt mir Halt.

»Nach dem, was er mir an den Kopf geworfen hat, sind sie entschlossen, ihre finanzielle Unterstützung sofort zurückzuziehen und Cassie gleich nach Ostern mit zurück nach Mexiko zu schleppen.« Ich denke mit Grauen an das Gespräch – oder vielmehr sein Ausrasten –, das die Sorge um meine Freundin ins Unermessliche hat wachsen lassen. Cassie würde eingehen in einem Leben als Ehefrau und Mutter. Während ich es mir für mich gut vorstellen könnte ... nur leider habe ich jetzt nicht mehr den Partner dafür. Erneut brennen Tränen in meinen Augen.

»Wenn Jay zu einem NFL-Team geht, hat er wohl ausgesorgt, denn die Gehälter sind gigantisch«, erklärt Ethan. »Aber bis das erste ausgezahlt wird, wäre einige Zeit zu überbrücken, zumal er ja seinen Umzug und eine Wohnung bezahlen muss.«

»Dennoch sollte das Finanzielle das kleinere Problem sein«, meint Abby. »Zumal wir alle zusammenlegen könnten, um Cassies Miete und Lebensunterhalt zu bezahlen, wenn die Eltern es nicht tun.«

»Das würdest du tun, Abby?«

Sie nickt, und nun fange ich doch wieder an zu weinen, aber nicht, weil ich traurig bin. Ich habe Freunde! Was für ein wunderbares Gefühl. Nachdem die Katze mit meinem Telefonanruf in Mexiko aus dem Sack war, habe ich Abby davon erzählt. Dass sie gleich auf meiner Seite war, lag wohl hauptsächlich daran, dass Jay gelogen hat und sie Lügner noch immer verabscheut. Trotzdem hat es gutgetan, dass sie mir keine Vorwürfe gemacht, sondern mich getröstet hat. Und nun will sie auch noch finanziell für meinen Fehler einstehen, obwohl sie selbst nicht viel Geld hat? Womit hab ich das verdient, nachdem ich jahrelang so grausam zu ihr war?

»Na, na.« Dominic tätschelt meinen Arm. »Hör auf zu weinen. Deine Augen sind schon ganz rot. Das mit dem Geld kriegen wir zusammen hin. Ich gebe dir einfach ganz viele Schichten, dann brauchst du Cassandras Mietanteil nicht.« Er grinst, aber ich nehme seine Worte nicht als Witz auf.

»Ja, sehr gern!«, erwidere ich schnell. »Ich arbeite jeden Tag, wenn es bedeutet, dass Cassie bleiben kann.«

»Nur leider ist das nicht so einfach. Es geht ihren Eltern ja nicht ums Geld, sondern ums Prinzip.« Ethan kratzt sich am Kopf. »Tja, da gehen mir die Ideen aus.«

»Ich glaube nicht, dass es ums Prinzip geht«, widerspricht Abby. »Sie sorgen sich um ihr Kind, und das kann ich verstehen. Würdet ihr eure minderjährige Tochter allein in ein fremdes Land gehen lassen, ohne Aufsicht, ohne einen Ansprechpartner vor Ort?«

»Auf gar keinen Fall!«, ruft Dominic. Ich sehe ihn verwundert an, und seine Augen weiten sich. Sein Blick huscht zu Ethan, dann zurück zu mir. »Ich meine, das wäre doch unverantwortlich, oder?«, fügt er ein wenig lahm hinzu. Ich habe keine Kraft, mir darüber Gedanken zu machen, warum er sich so seltsam verhält, und wende meine Aufmerksamkeit Ethan zu.

»Ich weiß nicht, wie ich reagieren werde, wenn wir mal Kinder haben«, sagt er und betrachtet Abby liebevoll. Sie läuft direkt rot an, und Neid frisst an mir, auch wenn ich mich für sie freue. Mit mir plant schließlich niemand eine Zukunft. »Es käme wohl aufs Kind an«, endet Ethan.

»Cassie ist reif für ihr Alter«, sage ich. »Aber ich glaube auch, dass Sorge bei der Entscheidung ihrer Eltern mitspielt. Ebenso wie Traditionen und Erwartungen ihres Umfeldes. Daran ist nichts falsch, nur dass Cassie nicht mehr in dieses Umfeld passt. Vielleicht noch weniger als Jay.« Ich seufze tief. »Er wird nicht in die NFL gehen, wenn das bedeutet, dass Cassie zurück nach Mexiko muss.«

»Er gibt wirklich diese Chance für seine Schwester auf?« Ethan runzelt die Stirn. »Das kann er doch nicht tun.«

»Tätest du es für Joey nicht?«, fragt Abby ihn.

»Mein Bruder ist mir sehr wichtig, aber ich bin letztlich nicht für sein Glück verantwortlich. Dafür muss jeder selbst sorgen.« Ethan zuckt die Achseln.

»So denkt Pete wohl auch«, entfährt es mir ungewollt. Mein Bruder hat mich verlassen. Jay lässt seine Schwester nicht im Stich. Jay gibt sogar seinen großen Traum und die Chance auf Millionen für ihr Glück auf. So ein Mensch ist er.

Nur ich bin ihm nicht wichtig genug, um für mich auf diesen Traum zu verzichten. Oder ihn zurückzustellen, bis ich bereit bin.

Meine Gedanken sind ungerecht. Ich bin erwachsen, und objektiv hätte unserer Beziehung durch seinen Weggang keine Gefahr gedroht. Das Problem ist in meinem Kopf, das habe ich schon eingesehen.

Dominic zieht mich enger an sich. »Manchmal klingst du wie ein verletztes kleines Mädchen. Ich glaube, dein inneres Kind braucht noch ganz viel Geduld und Heilung.«

Abby lacht laut auf. »Bist du jetzt unter die Psychotherapeuten gegangen, Dom?«

»Da gibt es nichts zu lachen.« Dominic wedelt oberlehrerhaft mit dem Zeigefinger. »Kindheitstraumata können sich auf das Erwachsenenleben auswirken, das weißt du doch am allerbesten, Abs.«

»Stimmt«, gibt sie kleinlaut zu. »Es war auch nicht böse gemeint. Klang nur lustig. Inneres Kind.«

»Tatsächlich war ich schon in Psychotherapie.« Ich muss schlucken, aber ich vertraue mich meinen Freunden an. »Ich dachte, ich wäre auf einem guten Weg, aber die Ereignisse um Pete ... haben viel aufgewühlt.

Und ich habe erkannt, dass Verdrängung nicht Heilung bedeutet.«

»Jetzt klingst du sehr erwachsen«, sagt Dominic zufrieden. »Du kriegst das hin.«

Es klopft, und Cassie späht durch die Fensterscheibe zu uns herein. Ethan springt auf und öffnet ihr die Tür. Dominic und ich rutschen herüber, und Jays Schwester setzt sich an meine andere Seite. Sie seufzt tief.

»Was gibt es Neues?«, fragt Abby, an meiner Stelle, weil sich meine Kehle wie zugeschnürt anfühlt. Cassie sieht schlecht aus. Nicht direkt bleich, was auch seltsam wäre mit ihrem Teint und den vielen Stunden, die sie in der Sonne gesessen und im Dreck gewühlt hat, aber ihre Gesichtsfarbe wirkt wächsern, und unter ihren Augen liegen Schatten.

»Nicht viel.« Sie klingt verloren. »*Mamá* und *Papá* wollen mich ums Verrecken mit nach Hause nehmen, wenn Jay nicht in der Stadt bleibt.«

»Aber Jay hat doch seine College-Spielberechtigung und damit sein Stipendium schon verloren, als er sich zum Draft angemeldet hat«, wirft Ethan ein. »Wenn er in der Stadt bleibt, müsste er nicht nur den Sport ganz aufgeben, sondern auch jede Menge Geld verdienen, um das Stipendium auszugleichen.«

»Das Geld ist nicht das eigentliche Problem!«, ruft Cassie so unvermittelt und laut, dass ich zusammenzucke. Sie holt ein paarmal tief Luft und fährt ruhiger fort: »Ich habe immer gewusst, dass es schwierig wird, meinen Eltern abzuringen, dass ich mein Studium hier beenden kann. Zumal sie gar nicht wissen, dass ich studiere. Sie denken nach wie vor, dass ich die Schwesternschule besuche und dass diese nichts kostet und in wenigen Jahren abgeschlossen ist.« Sie verdreht die Augen. »Ein *unnützes* Studium hätten sie nie erlaubt. Und jetzt, da sie uns schon beim Lügen erwischt haben, gehe ich davon aus, dass meine Zeit hier schneller enden wird als befürchtet. Deshalb ist Jays Opfer sinnlos! Es ist Augenwischerei, anzunehmen, sie würden mich auf Dauer bleiben lassen, wenn er ihren Bedingungen zustimmt. Ja, vielleicht für ein paar Monate, bis die Gefahr vorbei ist und kein Team ihn mehr will. Vielleicht sogar noch, bis ich volljährig und damit heiratsfähig bin. Aber dann werden sie mir einen Verlobten vorsetzen, und ich weiß, dass ich nicht die Kraft habe, mich dagegen zu wehren. Ich kenne meine Eltern – und sie kennen mich. Ich werde letztlich nichts tun, was sie in ihrer Community in Verruf bringt.« Sie verzieht unglücklich das Gesicht. »Ich bin so oder so die Verliererin. Dafür muss Jay seinen Traum nicht aufgeben. Das will der sture Bock aber nicht einsehen!«

Ihr Finger sticht in Richtung Decke.

»Der sitzt da oben mit vergrätzter Miene und suhlt sich in seinem Selbstmitleid. Wobei sich das nicht mal zeigt wie bei normalen Leuten. Er heult nicht rum, sondern tobt. Behauptet, die ganze Welt hätte sich gegen ihn verschworen. Erst Tim, nun du ...« Sie lehnt ihren Kopf gegen meine Schulter. »Dabei hab ich so versucht, ihm klarzumachen, dass du nicht aus Bosheit und Egoismus gehandelt hast. Und ich bin sicher, er weiß das auch. Ihm ist klar, dass er überreagiert. Aber anstatt dass wir alle zusammen überlegen, wie wir die Situation retten können, zieht er sich zurück und wütet.« Sie seufzt. »Ich überlege, einfach abzuhauen. Zurück nach Mexiko, damit er keinen Anlass hat, sich zu opfern.«

»Aber dann opferst du dich und deine Zukunft«, sagt Abby. »Das kann doch nicht die Lösung sein.«

»Ich habe, wie gesagt, ohnehin keine Zukunft in den USA und in der Archäologie.« Nun klingt sie verzweifelt. Sie setzt sich ruckartig auf. »Dabei war die Ausgrabung so großartig! Und mein Professor ist angetan von meinen Leistungen. Er will mich fördern! Hat mir sogar schon eine ältere Studentin als Tutorin vermittelt. Aber das brauche ich meinen Eltern gar nicht erst zu erzählen. Meine Erfolge zählen nicht.« Schon erlöscht das kurze Aufleuchten ihres Gesichts wieder. »Für sie zählt nur, dass Jay Arzt wird und ich keinen Ärger mache.«

»Bist du denn sicher, dass sie nicht am Ende doch stolz auf dich wären, wenn du Archäologin bist?«, frage ich.

Cassie schnaubt. »Ich bin nur ein Mädchen. Auf mich wären sie stolz, wenn ich ihnen eine Schar Enkel schenke und mein Haus sauber halte. Da hat Jay mit der NFL schon bessere Chancen. Aber auch die gehen gegen null.«

»Wenn wir ihnen doch nur verständlich machen könnten, was für eine große Sache das ist, was Jay erreicht hat.« Ich fasse nach ihrer Hand und drücke sie. »Mir ist unbegreiflich, wie man nicht stolz auf einen Sohn in der NFL sein kann. Ich meine, ja, ich kann vermutlich in diesem Fall froh sein, keine Eltern zu haben, denn wer wäre stolz auf eine erfolglose Künstlerin, die am Ende vermutlich Lehrerin wird, weil ansonsten mit ihrem Studium nichts anzufangen ist? Aber ein Footballstar ...«

»Meine Mutter ist stolz auf mich«, behauptet Abby, »und ich studiere noch nicht mal. Allein dass ich eine

Leidenschaft habe, die mich glücklich macht, ist Grund genug für sie.«

Es freut mich, dass sich Abby und ihre Mutter nach jahrelangen Missverständnissen letztes Thanksgiving versöhnt haben. Allerdings glaube ich, dass dem vorherigen schlechten Verhältnis geschuldet ist, dass Ms. Giroud nun voll des Stolzes auf ihre Tochter ist.

»Leider denken nicht alle Eltern so«, sagt Ethan. »Und jemandem, der sich nicht für Football interessiert und keine Ahnung davon hat, die Bedeutung klarzumachen, ist nicht so einfach, fürchte ich. Es ist schließlich *nur* Sport.« Er verzieht den Mund, dann küsst er Abby auf die Wange. »Außerdem studierst du doch. Also demnächst.«

Ich sehe Abby überrascht an, und sie wird rot. »Ja ... das stimmt.«

»Abby! Du hast die Zusage für das Stipendium?« Ich springe auf, als sie nickt, und falle ihr um den Hals. »Und da sagst du gar nichts?«

»Ist doch nicht so wichtig«, murmelt sie in mein Haar. »Du hast andere Sorgen.«

»Und du hast ein Recht auf Freude, ganz egal, wie viele Probleme andere Leute haben.« Ich setze mich wieder hin. »Das feiern wir. Gebührend. Eine Riesenparty mit allem Drum und Dran. Oder, Ethan?«

Ethan starrt abwesend in die Gegend, in seinem Kopf scheint es zu arbeiten.

»Ethan?«, spricht Abby ihn an. »Was ist los?«

»Feiern ...«, murmelt er.

Abby und ich sehen uns an, sie zuckt die Schultern, und auch Cassie sieht verwirrt aus.

Dominic dagegen grinst. »Der Mann hat einen Plan.«

»Noch keinen konkreten«, sagt Ethan. »Aber Lindsey hat mir ein Stichwort geliefert. Zum Draft ist es Tradition, dass die Prospects große Partys für ihre Familien und Freunde schmeißen. Da werden Häuser für einige Tage gemietet, Leckereien aufgefahren und die Übertragungen des Drafts live auf Großbildschirmen gezeigt. Am Ende stehen dann – hoffentlich – der Anruf des Teammanagers und die Zusage. Wenn wir so was organisieren würden ... Was meinst du, Cassie, würden wir eure Eltern zur Teilnahme überredet bekommen?«

Im ersten Moment erscheint die Vorstellung absurd. Wie soll das funktionieren? »Wir werden nicht mal Jay auf so eine Veranstaltung bekommen«, sage ich düster.

»Na, wenn die Ravens inklusive Trainerstab das organisieren, wird er es nicht wagen, nicht zu erscheinen. Natürlich gibt es bei uns noch einen Prospect, aber für eine einzige Party sind im Team ohnehin zu viele Leute.« Ethan redet immer begeisterter. »Wir ziehen das richtig groß auf, oder, Schatz?« Er zwinkert Abby zu. »Mit Papptorte?«

Sie knufft ihn gegen den Arm. »Auf keinen Fall! Aber die Idee ist gut, und Claire und ich kriegen das auf jeden Fall hin mit der Deko und dem ganzen Drumherum. Sie wäre sofort dabei, das weiß ich.« Abby sieht zu Dominic hinüber. »Das Catering?«

Er lacht auf. »Ihr wollt wieder Pierogi und Szarlotka essen?«

»Schlecht war das nicht«, sagt Abby, »aber vielleicht brauchen wir mehr Auswahl ...«

Cassie schaltet sich ein. »Wir werden Reste von Ostern haben, *Mamá* überschlägt sich jedes Jahr, und bei der schlechten Stimmung dieses Mal wird sie erst recht kochen. Das ist ihr Allheilmittel.« Ihr Gesicht hellt sich auf. »Und eine Möglichkeit, sie auf die Feier zu bekommen. Wir bitten sie, Essen vorbeizubringen. Für ...« Sie kratzt sich nachdenklich am Kopf. »... ein Charity-Event?«

»Noch mehr Lügen?«, fragt Abby finster.

»Es ist keine Lüge, Schatz. Es ist doch für einen guten Zweck.« Ethan tätschelt ihre Hand, und Abby sieht versöhnt aus. »Und auch wenn ich aus einem angeblich unzivilisierten Land komme, was das Essen angeht: Chicken Wings bekomme ich auch noch hin.«

»Und dein tolles Chicken Makhani, mit dem du mich bezirzt hast.« Abby strahlt ihn an.

Mir schwirrt der Kopf. Glauben die drei wirklich, dass das funktionieren könnte? Ich kann ihre Zuversicht nicht teilen und sehe Dominic an. Er scheint mir der Vernünftigste in dieser Krisensitzungsrunde zu sein.

Er lächelt mich an. »Na, Lindsey, du bist nicht überzeugt?«

»Ich hab einfach Angst, Hoffnung zu haben.«

»Hoffnung ist etwas sehr Wichtiges.«

»Worauf hoffst du denn eigentlich, Lin?«, fragt Cassie leise. »Bisher habe ich gedacht, dass du nicht willst, dass Jay in die NFL geht. Deshalb doch der Anruf bei unseren Eltern.«

Ich fühle plötzlich alle Blicke auf mir und räuspere mich. »Ja, so habe ich gedacht, bevor ... bevor mir klar geworden ist, dass das Problem einzig bei mir liegt. Ich würde alles tun, um meinen Fehler wiedergutzumachen. Jetzt hoffe ich nur noch, dass Jay gedraftet wird und das Leben führen kann, das er sich wünscht und verdient hat.«

»Egal, was dann aus euch wird?«, fragt Abby.

Ich nicke. »Wenn wir überhaupt eine Chance haben, dann nur, wenn meine unbedachte Handlung keine Konsequenzen hat. Weder für ihn noch für Cassie. Er muss gehen, und Cassie muss bleiben.«

»Wenn sie sich wirklich überzeugen lassen, dass die NFL eine gute Sache ist, heißt das noch lange nicht, dass sie mich bleiben lassen.« Cassie stöhnt leise. »Dann sagen sie einfach, dass ich so oder so mit nach Hause kommen muss.«

»Aber sie haben es doch mal für eine gute Sache gehalten, dass du Krankenschwester wirst. Wenn sie kein Druckmittel mehr auf Jay brauchen, lassen sie dich sicherlich hier.« Wieder drücke ich ihre Hand. »Deine Eltern müssen keine Sorgen haben. Du bist nicht allein, auch wenn Jay geht. Du hast uns alle. Und deinen Professor und deine Tutorin.«

»Von dem Professor und der Tutorin dürfen sie aber nichts erfahren.« Cassie verzieht das Gesicht. »Ich müsste eher einen Arzt und eine Oberschwester vorweisen.«

»Wenn du willst, adoptiere ich dich!« Dominic grinst breit.

»Na, das wird wohl nichts, so als unverheirateter Mann, der Männer bevorzugt.« Abby zwinkert ihm zu, und seine Mundwinkel sinken kurz herab, dann aber lächelt er wieder.

»Okay, dann eben nicht. Aber ich kann trotzdem etwas zu der großen Feier beisteuern. Außer slawischem Essen, meine ich.«

20

Jaime

»Hey, wo willst du denn hin?«, ruft Cooper mir aus seinem quietschgelben Cadillac zu und bleibt neben mir stehen. »Und warum zu Fuß?«

»Meine Eltern haben meinen Wagen«, murre ich und wische mir den Schweiß von der Stirn. »Und von der Uni nach Hause komme ich auch ohne.« Und viel mehr unternehme ich auch nicht. Mein Leben besteht nur noch aus der Uni und dem Lernen. Dabei fällt mir beides zurzeit besonders schwer. Im Hörsaal hadere ich mit meinem Schicksal, das mir versagt, meinen Traum zu leben, und zu Hause kreisen meine Gedanken um Lindsey.

Ich bin permanent deprimiert und weiß nicht, ob ich so weitermachen kann. Ob ich meine Träume einfach aufgeben kann und, wie meine Mutter es fordert, gehorsam meinen Platz als Arzt in meiner Heimat einnehmen kann.

Aber wenn ich rebelliere, was wird dann aus Cassie?

Cooper verdreht die Augen. »Steig ein.«

Ich zögere kurz. Mir ist nicht nach Gesellschaft, schließlich habe ich davon mehr als genug, und hinter mir liegt das fürchterlichste Osterfest meines Lebens. Meine Probleme türmen sich wie Müllberge vor mir auf, und ich habe keine Ahnung, wo ich anfangen soll, sie abzutragen. Eigentlich weiß ich, dass es keinen Weg aus der Misere gibt und ich meine Niederlage akzeptieren muss.

Meine Wahl ist keine. Wenn ich einen Vertrag angeboten bekomme und ihn annehme, lasse ich Cassie im Stich, und ich weiß nun, wie es sich anfühlt, verraten zu werden.

Vielleicht ist es doch anders, aber ich bringe es nicht über mich, jetzt nur an mich zu denken, obwohl mein Traum zum Greifen nah ist. Wenn ich gedraftet werde ... spätestens am Samstag weiß ich Bescheid. Ich habe noch Glück, wenn mich keiner auswählt, dann brauche ich wenigstens die Entscheidung nicht selbst zu treffen und mich den Rest meines Lebens zu fragen, ob es die richtige gewesen ist.

Ach, was mache ich mir vor? Ich kann nicht annehmen und Cassie im Stich lassen, immerhin habe ich mitzuverantworten, dass Lindsey Cassies und mein Lügengerüst zum Einstürzen gebracht hat. Ich kann ihr nicht verzeihen und mir doch auch nicht. Ich habe verdient, meinen Traum zu verlieren.

»Jay, steig ein.«

Ich seufze und folge der Aufforderung. Leise Musik dudelt im Inneren.

»Also, was planst du für heute?« Er grinst, was mich irritiert. Er ist in letzter Zeit eigentlich eher ein Trauerklops, zumindest seit sich letzten November herausgestellt hat, dass Pete, in den Coop offensichtlich total verknallt gewesen ist, diese Gefühle nicht erwidert.

»Nichts.«

»Es ist Draft Day.« Cooper zwinkert mir zu.

»Weiß ich.«

»Und? Nicht neugierig? Ich an deiner Stelle hätte seit dem Combine kein Auge mehr zugetan. Wie war eigentlich dein Treffen mit den Colts?«

Ich seufze. Die Geschichte habe ich oft genug erzählt. »Nett.«

»Und du glaubst nicht, dass sie dich auswählen?«

Wieder stoße ich den Atem aus. »Hoffentlich nicht.«

Cooper lacht. Wir fahren am Coffee&Dreams vorbei, und ich stutze. Durch die riesigen Frontfenster ist der Innenraum leicht zu erkennen. Hinter dem Tresen steht ein Mann, den ich nicht erkenne, dabei beschäftigt Dominic nur weibliche Arbeitskräfte.

»Ich muss hier aussteigen.« Was Cooper auch genau weiß.

»Rashid feiert eine Draft-Party. Alle sind eingeladen.«

Das ist mir neu, aber ich habe in den letzten Tagen auch nicht mehr an den Trainingseinheiten der Ravens teilgenommen. Wozu auch? Ich bin raus.

Einmal mehr fühle ich mich wie durchgekaut und ausgespuckt. Ich schließe die Augen und lehne den Kopf an. »Ich bin nicht in Stimmung.«

»Läuft nicht mit Lindsey, was?«

Im ersten Moment will ich sie verteidigen, aber ich verbeiße mir gerade noch so die Schelte, die mir auf der Zunge liegt. »Wir haben uns getrennt.«

»Aha.«

Ich presse die Lippen aufeinander. Nach all dem Gerede, das über sie im Umlauf ist, ist das sicher ein weiterer Punkt, der ihr nachgetragen werden wird. Man wird annehmen, dass es an ihr liegt, dass an ihr was nicht stimmt. Vielleicht sogar, dass sie mir ebenso untreu gewesen ist wie vermeintlich Tim. »Es liegt nicht an ihr«, murmele ich. »Sie ist ...« Was kann ich vorbringen, was die Trennung erklärt, sie aber nicht im schlechten Licht stehen lässt?

Ich seufze gequält. Meine Gedanken drehen sich im Kreis. Ich vermisse sie, verstehe irgendwo, wie das alles passiert ist, kann aber nicht über meinen Schatten springen.

»Woran liegt es dann? Daran, dass du verschwinden wirst? Indiana ist nicht am Ende der Welt.«

Ich sehe müde zu ihm rüber. »Nein. Wir haben unterschiedliche Vorstellungen ...« Meine Stimme bricht, und ich senke den Blick. »Sie kann nicht allein sein«, murmele ich. »Treibt sie in den Wahnsinn. Eine Fernbeziehung hat da keinen Sinn, wir würden uns nur gegenseitig unglücklich machen.«

Wenn wir das nur mal besprochen hätten!

Ich ärgere mich darüber, dass ich zwar bemerkt habe, wie schwer ihr die Trennungen fielen, dies aber nie angesprochen habe. Vielleicht hätte es einen Weg gegeben, den ganzen Ärger zu umgehen.

Mein Nacken versteift sich, während mein Hirn diesen Gedanken verarbeitet. Bin ich etwa auch schuld an der Eskalation? Cassie hat vielleicht recht. Ich habe Lindsey nicht eingeweiht, nicht einmal, als sie mir mit der Imitation meiner *kranken* Schwester geholfen hat. Wenn ich ihr erklärt hätte ...

Wir verlassen die Innenstadt.

»Wo fahren wir eigentlich hin? Feiert Rashid unter freiem Himmel?« Ich verdrehe die Augen, denn Sinn einer Draft-Party ist es, auf den Anruf zu warten. Sicherlich hat jedes Team eine andere Art, seine neuen Spieler über den Draft zu informieren, bei den Jets ruft zum

Beispiel der Manager persönlich an und übergibt das Gespräch dann an den Headcoach. Erreichbarkeit ist da schon wichtig.

Cooper kichert. »Nein, aber keine Sorge, ich weiß, wo wir hinmüssen.« Er schaut kurz zu mir rüber. »Nimm sie mit.«

»Wie bitte?« Ich bin nun völlig erstarrt und bekomme auch die Worte nur mit Mühe hervor.

»Nimm sie mit, Problem gelöst.«

Ich blinzele heftig. Das geht sicher nicht so einfach. Moment, das Thema ist vom Tisch!

»Wir sind getrennt, Cooper.«

Er nickt, aber ich habe nicht das Gefühl, dass er versteht, dass dies eine unverrückbare Tatsache ist.

Wir biegen in eine ruhige, biedere Wohngegend mit großen Häusern ab.

»Ich bewundere dich«, stellt er fest. »Ich kann meine Gefühle nicht einfach abstellen.«

Eine eiserne Faust bohrt sich in meinen Magen. »Kann ich auch nicht«, wispere ich. »Aber ich bin eben vernünftig.«

Cooper grunzt und fährt in eine Auffahrt. Vor mir ragt ein viktorianisches Haus empor. Zwei Stockwerke, eine Veranda und ein gepflegter Vorgarten begrüßen mich. Rashid hat es schön. Ob er sein Heim vermissen wird, wenn er gedraftet wird?

Ich habe Ahualulco del Sonido nie vermisst.

Wir steigen aus, Cooper schlingt den Arm um meine Schultern und schiebt mich mit sanfter Gewalt zur Tür. »Bieder«, meint er und schüttelt den Kopf. »Was für eine Art Mensch lebt so?«

»Familien«, murmele ich und klingele. Als die Tür geöffnet wird, weiß ich, dass hier etwas nicht stimmt, denn Claire steht vor mir, Abbys Schwester und Coopers Kindheitsfreundin. Sie hat sicherlich gar nichts mit Rashid zu tun.

»Kommt rein«, flötet sie und macht den Weg frei. Rechts geht es in ein geräumiges Wohnzimmer. Die Einrichtung ist hell, freundlich und modern.

Über dem Kamin hängt ein Banner mit der Aufschrift: *Go, Ravens! Go, Jay!*

Bunte Dekoration hängt von der Decke. Ballons in Football-Form, Herzen, Champagnerflaschen und weitere Spruchbänder. Selbst über dem riesigen Fernseher steht etwas Aufmunterndes.

Der Esstisch im angrenzenden Speisezimmer biegt sich vor Köstlichkeiten.

»Hier könnt ihr alles abstellen«, höre ich Cassie auf Spanisch sagen und drehe mich zur Tür um. Sie und unsere Eltern tragen große Schüsseln ins Haus.

Mamá stellt ihre Last ab. »Jaime, komm mit raus. Da ist noch mehr.«

»Was ist hier los?«, frage ich unnötigerweise, denn eigentlich sagt das Spruchband über dem Kamin bereits alles. Das ist nicht Rashids Draft-Party, sondern meine, und meine Schwester hat hier sicherlich ihre Finger im Spiel. »Cassie ...«

»War nicht meine Idee«, sagt sie und deutet mit einem Nicken zur Eingangstür.

Ich sehe rüber. Lindsey schleppt mit hochrotem Gesicht ein Fass Bier herein.

»*Dios mío!*« Ich laufe los, bevor ich mich zurückhalten kann, und nehme ihr das Fass ab.

»Oh, danke.« Lindsey lächelt mich an. »Das soll in die Küche. Wir haben noch mehr.« Sie zeigt nach draußen. »Ich hoffe, wir haben nicht zu knapp kalkuliert.« Sie dreht sich um und läuft wieder hinaus. Auch Cassie kommt an mir vorbei, und ich halte sie schnell zurück.

»Was soll das?«

Meine Schwester zuckt die Achseln. »Eine Draft-Party für den besten Offensive Tackle der Saison, was sonst?«

»Ich …« Mir versagt die Stimme, also räuspere ich mich. »Cassie, du weißt doch, dass ich absagen werde.«

Sie nickt feierlich. »Das werden wir sehen.« Auch meine Schwester lässt mich stehen.

Ich höre Cooper lachen und sehe mich um. Verdammt, wer kommt auf so eine dumme Idee? Als wäre es nicht schwer genug, meinen Traum aufzugeben. Soll ich das auch noch vor Publikum tun?

Draußen hupt es, und Stimmen dringen ins Haus.

»Ah, Jay«, spricht Dominic mich an. »Willkommen in meinem bescheidenen Heim. Hier entlang in die Küche, bitte.«

»Wer ist noch alles hier?«, frage ich, während ich das Fass bewege.

»Einige deiner Teamkollegen.« Er reibt die Hände aneinander. »Wir haben dreißig Zusagen. Bekommst du das Ding da rauf?« Er deutet auf die Küchenzeile. »Ich werde dir keine Hilfe sein.« Seine Wangen röten sich.

»Klar«, schnaufe ich und hebe das Fass hoch. »Ich verstehe noch nicht, was hier vor sich geht.«

Dominic klopft mir auf die Schulter. »Wir feiern dich dieses Wochenende.«

»*Maldito*«, murmele ich.

Cassie kommt um die Ecke und drückt mir einen Korb in die Hand. »Puh, wir sind ganz schön in Verzug.«

»Warte«, halte ich sie wieder zurück. »Warum hast du denen das nicht ausgeredet?«

»Denen?« Meine Schwester kichert.

»Lindsey!«

»Jay, du musst in die NFL gehen. Du willst das nicht sehen, also musste ein Plan her.«

»Ein …« Ich breche ab, da Mutter die Küche betritt.

»Hast du nicht gesagt, dass es hier um Wohltätigkeit geht?«, fragt unsere Mutter. Sie beäugt das Fass.

»Ja, *Mamá*«, flötet Cassie. »Gewissermaßen.«

»*Hola*«, grüßt Emilio und winkt mir zu. »Ich drücke die Daumen!« Er nickt Cassie und Mutter zu.

»Danke«, presse ich hervor. Das wird ein Spießrutenlauf.

Im Wohnzimmer wird es lauter.

»Welche Art von …«, fragt meine Mutter, aber Cassie ist abgelenkt. Sie huscht an mir vorbei und holt eine Karaffe aus dem Kühlschrank.

»Ich stelle das bereit!« Und schwupps ist sie verschwunden.

Emilio sieht ihr nach, richtet seine Aufmerksamkeit dann aber auf Mutter. »Mrs. López? Guten Tag, mein Name ist Emilio García. Ich habe schon viel von Ihnen gehört. Jay ist voll des Lobes.«

Meine Mutter ist mindestens so überrascht wie ich.

»Ich vermisse die Heimat und die Familie genauso wie er«, fährt er fort.

»Sie kommen aus Mexiko?«, fragt sie und mustert Emilio.

»Sí. Ich komme aus San Luis Potosí Stadt.«

Ich folge Cassie aus der Küche. »Was habt ihr euch dabei gedacht?«, zische ich, als ich zu ihr aufschließe.

Sie sieht mich mit einem Dackelblick an. »Du hast Talent, Jay. Du hast es aus dem Stand ins Team geschafft, wozu andere ihr Leben lang trainieren. Siehst du nicht, dass dir nichts im Weg stehen darf? Auch nicht deine süße und wirklich geschätzte Fürsorge. Ich liebe dich, Jay, und ich weiß, dass du mich liebst und beschützen willst, aber ...«

»Cassie, du weißt genau ...«

»Ich komme klar.«

Hier beiße ich mir die Zähne aus, dabei geht es um ihr Glück, um ihre Zukunft, die sie sich doch anders vorgestellt hat!

»Jay!«, ruft Leroy. Er hat seine Verlobte Keisha im Arm und deutet auf den Fernseher. »Es geht los!«

Ich höre Mutter lachen und werfe einen irritierten Blick zurück in die Küche. Emilio und sie unterhalten sich prächtig. Ich suche Vater. Auch er hat einen Gesprächspartner gefunden. Ausgerechnet Headcoach Gerber. Was hat der hier eigentlich zu suchen?

Das Intro flimmert über den Schirm, und der Draft wird offiziell eröffnet. Traditionell darf das schlechteste Team der letzten Saison zuerst wählen, dann wird das Feld von hinten aufgerollt, wobei die letzten Superbowl-Sieger zuletzt auswählen dürfen. Insgesamt wählen die zweiunddreißig Teams in sieben Runden je einen neuen Spieler aus dem Nachwuchsangebot. Meist sind es Spieler, die zuvor im Combine ihr Können unter Beweis gestellt haben. Ein paar zusätzliche Picks werden ausgelost, je nach Mannschaftsstärke, und am

Ende werden etwa zweihundertfünfzig Nachwuchsspieler ein Team gefunden haben.

Ich atme tief durch. Die Miami Dolphins haben den
ersten Pick und entscheiden sich für einen Defensive
Tackle. Es ist nicht Rashid.

Chris schiebt mich zur Couch.

»Getränke«, ruft Lindsey und taucht neben mir auf.
»Alkoholfrei«, raunt sie und drückt mir ein Bier in die
Hand. »Damit sich niemand in Anwesenheit deiner Eltern danebenbenimmt.«

Das halte ich für eine Lüge. Keiner im Team fasst alkoholfreies Bier freiwillig an!

Sie verteilt weiter Gläser, spricht selbst Vater an. Er
bekommt jedoch einen Orangensaft serviert. Ihre Aussprache lässt zu wünschen übrig, aber sie findet die
richtigen Worte. Ich kann meinen Blick nicht von ihr
fortreißen, dabei wird das zweite Team aufgerufen. Die
langatmigen Reden vor der Nennung des Ausgewählten stören mich kaum, schließlich bin ich abgelenkt.
Lindsey spricht mit jedem. Sie trägt ein übergroßes Jets-
Shirt mit meiner Ravens-Startnummer und meinem
Namen darauf. Ganz sicher eine Sonderanfertigung. Es
ist ein klares Statement, das mir zu Herzen geht, aber
ich versuche mich auf meinen Ärger zu konzentrieren.
Ich darf sie nicht vermissen und ich darf ihr nicht verzeihen. Meine Lage ist so bereits schwierig genug, und
ich kann mir die Ablenkung durch sie einfach nicht
leisten.

»Ach, die Nulpe!« Cooper lacht, quetscht sich zwischen mich und Chris und schlägt mir auf das Knie.
»Weißt du noch, wir haben gegen sein Team haushoch
gewonnen. Der hat kein Talent. Wenn sie den draften,

wird das für uns doch kein Problem! Dich ziehen sie in diesem und mich im nächsten Jahr.«

»Er war im Combine schon stark«, murmele ich.

»Behauptet Rashid was anderes.« Cooper grinst. »Du hast ihn umgehauen.«

Ich zucke die Achseln. »Ist meine Aufgabe.«

Der letzte Pick des Tages steht an. Die Chiefs brauchen einen Linebacker. Die Anspannung weicht von mir. Wenn das morgen so weitergeht ...

»So weit kein Drama«, stellt Dominic fest und stellt sich vor den Bildschirm. »Morgen geht es weiter, aber die Party ist noch nicht vorbei. Euch steht mein Haus so lange zur Verfügung, wie ihr möchtet. Essen und Trinken haben wir reichlich. Schlafplätze sind vorhanden, aber begrenzt, deswegen habe ich folgende Verteilung festgelegt: Abby und Ethan – Zimmer oben links. Keisha und Leroy – oben rechts. Mr. und Mrs. López, *tenía la casa de la piscina preparada para ti. Allí no te molestan. Y Cassie también encuentra un lugar para dormir allí.*« Er reibt die Hände aneinander und sieht Cassie an. »Ich hoffe, ich habe das nicht völlig verhunzt.«

Cassie streckt ihren Daumen hoch, dann wendet sie sich an unsere verwirrt dreinschauenden Eltern und erklärt, dass es unhöflich wäre, vor Ende der Veranstaltung zu gehen. Damit hat sie sie bei ihrer Schwachstelle – dem äußeren Schein – gepackt. Ich bewundere das Manipulationstalent meiner kleinen Schwester. Vielleicht bekommt sie ihr Leben doch selbst in den Griff ...

»Cooper und Claire – das große Schlafzimmer. Lindsey, du bekommst den Raum unterm Dach. Jay,

Chris, Emilio, Will und Jamal: Vielleicht wollt ihr es euch in der Garagenwohnung bequem machen?« Dominic sieht in die Runde. »Alle anderen: Im Keller ist reichlich Platz.«

»Ich frage mich, wo er schläft«, murmelt Cooper und entlockt Leroy ein Lachen.

»Mach du es dir doch gleich in der Badewanne bequem, dann kann Dominic sein Bett behalten.«

»Noch ein Bier?«, fragt Lindsey Chris und nimmt sein leeres Glas entgegen.

»Klar.«

Sie verschwindet mit dem beladenen Tablett Richtung Terrasse, und ich springe auf. Keisha spricht mit Vater. Ich bekomme nur *Cassie*, *Krankenhaus* und *talentiert* mit, da ich Lindsey folge.

Draußen am Pool und auf dem Rasen tummeln sich weitere meiner früheren Teamkollegen, lassen sich die Sonne auf den Bauch scheinen und genießen den Service.

»Süße!«, ruft Gareth und schwingt das leere Glas. »Was muss ich tun, um dich ins Wasser zu kriegen?«

»Keine Chance«, ruft sie zurück. »Ich stehe nicht auf haarige Neandertaler!« Sie sammelt unbeeindruckt weiter Flaschen und Gläser ein.

»Ach nein?« Gareth prustet. »Worauf stehst du dann?«

»Hirn und Herz.« Sie weicht einem weiteren Kollegen aus.

»Da warst du bei Tim aber an der falschen Adresse.«

»Stimmt!«, ruft sie zurück. »Frau entwickelt sich eben weiter.«

»Lindsey.«

Sie dreht sich um, die Flaschen wackeln, aber sie schafft es, das Gleichgewicht des Tabletts zu halten. »Brauchst du etwas?« Ihre Wangen färben sich rot. »Bleib hier bei deinen Freunden, ich bringe dir was raus. Was möchtest du?«

»Reden.« Ich räuspere mich. Mir steigt ebenfalls Hitze in die Wangen. »Können wir kurz ...«

»Jaime?«, ruft meine Mutter. »*Ayuda me.*«

Ich stoße den Atem aus und drehe mich in Mutters Richtung um. Sie steht auf der Veranda und beäugt uns kritisch.

»*Por favor.*«

»Geh ruhig.« Lindsey lächelt, aber es wirkt verkrampft. Sie geht an mir vorbei.

»Wir müssen aber reden«, bringe ich angestrengt hervor. Immerhin habe ich mich in den letzten Wochen geweigert, auch nur das Wort an sie zu richten, da ich befürchtet habe, dass mich ihre Erklärung doch noch umstimmen wird. Ich wollte ihr nicht verzeihen, weil ich es einfacher gefunden habe, mich in meinen Groll hineinzusteigern. Dennoch hat sie das hier trotz unseres Streits auf die Beine gestellt, und irgendwie wünsche ich mir zunehmend, dass sie einfach die richtigen Worte findet, um mich zurückzugewinnen.

»Oh.« Sie nickt, und ihre Wangen verlieren die süße Farbe.

Ich fasse nach ihrer Hand, da werde ich erneut gerufen. »Später. Zuerst ...« Ich schaue über die Schulter zu Mutter. »Ich zahle den Preis nicht, Lindsey. Immer ist Cassie die Leidtragende, dabei ist sie die Klügere von uns, die Strebsamere.«

»Die mit den besseren Ideen«, greift Lindsey auf und lächelt traurig. »Sprich mit deiner Mutter, ich verstehe das jetzt. Familie ist wichtig, und man hängt an ihnen, ganz gleich, wie verbohrt sie auch erscheinen. Ich kann Pete auch nicht einfach ... ignorieren, egal, was er anstellt. Er ist mein ärgster Feind, war aber auch immer mein engster Verbündeter.«

Mein Herz zieht sich zusammen, weil sie einmal mehr so verflucht verlassen aussieht. Dabei lächelt sie tapfer.

»Ich verstehe dich«, sagt sie sanft. »Und ich möchte nur, dass du glücklich bist.«

Ich schlucke schwer. »Du solltest auch glücklich sein.«

»Das werde ich bestimmt irgendwann.« Sie senkt den Blick. »Ich habe zu arbeiten, Jay, und auf dich wartet ein Gespräch mit deiner Mutter.«

»Wenn ich gedraftet werde, muss ich annehmen«, murmele ich eher für mich. Meine Beweggründe, meinen Eltern nachzugeben, haben nach wie vor Gültigkeit. Cassies Zukunft ist wichtig. Ihr Glück, ihre Zufriedenheit, ihr Studium – all das hat Bedeutung. Das haben mein Glück und meine Zukunft aber auch.

»Ja.« Lindsey nickt bekräftigend. »Das musst du.« Sie beißt sich kurz auf die Lippe. »Ich war in Panik. Ich habe falsch agiert. Ich wusste, dass es falsch ist, aber ich war einfach verzweifelt. Es tut mir so wahnsinnig leid. Ich habe keinen Ärger machen wollen. Ich habe weder deine Chance noch Cassies Studium ruinieren wollen. Ich habe nur solche Angst gehabt, dass du auch gehst ...« Tränen sammeln sich in ihren Augen, und sie schaut zur Seite. »Entschuldige. Ich will dich damit gar nicht belasten. Lass deine Mutter nicht warten.«

Ich schaue mich erneut zu ihr um. Mamá hat uns im Blick. Ihre Miene ist nicht zu lesen, aber sie hat die Hände auf dem Verandageländer abgestützt und verfolgt mein Gespräch mit Lindsey mit Argusaugen. »Manchmal bin ich es so leid«, flüstere ich. »Manchmal möchte ich einfach ...«

»Ausbrechen und jemand anders sein?«, schlägt Lindsey sanft vor.

»Ja.«

»Bleib lieber, wer du bist, denn du bist toll. Ich habe dich gar nicht verdient. Ich glaube, das habe ich von Anfang an gewusst.« Sie lächelt traurig.

Ich will sie einfach in den Arm nehmen und nicht wieder loslassen. Außerdem muss ich wohl einsehen, dass ich meine Gefühle für Lindsey eben nicht abstellen kann. Schließlich könnte ich für die Eskalation mitverantwortlich sein. »Sag das nicht«, bitte ich sie. »Das ist Unsinn.«

»Jaime!«

Ich fluche innerlich. »Gib mir eine halbe Stunde, dann treffen wir uns ...« Gehetzt sehe ich mich um. »Im Poolhaus?«

Ihre Brauen wandern nach oben. »Also gut.«

Ich trenne mich nur ungern von ihr, laufe aber los, um mit Mutter zu sprechen. Bleiben, wer ich bin. Nichts leichter als das, nur weiß ich gar nicht, wer ich bin. Der gehorsame Sohn und beschützende Bruder. Oder?

»*Mamá?*«

Sie schaut noch zu Lindsey, und in ihrer Miene ist nicht klar zu lesen, was sie von ihr hält. »Wer ist sie, *mi hijo?*«

Die Frage ist nicht so schwierig zu beantworten wie meine eigene. »Eine einsame gute Seele.«

»*Dios*«, murmelt sie. »Weißt du, wie du klingst?«

»Vermutlich wie ein Narr.« Ich muss grinsen, auch wenn es dafür kaum Grund gibt. »*Mamá*, ich will euch nicht enttäuschen. Ich möchte eure Wünsche erfüllen, und Arzt zu sein, ist … eine Alternative.«

»Alternative? Jaime, weißt du nicht, was es bedeutet, einen Arzt in der Familie zu haben?« Sie sieht sich verstohlen um, immerhin befinden wir uns im Freien, und potenziell könnte unser Gespräch mitgehört werden.

Ich seufze. »Ist das Ansehen anderer wichtiger als das eigene Glück?«

»*Sí!*« Sie fasst nach meinem Arm. »Wenn sie dir etwas anderes einredet, dann ist sie kein Umgang für dich!«

»Sie redet mir gar nichts ein«, widerspreche ich. »Warum müssen immer alle auf ihr herumhacken? Sie trägt das Herz am rechten Fleck und ist bemüht, Fehler auszubügeln.« Ich klappe den Mund zu. Wie komme ich jetzt darauf?

Mutter verengt die Augen. »Welche Wohltätigkeitsveranstaltung findet hier nun eigentlich statt?«

»Gar keine«, stelle ich klar. »*Mamá*, das hier ist eine Draft-Party.« Eine überraschend zahme, denn bei den zwei anderen, die ich miterlebt habe, hat es um die Uhrzeit keine nüchternen Personen mehr gegeben. Ich schaue mich überrascht um. Alkoholfrei? Ich habe das für einen Scherz gehalten. »Meine Freunde wollen mit mir die Aufnahme in ein NFL-Team feiern, sofern ich ausgewählt werde.«

Mutter verkneift die Lippen.

»Sie alle haben denselben Traum wie ich. Wir wollen den Sport, den wir lieben, professionell spielen. Du hast keine Ahnung, welche Chance ich hier habe. Was das für mich und für euch bedeuten kann.«

»Niemand in Mexiko interessiert sich für diesen Sport!«

»Das ist nicht wahr.« Es ist zwecklos, und ich stoße den Atem aus.

»Ah, Jay. Und Mrs. López.« Coach Gerber kommt aus dem Haus. »Ich dachte doch, dass ich die Stimme kenne.« Er legt die Hand auf meine Schulter und sieht Mutter an. »*Puede estar muy orgullosa de su hijo, Señora López.*«

Hitze schießt mir in die Wangen. Ich habe Gerber noch nie ein so direktes Lob aussprechen hören.

»*¿Perdona?*«, fragt meine Mutter verblüfft nach.

»Als Underclassman zum Combine eingeladen zu werden, ist bereits eine beachtliche Leistung. Ich bin mir sicher, dass Jay gedraftet wird und bald zu den besten Spielern der Liga aufsteigt.«

Meine Mutter blinzelt heftig. »Er wird Arzt.«

»Ein guter Berufswunsch«, versichert Gerber. »Und immer noch möglich, nachdem Jay einige Jahre professionell Football gespielt hat. Das Studium läuft ihm nicht fort. Die Chance auf eine Sport-Karriere jedoch schon.« Er klopft mir auf die Schulter. »Aber ich will mich gar nicht einmischen.« Er zwinkert mir zu. »Sagen Sie, die Empanadas, haben Sie die zubereitet? Ich bin ein großer Fan der mexikanischen Küche. Was ist denn ...«

Ich nutze die Gelegenheit, um dem nutzlosen Gespräch zu entkommen und mir schon einmal zu überlegen, was ich Lindsey sagen soll. Kopfüber in so eine Situation zu geraten, ist offenbar nicht hilfreich.

»Hey!« Cassie schneidet mir den Weg ab und reckt den Hals. »Wie läuft es?«

»Wie läuft was?«

»Haben wir *Mamá* bereits überzeugt?«

Ich schnaube verdrossen. »Zwecklos. Sie ist fixiert auf die Vorstellung, dass ich Arzt werde.«

Cassies Grinsen wackelt. »Einen Versuch ist es wert.«

»Und das hier ist genau das, richtig? Ein Versuch, unsere Eltern umzustimmen. Wie hast du mein Team dazu gebracht, auf Rashids sicher feuchtfröhliche Party zu verzichten?«

»Ich?« Sie hebt abwehrend die Hände. »Lindsey. Sie hat sich wirklich Mühe gegeben, weil sie sich so schlecht fühlt wegen des dummen Anrufs.«

Ich schlucke schwer, weiß nicht, wie ich damit umgehen soll, dass Lindsey trotz meiner bösen Worte so viel Energie in eine Party legt, von der doch jeder weiß, dass sie überflüssig ist.

»Jay«, sagt Cassie weich und streichelt meinen Arm. »Wir machen alle Fehler.«

»Das weiß ich«, grummele ich ausweichend.

»Aber das hier ist zu wichtig, um daraus auch einen Fehler werden zu lassen.«

»Der Draft oder Lindsey?« Ich wende den Blick ab, der wie magisch angezogen am Poolhaus hängen bleibt.

Cassie kichert. »Du hast meine Erlaubnis, egoistisch zu sein. Hol dir deinen Traum von der Football-Karriere und gewinne Lindsey zurück.«

Ich möchte widersprechen, aber ich kann nicht. Nicht mehr.

»Ich arbeite an einem Weg ...« Sie seufzt. »Ich habe noch ein halbes Jahr, um meinem Schicksal zu entkommen. Ich möchte in den USA bleiben, ich möchte weiterstudieren, aber meine beste Chance bleibt, unsere Eltern weiter zu belügen. Nur deine Zukunft entscheidet sich hier.« Sie zuckt die Achseln. »Meine ändert sich nicht, nur weil du auf deinen Traum verzichtest. Bitte sei kein Dummkopf.«

»Es muss einen Weg geben ...«

»Du weißt, dass ich selbst dann nicht Nein sagen könnte, wenn ich schon achtzehn wäre.«

Ich klappe den Mund zu.

Cassie umarmt mich. »Morgen wird dein Name fallen, und du wirst mit dem Rest von uns jubeln und wissen, dass du es geschafft hast. Um meinetwillen wirst du diesen Vertrag unterschreiben, egal wohin es geht. Alles Weitere ... werden wir sehen.« Sie grinst zu mir auf. »Hey, so haben wir es die ganze Zeit gehandhabt. Wir haben eine Chance und ergreifen sie. Egal welche Schwierigkeiten bestehen, wir warten, bis die Konsequenzen uns einholen.«

Ich bin nicht überzeugt, nicke aber.

»Ich will dein Opfer nicht, okay?«

Wieder nicke ich.

»Gut.« Sie schaut sich um. »Ich glaube, ich habe Lindsey ins Poolhaus gehen sehen. Denk dran: Sie versucht auch nur, das Richtige zu tun.« Sie tätschelt meinen Arm und zwinkert mir zu. »Das wird schon.«

Ich trotte los. Cassie hat mir schon häufiger eine Standpauke gehalten, aber heute lassen mich ihre Worte nicht los.

Als ich das Poolhaus betrete, sitzt Lindsey angespannt auf dem Schlafsofa in der Ecke und steht auf, als ich die Tür hinter mir schließe. Sie ringt die Hände.

»Ich bin wirklich wütend auf dich.« Ich klappe den Mund zu, denn so habe ich das Gespräch gar nicht beginnen wollen.

Lindsey nickt. »Verständlich.«

»Ich fühlte mich von dir betrogen.« Das war nicht ganz das richtige Wort. »Hintergangen.«

»Das verstehe ich«, haucht sie und schlingt die Arme um sich. »Ich weiß nicht, was in mich gefahren ist ...« Sie verzieht die Miene. »Abgesehen von der Panik, dich zu verlieren.«

»Ich möchte dich auch nicht verlieren, Lindsey. Ich habe mir keine Gedanken über unsere Zukunft gemacht und auch nicht überlegt, dass du da anders sein könntest. Ich habe nicht alle Konsequenzen im Kopf gehabt, als ich mich zum Draft angemeldet habe, und das mit uns war da auch noch ... unsicher.«

Sie nickt und senkt den Blick zu Boden. »Das ist in Ordnung, Jay. Ich möchte nur, dass du und Cassie ... dass die Konsequenzen euch nicht treffen.«

»Dafür ist es zu spät.«

Sie zieht die Nase kraus.

»Vermutlich schon sehr lange.« Ich strecke die Hand aus und schiebe eine Strähne hinter ihr Ohr. »Weil Cassie und ich die Schwierigkeiten vor uns hergeschoben haben. Das musste alles irgendwann herauskommen.«

Sie sieht vorsichtig zu mir auf, und ich ziehe sie an mich.

»Lindsey, es tut mir leid, dass ich so gemein war. Dass ich dir die Schuld gegeben habe, obwohl du gar nicht wissen konntest ...«

Sie legt ihre Fingerspitzen auf meine Lippen. »Ich hätte niemals anrufen dürfen. Meine Panik ist keine Rechtfertigung, ich habe völlig überreagiert. Du darfst wütend auf mich sein. Ich bin es auch.«

»Bist du auch wütend auf mich?«, frage ich, schließlich ist sie diejenige, die ihre Gefühle gewöhnlich schlecht im Griff hat.

Lindsey lächelt und schüttelt den Kopf. »Nein. Es ist in Ordnung, dass du mir nicht verzeihst. Vermutlich hätte ich in deinem Leben nur noch mehr Chaos angerichtet.«

»Ich habe dir längst verziehen.« Ich beuge mich vor. Ihre Lippen sind herrlich weich und öffnen sich leicht. »Du fehlst mir«, wispere ich. »Ich muss immer an dich denken und verstehe nun, wie schlimm Einsamkeit sein kann. Und dabei bin ich nicht einmal allein. Ich habe Cassie, ich habe meine Freunde, und doch fühlte ich mich völlig isoliert.«

Sie sieht mir in die Augen. »Das klingt schlimm.«

»Es *ist* schlimm.« Ich räuspere mich. »Lindsey, können wir nicht ... Ich meine, ist es wirklich schlimmer, eine Fernbeziehung zu führen, als gar keine?«

»Nein, vermutlich nicht.« Sie legt ihre Hand an meine Wange. »Oder vielleicht doch. Ich vermisse dich, aber ich brauchte mir auch keine Gedanken zu machen. Was du tust, mit wem du zusammen bist, ob du an mich denkst ... Das ist ein elendes Gedankenkarussell, das mich einfach fertigmacht. Ich habe mich selbst dafür gehasst, dass ich ständig wissen musste, was du tust. Das ist schrecklich und beherrscht mich völlig. Dann der Gedanke, dass ich währenddessen hier allein bin. Dass du vielleicht nicht zurückkommst, weil ich eben weit weg bin und du dich vielleicht in eine andere verliebst. Diese Unsicherheit und die Einsamkeit zerreißen mich, dabei vertraue ich dir eigentlich. Ich weiß tief im Inneren, dass du ein guter Kerl bist. Treu. Ehrlich.« Sie kraust die Nase. »Das wohl nur in Maßen, aber deine Eltern anzuflunkern, scheint notwendig zu sein.« Sie sieht mich aus ihren großen, blauen Augen ernst an. »Ich weiß, dass ich an mir arbeiten muss, dass ich diese Gedanken loswerden muss, aber ich weiß nicht wie. Egal, was die Zukunft bringt, ich muss endlich anfangen, mit meinen Ängsten zu leben. Ganz besonders mit der, verlassen oder nicht wirklich geliebt zu werden.«

»Ich kann dich unterstützen.«

Sie runzelt die Stirn. »Bürden wir uns da nicht zu viel auf?«

Nun klingt sie, als wolle sie mich gar nicht zurück.

»Eine zweite Chance haben wir doch verdient, meinst du nicht? Und womöglich werde ich gar nicht gedraftet …«

Ihre Brauen ziehen sich über der Nasenwurzel zusammen. »Dann werde ich ein paar Manager und Scouts aufsuchen und vermöbeln müssen.«

Ich muss lachen. »*Cariña*, das würde deine Zukunft als gefeierte Künstlerin ruinieren und uns kein Stück weiterbringen. Lass uns einfach sehen, was die Zukunft bringt. Wir finden sicher einen Weg, wie es für uns alle gut ausgeht.«

Lindsey nickt und runzelt die Stirn. »Ich zermartere mir das Hirn, was deine Eltern dazu bewegen könnte, Cassie das Studium zu erlauben.«

Ich schnaube verdrossen und drücke ihr einen Kuss auf die Nase. »Da braucht es schon einen Ehemann mit weniger konservativen Ansichten.«

»Tja, so etwas Ähnliches hat Cassie auch gesagt, aber wo kriegen wir den her?«

Ich pruste. »*Cariña*, bleiben wir bei den Problemen, die vor uns liegen.«

»Schön, wie bekommen wir deine Eltern davon überzeugt, dass ein Profi-Footballspieler in der Familie mindestens so prestigeträchtig ist wie ein studierter Arzt?«

Das ist wirklich eine gute Frage.

21

Lindsey

Ich starre auf den menschenleeren Garten und das spiegelglatte Wasser des Pools. Noch wage ich nicht zu hoffen, dass wirklich alles gut wird, aber ich möchte es so gern. Jay ist in der Nacht zu mir auf den Spitzboden gekrochen. Wir haben nicht mehr geredet, sondern nur noch gefühlt. Keinen wilden Sex gehabt mit dem Haus voller Menschen und seinen Eltern in der Nähe, mit all den ungelösten Problemen, den Ängsten und der Nervosität, was dieser Tag bringen wird. Aber wir haben uns aneinandergekuschelt und uns festgehalten. Und für uns beide ist klar, dass wir zusammen sein wollen, ob Jay nun Arzt oder Footballprofi wird. Ob hier oder anderswo, es gibt eine gemeinsame Zukunft für uns. Irgendwann. Er hat mir meinen Fehler verziehen, sogar Verständnis aufgebracht. Und ich weiß, dass ich an mir arbeiten muss.

Der Kaffee in meiner Tasse dampft und riecht verlockend. Dominic verwendet natürlich auch zu Hause nur die besten Bohnen. Und er ist vor allen anderen aufgestanden und hat diverse Warmhaltekannen gefüllt. Mein neuer Chef ist wirklich süß. Ja, ich habe mich entschieden, Shonas Posten zu übernehmen und

regelmäßig im Coffee&Dreams zu arbeiten. Auch wenn
ich Cassies Mietanteil nicht mit übernehmen muss –
das Arbeiten tut mir gut. Und das Studium schaffe ich
trotzdem.

»Schmeckts?«, fragt Dominic und setzt sich auf die ge-
polsterte Stuhl-Schaukel neben meiner.

Ich wende mich ihm zu, was meinen Sitz in Bewegung versetzt. Irgendwie beruhigend. »Klar.« Ich atme
tief die Luft des frühen Morgens ein. Außer uns ist noch
niemand auf den Beinen. Es war ein langer, fröhlicher
Abend, auch wenn wir nur wenig Alkohol ausge-
schenkt haben. »Noch mal danke, dass wir das hier ver-
anstalten dürfen. Ich hoffe, es macht dir nicht zu viele
Umstände.«

»Ach was.« Er winkt ab, dann trinkt auch er einen
Schluck Kaffee. »So eine Nacht in der Badewanne ist
nun auch nicht so schlimm.« Er zwinkert mir zu.

Ich bin nicht sicher, ob er es ernst meint. Vermutlich
nicht, wobei ich ihm durchaus zutraue, es auszuprobieren, nur um zu verstehen, wie Coop sich gefühlt hat.

Das Poolhaus liegt noch ruhig da, keine Bewegung ist
zu sehen. Ich nicke in die Richtung. »Wenn wir doch
nur die López überzeugen könnten, dass Football ein
Riesending ist.«

Dominic stößt sich mit den Füßen ab und schaukelt
eine Weile, wobei er seinen Kaffeebecher auf dem fla-
chen Bauch balanciert. »Ich glaube, das dauert nicht
mehr lange.«

»Wie kommst du darauf?«

Er grinst. »Ich habe bemerkt, dass Mrs. López sehr angetan von meinem Pool, der Sauna und dem Jacuzzi

war. Und überhaupt von meinem Haus. Ich habe ihr gesagt, dass sich Jay von seinem ersten Gehalt in der NFL mehrere solcher Häuser kaufen könnte. Ich glaube, das hatte sie noch nicht realisiert.«

Mehrere ist vermutlich übertrieben, aber dass er gut verdienen würde, ist auch mir klar.

»Jedenfalls hat sie verwundert und ein bisschen gierig geschaut.« Dominic stoppt die Schaukel, trinkt seinen Becher leer und steht auf. »Ich habe ihr und ihrem Mann Badebekleidung geliehen und ihnen empfohlen, gleich heute Morgen ein paar Runden zu drehen. Schauen wir mal, ob sie es tun.« Er geht Richtung Tür.

»Warte mal, Dom! Woher hast du Damenbadebekleidung?«

Er blickt über seine Schulter zurück und zwinkert mir zu. »Das hat Mrs. López auch gefragt.« Damit geht er ins Haus und lässt mich verdattert zurück.

Die Poolhaus-Tür geht auf, aber es sind nicht die älteren López, die herauskommen, sondern Cassie. Mit schnellen Schritten hüpft sie auf mich zu und lässt sich in die Schaukel fallen, die Dominic gerade geräumt hat. Sie grinst mich an. »Na, gut geschlafen?«

»Warum bist du denn so fröhlich?« Ich reiche ihr meinen Kaffeebecher, da sie ihn sehnsüchtig beäugt, doch bevor sie zugreifen kann, steht Dominic neben ihr und hält ihr einen gefüllten Becher hin.

»Mit Milch und viel Zucker, so wie du ihn magst.« Damit zwinkert er und ist wieder verschwunden.

»Der Mann ist ein Phänomen«, entfährt es mir.

Cassie kichert. »O ja. Ich wünschte, ein gewisser Quarterback würde das auch endlich begreifen.«

»Hey, du warst nicht mal in der Stadt und weißt trotzdem davon?«

»Es ist nicht zu übersehen, oder?«

Ich zucke mit den Schultern. »Nein. Immerhin sind seine Chancen gewachsen, seit Pete fort ist.«

»Ich weiß, dass du ihn vermisst. Aber wünschst du dir, er käme zurück?« Sie mustert mich aufmerksam.

»Ich weiß nicht ... Es braucht noch Zeit, glaube ich. Bis ein bisschen Gras über die Sache gewachsen ist. Es ist noch kein halbes Jahr her.«

Cassie nickt, dann kichert sie. »Wir bekommen gleich eine tolle Show geboten.« Sie weist zur Tür des Poolhauses.

»Was für eine Show?«

»*Mamá* und *Papá* ziehen gerade Badekleidung an und werden den Pool bevölkern. Das ist was Besonderes für sie. Ich bin nicht mal sicher, ob sie schwimmen können. Und *Mamá* wird kreischen wie am Spieß, weil ihr das Wasser zu kalt ist, und das ganze Haus aufwecken.«

»O nein. Macht es ihr nichts aus, wenn sie halb nackt gesehen wird?«

Cassie lacht. »Ja, sie sind konservativ und gläubig, aber nicht schamhaft oder prüde. Schau, da kommen sie.«

Es passiert genau so, wie Cassie prophezeit hat: Mrs. López steigt quietschend, mit Zögern und Zaudern und viel Tamtam, die Treppen hinab in den Pool, während ihr Mann mit stolzgeschwellter, dicht behaarter Brust hoch aufgerichtet hinabsteigt. Leider verfehlt er die unterste Stufe, da er nicht hinunterschaut, und fällt mit einem riesigen Platscher ins Wasser. Es stellt sich heraus, dass tatsächlich beide passabel schwimmen können, und als Mrs. López ihrem Mann mit voller Absicht eine Ladung Wasser ins Gesicht spritzt und er sie aus Rache untertaucht, bis beide schallend lachen, stimmen auch Cassie und ich mit ein. Mrs. López bemerkt uns und winkt uns heran. Erst denke ich, sie meint nur ihre Tochter, doch sie deutet klar auf mich, und meine Freundin nimmt mich bei der Hand und zieht mich mit sich.

Wir setzen uns auf den Rand des Pools und tauchen die nackten Beine ein. Mrs. López sagt etwas zu Cassie, und sie übersetzt für mich, da ich nicht alles verstehe.

»*Mamá* sagt, sie hat bemerkt, dass du dich bemühst, Spanisch zu lernen.«

»*Sí*«, sage ich und lächle Jays Mutter an. »*Lo intento, pero es difícil.*«

Sie nickt mir mit zufriedener Miene zu und spricht wieder Cassie an.

»Sie sagt, das ist ein schönes Haus. Und sie fragt, ob Footballprofis solche Häuser haben.«

Ich ziehe mein Handy aus der Tasche und googele, wie Patrick Mahomes, der Star-Quarterback der Kansas City Chiefs, lebt. Ja, ich übertreibe und hätte vielleicht einen nicht ganz so erfolgreichen oder jüngeren Spieler wählen sollen, aber hier geht es um Jays Zukunft, und wer sagt denn, dass er nicht auch zum Star avanciert? Bilder einer beeindruckenden Villa erscheinen, und ich drehe das Telefon und zeige sie den López. Jays Vater pfeift durch die Zähne.

Kann es wirklich sein, dass sich diese Leute vom Geld blenden lassen, anstatt das Glück ihres Sohnes im Blick zu haben? Aber kommt es darauf an?

Mrs. López lächelt mir freundlich zu und drückt meinen Unterschenkel. Ist das so was wie Anerkennung? Soll es womöglich heißen, dass sie mich als Jays Freundin akzeptiert? Ich sehe Cassie verdutzt an. Sie grinst und nickt.

Die López setzen ihre Spielereien im Wasser fort, und Cassie und ich bekommen immer wieder Spritzer ab, aber das macht mir nichts aus.

»Weißt du, es ist nicht nur das Geld«, sagt sie, als hätte sie meine Gedanken gelesen. »Es geht darum, stolz sein zu können. Ein solches Haus ...« Sie weist um sich. »... könnten sie den Nachbarn und der Familie präsentieren, und alle wären neidisch. Das ist ihnen wichtig. Einen Stellenwert in der Gesellschaft zu haben. Ich sage nicht, dass das gut ist. Aber so sind sie nun einmal.«

»Ich kenne mich mit Eltern nicht aus, also wer bin ich, darüber zu urteilen?« Das ist nicht ganz richtig, denn mit schlechten Eltern – Pflegeeltern – kenne ich mich zur Genüge aus. »Ich möchte nur, dass sich Jay seinen Traum erfüllt, so oder so.«

Die Spannung steigt. Je mehr Spieler gedraftet werden, desto kleiner werden Jays Chancen. Allerdings ist erst ein Offensive Tackle dabei gewesen. Also könnte es sehr gut sein, dass eins seiner Wunsch-Teams sich erst einmal einen Quarterback oder einen anderen wichtigen Spieler geschnappt hat und er bei der nächsten Runde dran ist.

Ich kann nicht mehr glauben, dass ich vor gar nicht allzu langer Zeit gehofft habe, dass er nicht genommen wird. Der Mann, dessen schwitzige Hand ich halte, ist für diesen Sport, für diese Liga gemacht. Ich bin so glücklich, dass, was immer geschieht, wir wieder ein Paar sind. Wir stehen alles zusammen durch.

Ich sehe rüber zu den López, und auch sie starren gebannt auf den riesigen Flachbildschirm und halten sich an den Händen. Mein Blick wandert weiter und begegnet Abbys, und sie zwinkert mir zu. *Es wird alles gut*, sagt ihre Miene, und ich will ihr so gern glauben.

»Als Nächstes wählen die New York Giants«, verkündet der Moderator.

Jay zerquetscht meine Hand und starrt auf sein Telefon, das vor ihm auf dem Tisch liegt, gleich neben den Schüsseln voller Chips und Nachos. Es bleibt stumm. Der Moderator teilt mit, dass die Giants einen Linebacker namens DeShaun C. Williams gewählt haben. Jays Griff wird schwächer, er streckt sich zum Tisch und greift sich eine Handvoll Kartoffelchips.

Weitere Mannschaften wählen ihre neuen Teammitglieder, und je weiter der Draft fortschreitet, desto mehr sackt Jay in sich zusammen.

»Hey«, flüstere ich und lege meine Hand an seine Wange. Er wendet sich mir zu. »Es ist noch längst nicht vorbei. Sie nehmen dich. Selbst morgen besteht ja noch die Chance. Mach dich nicht verrückt.«

Er lächelt mich liebevoll an und nickt. »Du hast recht. Und wenn ich *Mr. Irrelevant* werde, ist es mir auch egal. Hauptsache, ich spiele NFL.«

Ich nicke zu seinen Eltern hinüber. »Das sieht noch jemand so.«

Jay folgt meinem Blick, dann sieht er zurück zu mir und schüttelt leicht den Kopf. »Wie das passieren konnte, ist mir immer noch unbegreiflich«, raunt er mir zu.

»Vielleicht sind sie einfach an den Millionen interessiert«, wispere ich und zwinkere ihm zu. »Ich habe gehört, wie Dominic zu ihnen gesagt hat, dass sie sich so ein Haus wie seines leicht leisten können, wenn ihr Sohn erst ein NFL-Star ist.«

»Ich glaube eher, dass sie merken, was für ein großes Ding diese Liga für das ganze Land ist. Ich meine, landesweite Fernsehübertragungen, Millionen von Zuschauern auf der ganzen Welt ...«

Ein Glucksen entfährt mir. »Ich verstehe sowieso nicht, wie das an ihnen vorbeigehen konnte. Du musst doch als Junge schon Football gespielt haben, um zu solchen Höhen aufzusteigen. Haben sie sich dennoch nicht für das Spiel interessiert?«

»Tatsächlich habe ich erst in den USA angefangen. Zu Hause hab ich Krafttraining und Leichtathletik gemacht. Als ich an die Uni kam, wollte ich was anderes versuchen, und irgendwie ...« Er hebt die Schultern.

»Wir wissen so wenig voneinander«, flüstere ich, und unsere Blicke verhaken sich. »Das möchte ich ändern.«

»Ich auch.«

Er lehnt sich vor, und es sieht aus, als wollte er mich küssen, dann aber erinnert er sich wohl an seine Eltern und lehnt sich wieder zurück. Meine Hand hält er aber noch immer fest und streichelt sanft mit dem Daumen darüber.

»Als Nächstes wählen die New York Jets«, klingt es aus dem Fernseher, diesmal aus dem Mund einer hübschen Moderatorin. Sie steht vor einer riesigen Einblendung des footballförmigen grünen Mannschaftslogos mit dem weißen *Jets*-Schriftzug. Ein Raunen geht durch Dominics Wohnzimmer, denn alle wissen, dass dies Jays Traum-Team ist.

»Psst, nun seid schon leise!«, poltert Cooper, als ginge es um ihn, und alle gehorchen. Dominic, der auf seiner Sessellehne sitzt, schaut bewundernd auf ihn hinab, und ich muss grinsen. Der steht offenbar auf harte Kerle.

In die Stille und meine Gedanken hinein schrillt ein Klingelton, und Jay und ich zucken synchron zusammen. Zusätzlich vibriert sein Telefon und wandert über den Tisch. Er stürzt nach vorn und reißt es hoch.

»Warte!«, ruft jemand, ich glaube, es ist Emilio. Ich bin nicht sicher, da ich den Blick auf Jay geheftet habe, der seinerseits das Display anstarrt. »Wir müssen das filmen!«

»Ja, und mach auf Lautsprecher!«, schallt es aus verschiedenen Kehlen.

Jay wartet nicht, sondern nimmt das Gespräch an. Auf Lautsprecher stellt er allerdings. Sein gekrächztes »Hallo?« ist kaum hörbar.

»Jaime López?«

»Ja!« Das klang schon kräftiger.

»Douglas hier von den Jets.«

Der Rest geht in Jubelstürmen unter, und Jay presst sich das Telefon ans Ohr, um nicht zu verpassen, was der Mann sagt. Irgendwer zischt »Psst, ihr Pfeifen!«, und der Lärm ebbt ab. Und ich sehe nur noch das Gesicht meines Liebsten, sehe sein Strahlen, die Erleichterung und die unbändige Freude.

»Ja«, sagt er erneut, dann schreit er: »Ja, ja natürlich!«
Tränen schießen ihm in die Augen. »Danke! Danke viel-
mals.« Sein Blick richtet sich auf mich, und er sieht
mich so liebevoll an, dass mein Herz überquillt.

Ich reiße mich mühsam los und sehe zu seinen Eltern
hinüber. Auch seiner Mutter laufen Freudentränen
über die Wangen, und sein Vater blinzelt krampfhaft.
Diego López steht auf, kommt herüber und schlägt seinem Sohn auf die Schulter. Jay sieht zu ihm hoch, und
sie nicken einander zu, bevor sich López senior wieder
zu seiner Frau setzt. Herzlicher wird es wohl im Moment nicht, aber das ist egal. Ich erkenne den Stolz im
Blick des Älteren, und ich hoffe, dass Jay ihn auch erkennt.

»Ich reiche Sie an den Headcoach weiter«, sagt der
Mann namens Douglas jetzt, und gleich darauf spricht
ein anderer Mann mit Jay und erzählt von seiner Zukunft in New York. Einer Zukunft, vor der ich so große
Angst hatte, die mich jetzt aber nicht mehr schreckt.
Okay, es stimmt nicht, dass ich mir gar keine Sorgen
mehr mache, aber ich werde das schaffen. Für Jay. Für
uns. Weil ich ihm eben doch wichtig bin. Das habe ich
jetzt verstanden.

Er beendet das Gespräch, und die filmenden Jungs –
was eigentlich alle im Raum sind – richten ihre Tele-
fone sofort auf den Fernseher.

Die junge Moderatorin tritt wieder ans Rednerpult.
»Die New York Jets haben gewählt! Und zwar: Jaime
Carlos López, Offensive Tackle der UCS Ravens aus Sa-
cramento, Kalifornien!«

Daraufhin wird ein Porträtfoto von Jay eingeblendet, neben seinen persönlichen Angaben wie Größe, Gewicht, Alter.

»Viel Glück an der Ostküste, Jaime!«, ruft die Moderatorin, strahlt und klatscht in die Hände, und all unsere Freunde und sogar Jays Eltern stimmen in den Applaus ein.

Jay sitzt zitternd neben mir und hält noch immer sein Telefon umklammert. »Ist das ein Traum?«, flüstert er.

»Ja«, antworte ich und nehme ihm das Handy ab, ehe er es noch auf den Boden fallen lässt. »Dein Traum. Deine Bestimmung.«

Er umarmt mich fest, dann steht er auf und taumelt mehr, als dass er geht, zu seinen Eltern hinüber. Auf dem Weg sammelt er Cassie ein, zieht sie an der Hand mit sich. Mr. und Mrs. López erheben sich. Sie müssen zu ihrem Sohn aufsehen. Jay spricht mit schwankender Stimme auf Spanisch auf sie ein. Hilfesuchend sehe ich Keisha an, die gleich zu mir kommt und sich neben mich setzt.

»Er bittet sie um ihren Segen«, raunt sie mir ins Ohr. »Und wünscht sich, dass sie ihn nicht zwingen, das Angebot abzulehnen. Er sagt, dass ihm Cassies Glück wichtiger ist als sein eigenes, dass er aber die Ehre, die dieser Pick bedeutet, nicht einfach ...« Sie zögert kurz. »... in den Wind schießen und drauf scheißen kann oder so.«

Ich bezweifle, dass das die richtige Übersetzung war, und muss grinsen.

»Jetzt sagt Mr. López, dass sie sich ja längst entschieden haben, ihm ihren Segen zu geben«, fährt Keisha fort, dann fällt ihr Name, und sie richtet sich auf und winkt lächelnd zu den López hinüber. »Und wenn Cassie weiter so gut in ihrer Ausbildung ist, wie ich es ihnen bestätigt habe, dann werden sie auch ihr die Möglichkeit geben, in den USA das Beste aus sich herauszuholen ...« Wieder macht sie eine Pause. »Uff«, raunt sie dann. »Das zu übersetzen, fällt mir nun aber schwer.«

»Das Beste aus sich herauszuholen ...«, souffliere ich.

»... um ihren Zukünftigen stolz zu machen und ihm eine vorbildliche Ehefrau zu sein.« Keisha schnaubt leise.

Ich beobachte die vier López, die einander in den Armen liegen, dann sehe ich zurück zu Keisha. »Du willst Leroy doch bestimmt auch eine vorbildliche Ehefrau sein.« Ich zwinkere ihr zu.

Sie grinst breit. »Na, der soll besser ein vorbildlicher Ehemann sein, sonst ...«

»... brichst du mir die Nase?« Leroy kommt herüber und drückt ihr einen Kuss auf den lockigen Haarschopf.

»Mindestens«, gibt sie zurück und lacht.

Cassie kommt strahlend zu mir gehüpft. »Lin, ich darf wirklich bleiben!« Sie wirft sich neben mich aufs Sofa und umarmt mich. »Jedenfalls vorerst, und das ist alles, was heute zählt«, flüstert sie mir zu. »Heute ist Jays großer Tag.« Sie nickt zu ihrem Bruder hinüber, der mittlerweile dabei ist, reihum all seine Teamkameraden und deren Partnerinnen, Dominic, Claire und immer wieder seine Eltern zu umarmen. Dann kommt er endlich zu mir, zieht mich in eine Umarmung und küsst mich stürmisch. Es ist mir ein bisschen peinlich vor seinen Eltern, dann aber wird alles um uns herum gleichgültig. Jay schließt mich in seine starken Arme ein, hält mich so fest, als wollte er mich nie wieder loslassen, sein Kuss wird sanfter, so zärtlich und innig, dass mir die Tränen in die Augen steigen.

Nach einer Ewigkeit lösen wir uns voneinander, Jay legt seine Stirn gegen meine, und ich spüre seinen Atem im Gesicht. »*Cariña*«, raunt er. »Meine Lindsey. Danke, dass du mir vertraust und mich ziehen lässt. Ich schwöre dir, dass ich dennoch immer da sein werde, wenn du mich brauchst. Auch wenn uns vorerst einige Meilen trennen werden.«

Ich muss lachen, auch wenn meine Augen brennen. »Einige Meilen? Ein ganzes Land!«

Er nimmt meine Hand und legt sie auf seine Brust. »Aber mein Herz wird immer bei dir sein.«

»Und meins bei dir.«

Noch einmal küssen wir uns innig, dann sehe ich in die Runde, in die fröhlichen Gesichter der Menschen, die mich vor kurzer Zeit noch abgelehnt, vorverurteilt oder belächelt haben oder denen ich auf die Nerven gegangen bin mit meinem Verhalten. Nichts davon erkenne ich noch. Nur Freundlichkeit, Verständnis und Akzeptanz.

»Glückwunsch«, erklingt es aus Richtung der Tür, und ich erstarre.

Jemand keucht auf.

Ein anderer atmet scharf ein.

Eine Frau quietscht leise.

»Was zur Hölle ...«

»*Jeez!*«

Mein Blick geht nicht zum Eingang – denn ich weiß, wer dort steht –, sondern zu Cooper. Und zu Dominic, der immer noch auf seiner Sessellehne sitzt. In Coopers Gesicht kämpfen Schmerz, Wut, Verlangen, Fassungslosigkeit und noch hundert weitere Gefühle um die Vorherrschaft. Dominics Miene ist einfach nur leer. Er sieht vollkommen verloren aus.

Ich atme durch und wende mich der Tür zu. »Was tust du hier, Peter?«

Epilog

Jaime

Mein Telefon klingelt, und bereits am Ton erkenne ich, dass Lindsey anruft. Ich hechte über das Bett, lande bäuchlings darauf und greife nach meinem Handy. »Hey«, keuche ich und drehe mich auf den Rücken. »Endlich.«

Lindsey kichert. »Ich bin pünktlich!«

»Bestimmt«, murmele ich und seufze. »Wie lange noch, bis du hier bei mir bist?« Immerhin haben wir uns wochenlang nur über Skype gesehen oder am Telefon gesprochen. »Ich vermisse dich.«

»Ich dich auch«, versichert sie mir eifrig. »Und es sind nur noch ein paar Wochen.«

»Wirklich?« Ich setze mich angespannt auf. »Dann hast du eine Lösung für Cassies Dilemma gefunden?« Immerhin rennt die Zeit, und der Geburtstag meiner Schwester rückt immer näher. Meine heimliche Furcht, dass unsere Eltern sie kaum achtzehnjährig nach Hause beordern, um sie an irgendeinen Hanswurst zu verheiraten, und Cassie sich aus Pflichtschuldigkeit darauf einlässt, wird mit jedem Tag schlimmer.

»Cassie hat eine Idee, aber ich soll darüber noch Stillschweigen bewahren. Wie läuft denn dein Training?«

Ich stoße den Atem aus. Ich möchte viel lieber über sie reden oder eben über Cassie, schließlich habe ich keine Probleme und alles läuft glatt hier in New York.

»Ich werde im nächsten Spiel aufgestellt.« Meine Nervosität spült alle anderen Gedanken kurz mit sich fort.

Lindsey quietscht vor Begeisterung. »Oh, *wyld*! Ich kann es gar nicht erwarten, dich im Fernsehen zu sehen!«

»Ich kann es nicht erwarten, dich endlich wieder live zu sehen.«

Meine Freundin kichert. »Ich auch nicht. Hey, weißt du, wie stolz ich auf dich bin?«

»Ich bin stolz auf dich, *Cariña*. Du arbeitest so hart an dir ...«

»Für uns«, unterbricht sie mich hastig. »Und du weißt, dass ich das gar nicht hören will. Ich habe so viel Unheil angerichtet, ich war es dir und Cassie schuldig, Lösungen zu finden. Ich bin nur froh, dass alles gut ausgegangen ist.« Sie seufzt.

Um sie abzulenken, sage ich: »Weißt du, wer sich gestern gemeldet hat? Rashid!«

»Oh! Wie geht es ihm denn bei den Chiefs?«

»Sehr gut.« Ich grinse vor mich hin. »Stellt sich raus, dass *Mr. Irrelevant* gar nicht so unwichtig ist, auch wenn er als allerletzter Spieler gedraftet wurde.«

»Hauptsache, er hat sich von seiner Draft-Party erholt. Dass Tim die gecrasht hat, um sein Gift zu versprühen, ist so typisch.«

Da hat sie recht, und ich bin froh, dass das Kapitel Tim hinter mir – hinter uns – liegt. »Reden wir nicht mehr von dem. Aber apropos Party-Crasher ... Wie läuft es mit Pete?« Ich hoffe, es ist kein Fehler, diesen Punkt anzusprechen.

Sie saugt den Atem ein und stößt ihn wieder aus. »Ich weiß nicht. Ich ... habe Schwierigkeiten, mit ihm umzugehen, obwohl er sich bemüht.«

»Hat er sich mittlerweile entschuldigt?«

»Er hat es versucht, aber ich will ihn einfach schlagen, sobald er den Mund aufmacht. Ich weiß nicht, wie ich meinem Bruder je wieder vertrauen soll. Oder ihn treffen, ohne aggressiv zu werden.«

»Was sagt dein Therapeut?«

»Ich soll meine Gefühle ausdrücken«, grollt sie. »Habe ich. Ich schicke dir einen Snap des Bildes. Es ist sehr schwarz, sehr rot und sehr unstrukturiert.«

»Aber sicher ein Meisterwerk«, sage ich. »Wir hängen es uns ins Schlafzimmer.«

Lindsey lacht lauthals. »Oh, bitte nicht! Ich habe schönere.«

»Alles von dir ist toll.« Ich stocke kurz. »Was ist denn aus der Ausstellung geworden?« Sie hat vor Wochen mal davon gesprochen, und ich habe mich bisher nicht getraut, nachzuhaken, für den Fall, dass sie die Chance nicht erhalten hat.

»Oh! Habe ich das gar nicht erzählt? Ich habe drei Bilder in der Galerie ausgestellt. Abby hat mir geholfen, die besten auszuwählen, auch wenn Cassie nicht unserer Meinung war. Ich weiß nicht, ob sie mit Kunst etwas anfangen kann.«

Ich pruste. »Vermutlich nicht. Hey, ich freue mich für dich.« Und hoffe, dass sie etwas verkaufen wird. Zwar finde ich ihre Bilder gelungen, aber auch ich habe keine Ahnung von Kunst.

»Danke!« Im nächsten Moment stöhnt sie verzweifelt auf. »Verflixt, ich muss los ins Café. Liebe dich, Jay!«

»Ich liebe dich auch, Lindsey.«

Sie legt auf, und ich nehme das Telefon vom Ohr. Ich bin wirklich stolz auf sie, schließlich hat sie sich gut im Griff. Zwar hoffe ich, dass sie sich nicht einsam fühlt, aber unsere Fernbeziehung ist auch für mich nicht leicht. Zum Glück hat Lindsey endlich ein stabiles Umfeld in Sacramento, Freunde, Arbeit und ihr Studium, das hilft ihr bestimmt, wenn sie mich vermisst. Ich bin in New York zwar gut angekommen, aber meine Teamkollegen der UCS Ravens fehlen mir wahnsinnig. Jetzt bin ich es, der nur schwer mit der Einsamkeit zurechtkommt und sich danach sehnt, dass meine Freundin zu mir zieht. Aber noch stellt sich die Frage, ob sie ihr Studium hier fortführen kann.

Hoffentlich hat die Warterei bald ein Ende, damit ich Lindsey endlich wieder in die Arme schließen und ihr versichern kann, dass sie das Beste ist, was mir je passiert ist.